◎ 高等院校经济与管理核心课经典系列教材 ◎

人力资源管理专业

人力资源管理

RENLI ZIYUAN GUANLI

（第二版）

张立富 ◎ 主 编

首都经济贸易大学出版社
Capital University of Economics and Business Press
· 北 京 ·

图书在版编目(CIP)数据

人力资源管理/张立富主编. --2版. --北京:首都经济贸易大学出版社,2018.9
(高等院校经济与管理核心课经典系列教材)
ISBN 978-7-5638-2830-2

Ⅰ.①人… Ⅱ.①张… Ⅲ.①人力资源管理 Ⅳ.①F243

中国版本图书馆CIP数据核字(2018)第148377号

人力资源管理(第二版)
张立富 主编

责任编辑 彭伽佳
封面设计 砚祥志远·激光照排 TEL: 010-65976003
出版发行 首都经济贸易大学出版社
地　　址 北京市朝阳区红庙(邮编 100026)
电　　话 (010)65976483 65065761 65071505(传真)
网　　址 http://www.sjmcb.com
E-mail publish@cueb.edu.cn
经　　销 全国新华书店
照　　排 北京砚祥志远激光照排技术有限公司
印　　刷 北京市兴怀印刷厂
开　　本 710毫米×1000毫米 1/16
字　　数 336千字
印　　张 17.5
版　　次 2006年8月第1版 **2018年9月第2版**
2018年9月第6次印刷
书　　号 ISBN 978-7-5638-2830-2/F·1566
定　　价 36.00元

前　言

作为知识经济时代最重要的资源，人力资源的地位获得了相应的提高。理论上，人力资源地位的提高源于资本和劳动地位的变化，传统的企业组织中，资本的稀缺性和不可再生性表现得较为明显，劳动力的天然可再生性及经常性的供给过剩使人力资源的地位常常被忽视。创新虽然时有发生，但还未成为企业组织有意识的、连续的行为，未成为企业发展的常态。现代企业的竞争主要是创新能力的竞争，因此，作为创造性劳动源泉的人力资源的地位日益凸显出来，企业对人力资源的关注程度大大提高，甚至认为它是决定企业竞争能力的最重要力量。

人力资源管理是研究组织中人力资源的获取、开发和利用问题，同时也是将人力资源和组织战略结合起来的一种方法。国内外有关人力资源管理的研究成果越来越多，理论水平越来越高，对企业组织越来越富有指导意义，本书正是在这一背景下完成的。作者在借鉴诸多人力资源管理教材的同时，本着简明、实用、流畅的宗旨，反映人力资源管理研究的最新理念，体现鲜明的时代特色，力求完成一本适合工商管理专业和经济学专业本科生教学的人力资源管理教材。

本书共分九章，第一章导论部分着眼于知识经济时代人力资源的特点，介绍了当今较为流行的人力资源管理模型；第二章介绍了工作分析与工作设计的主要内容；第三章介绍了人力资源规划的主要内容，其中主要包括人力资源的供求预测和人力资源信息系统等；第四章介绍了招募与甄选的过程与方法等；第五章介绍了绩效评价与管理的主要含义、评价方法、绩效反馈与绩效改进计划等；第六章主要介绍了培训与开发的过程、技术与方法等；第七章主要介绍了有代表性的职业生涯发展理论、员工职业生涯规划、组织的职业生涯开发与管理等问题；第八章主要介绍了薪酬管理的内容与目标、基本工资制度、激励与补偿工资及员工的福利管理等；第九章为员工关系管理，包括员工关系的基本问题、劳动合同管理、集体谈判、员工参与、安全与健康等。

在本书的第一版写作中，崔勋教授以及南开大学商学院 2003 级硕士研究生张义明、付美云、彭芬提供了第二章、第四章和第五章的初稿。

本书第二版的修订工作由我完成，南开大学商学院 2014 级硕士研究生陈浩、简斌、许鸿坤参与了资料的收集和整理工作。第二版保持了第一版基本构架和内容,删减了一些过时的内容,增加了人力资源管理理论研究的最新成果,更新了部分案例,有讨论价值的案例仍旧保留。

首都经济贸易大学出版社的薛捷、彭伽佳老师为本书的编写和出版付出了大量的心血,在此表示谢意。在本书的编写中,我们参考和引用了许多中外学者的研究成果,在此表示真挚的谢意。

张立富

2018 年 5 月于南开大学

目 录

第一章

人力资源管理导论

★ 本章要点 ★

通过本章的学习,应掌握以下内容:

- 人力资源的含义和特征
- 人力资源是企业最重要的资源
- 人力资源管理的含义和职能
- 人力资源管理与企业竞争优势
- 人力资源管理模型
- 人力资源管理环境

第一节 人力资源是企业最重要的资源

一、人力资源的含义

“资源”,在《辞海》中是指“资财的来源”,即形成财富的来源。资源最初是指天然存在的、未经人类劳动加工的一切自然资源,如土地资源、森林资源、水利资源、石油资源等。经济学家认为,资源是指人们投入生产活动或生产过程中的一切生产要素,即土地、资本和劳动三要素。其中,“土地”代表一切自然资源;“资本”是指经过人类加工的物质资源,如厂房、机器、设施、设备、技术等;“劳动”是指劳动力或劳动力资源。1954 年,管理学家彼得 · 德鲁克(Peter F. Drucker)在《管理实践》一书中一书中将"人力资源"(Human Resource)的概念引入了现代企业管理中,指出"如果我们视员工为人力资源,我们就必须了解这种资源的特性是什么……人力资源有一种其他资源所没有的特性:具有协调、整合、判断和想象的能力"①。德鲁克虽然未对人力资源的概念给出详细的定义,但他指的显然是劳动力资源。人力资源概念强调了人的独特性及人的能力的发挥,正如德鲁克所说,人力资源"和其他资源比较而言,唯一的区别就是它是人"。在管理实践中,管理者必须考虑这一具有"特殊资产"的资源。

人力资源概念一经提出即被人们广泛接受和应用,一些学者从不同的角度为人力资源下了不同的定义。伊万·伯格(Ivan Berg)认为,人力资源是人类可用于生产产品或提供各种服务的活力、技能和知识。内贝尔·埃利斯(Nabil Elias)认为,人力资源是企业的内部成员及外部的与企业相关的人,即总经理、雇员、合作伙伴和顾客等可提供潜在合作与服务的, 以及有利于企业预期经营活动的人力的总和。雷西斯·列科(Rensis Lakere)认为,人力资源是企业人力结构的生产和顾客商誉的价值。郑绍廉则认为,人力资源是指能够推动整个经济和社会发展的具有智力劳动和体力劳动能力的人的综合,包括数量和质量两方面。吴国存认为,人力资源是指一定时间、一定空间的人口总体所具有的劳动能力的总和。

根据上述定义可以看出,人力资源的含义应该从数量和质量两方面来理解。从数量上看,人力资源是指一定社会总人口中具有劳动能力的人口之和,包括潜在的劳动力和现实的劳动力;从质量上看,人力资源是蕴含在人身体中的智能和体能,包括知识、能力、技能、思想觉悟、身体和心理素质等诸多方面。决定人力资源质量的因素,除了先天遗传因素外,后天的教育、培养、训练、经历及努力程度等也起了相当重要的作用。在现代经济社会中,生产力的提升更多地是依靠劳动者的创造性,而不是简单的体力劳动。随着科技的发展,新技术、新设备的广泛应用,许多行业特别是制造业出现了机器替代人的体力劳动甚至部分脑力劳动的现象。经济发展的基本要素是"智力形成率",也就是一个国家能以多快的速度培养出想象力丰富、有愿景、受过良好教育、具有推理和分析技能的人才。② 对人力资源进行不断的教育、培训、开发等属于人力资本③投资,是提高人力资源质量的重要途径。

---

① 彼得·德鲁克:《管理的实践》,机械工业出版社 2006 年版,第 195 ~ 196 页。

② 彼得·德鲁克:《管理的实践》,机械工业出版社 2006 年版,第 32 页。

③ 人力资本和人力资源是两个不同范畴的概念。人力资本是相对于物质资本而言的,具体表现为能为任何人带来永久性经济收入的能力和知识等,而这些能力和知识(除了先天的禀赋)是通过后天的投资获得的。美国经济学家舒尔茨认为,资本有两种形式,一种是物质资本,一种是人力资本。之所以提出人力资本的概念,是因为在一定意义上,人已不是原生劳动力,而是一种资本,是一种包含在人体中的被生产出来的生产手段,并且人力资本和物质资本一样是需要投资的,对人进行投资所获得的收益往往会超过对物质资本的投资收益。

从组织或企业人力资源管理的角度看，人力资源是由两部分构成的，一部分是组织或企业内部成员所具有的、能推动组织或企业持续发展的、实现组织或企业目标的智力和体力的总和；另一部分是劳动力市场中的人力资源，包括潜在的人力资源和现实的人力资源。组织或企业内部的人力资源是人力资源管理的对象，而劳动力市场中的人力资源则是形成组织或企业人力资源的源泉。企业不仅要重视组织内部人力资源的开发和有效使用，还要时时关注劳动力市场中人力资源的变化，对劳动力市场的供求关系、劳动力的素质及其结构等进行研究，为企业制定人力资源战略和招聘人才提供依据。

二、人力资源的特性

人力资源是一种特殊形态的资源，与物质资源相比，它具有自身的特殊性，具体表现为以下6个方面：

第一，人力资源具有不可剥离性。人力资源是凝结在人身体中的劳动力，是以个体的人身为载体，不可能游离于人体之外而自由存在，故人力资源具有不可剥离性。由于人力资源的这一特性，我们在使用人力资源时，必须考虑工作和工作环境对人的身体和心理的影响以及工作场所是否有益于人的身体健康和精神愉快。

第二，人力资源具有生物属性。人力资源是一种融于人体内的、有生命的、活的资源，与人的自然生命特征密切相关，与生命的诞生、成长、死亡等自然生理过程相伴随。当人处于生命周期的黄金时期，其智能和体能也相应地处于黄金时期；同样，当人处于生命周期的衰退期，其智能和体能也相应地处于衰退期。

第三，人力资源具有社会属性。人力资源是在人类社会生活和生产活动中形成并得到逐步开发的，它蕴含于社会生产和生活的主体——人身上。也就是说，人力资源从其产生伊始便处于一定的社会形态之中，其形成、使用和配置必须依赖于社会。离开一定的社会背景，人力资源不可能作为经济资源在经济和社会生活中发挥作用。

第四，人力资源具有能动性。人是有思想、有意识的，具有主观能动性。人力资源的能动性主要体现为以下几个方面：一是在社会生产活动中，人们主动地、有意识地、有目的地支配和使用物质资源，以生产预期产品或达到预期的工作效果；二是在社会生产活动中，人们可以自觉地、主动地调节自身的体能、智力、知识和技能；三是在社会生产活动中，人们有意识地不断自我开发、自我强化、自我提高与自我发展。

第五，人力资源具有时效性。人的体能和智能依附于人体，因此，人力资源与人的生命周期密切相连。在生命周期的不同阶段，人力资源发挥的作用不同，过了最佳时期，人力资源的效用就会下降。少年时代是体能和智能形成时期，中青年时代是人发挥体能和智能的最佳时期，而老年又是体能和智能下降的时期。因此，充分发挥中青年劳动者的作用是至关重要的。另外，人的知识、技能等如果长期得不到运用，就会过时、退化或荒废，知识经济时代更是如此。

第六，人力资源具有可开发性。可开发性是指人力资源是可以不断进行开发的资源。人的知识、技能、能力等是人力资源的核心内容，这些主要是通过后天培养的，可以通过延长培养时间、提高培养水平及改善培养技巧等进一步提高培养质量，这就是人力资源开发。人力资源开发需要进行大量的投资，即人力资本投资。人力资本理论将人看成是一种资本——人力资本，该理论认为，对人进行投资就能够提高人的生产能力。此外，人力资源的开发还具有连续性，人力资源从其形成开始就可进行多次的、持续的开发，尔后在人力资源的使用过程中仍必须进行持续的开发。

三、人力资源是知识经济时代最重要的资源

对企业而言，资本、技术、物质生产资料、人力资源及各种无形资产等都是必需的资源。在全部资源中，只有人力资源是最有活力、最有生命力的，是其他资源的创造者和使用者，是企业活力的来源，因此，人力资源是企业最重要的资源。产品和服务的设计与制造、技术创新、质量控制、销售、财务分配、组织管理、战略计划和目标的制定等，都需要得力的员工，没有得力的员工，企业的目标是无法实现的。

在传统企业中，由于资本的稀缺性和不可再生性表现得较为明显，资本增值本身常被视为企业的最高目标。劳动力的天然可再生性及经常性的供给过剩使人力资源的地位常常被忽视，企业之间的竞争主要表现在节约成本上，包括融资成本、生产成本及劳动成本，技术和经营管理上的突破也只是为了节约成本、提高效率。在传统企业中，技术进步和经营管理模式的变革虽然也经常发生，但还没能成为企业有意识的、连续的主动行为，未能成为企业发展的常态，作为创新源泉的人力资源的地位尚未凸显，企业对资本的关注远远大于对人的关注，往往认为资本和技术是企业发展的瓶颈。

在知识经济时代，创新能力才是企业生存和发展的根本，企业的自主创新能力决定着企业在行业中的地位，创新的源泉——人力资源成为企业最重要的资源。企业不能仅凭成本与效率优势来取得竞争优势，更需要持续的创新优势，人力资源在企业中的地位大大地提高。在金融体制较完善的市场中，融资变得越来越容易，物质资源的稀缺也得到了有效的缓解，人力资源的重要性越来越凸显出来。例如，美国的苹果公司和我国的华为技术有限公司的发展就是依靠其不断的创新能力。

随着知识经济的深入发展，现代企业中，资本和劳动的地位也发生了持续的变化，创造性劳动的重要性愈发突显出来，人力资源的不可替代性、稀缺性愈发明显。在现代企业中，企业的自主创新能力（包括技术创新能力和组织创新能力）成了企业赢得竞争的关键。相应地，企业之间的竞争常常表现为对两类人才（即技术人才和管理人才）的争夺，竞争的结果也常常取决于对这两类人才争夺的结果。知识

经济时代，企业之间的人才大战异常激烈，经济的全球化进一步使人才大战超出了国界，变为全球性的竞争。当前的人才竞争不仅表现为发达国家及国际大型跨国公司之间的人才竞争，发展中国家及中小企业也参与其中，人才的流动越来越频繁，双向流动逐渐增多。

对现代企业而言，除了要重视从劳动力市场上搜寻和获得人力资源外，更要重视通过企业自身的努力培育和开发人力资源。企业培育和开发人力资源不仅表现在对员工进行知识和技能的培训，还要为员工创造一种能够最大限度发挥其创造力的环境。可以说，建立在知识基础上的经济将成为我们未来的经济形式，在知识经济时代，企业组织的真正价值在于员工的创造能力。如果员工对工作无主人翁责任感，也没有充分施展个人才能的自由，他们就不会进行创造性思维。资源是有限的，人的创造力是无限的。

第二节 人力资源管理是企业获得竞争优势的工具

一、管理与人力资源管理的含义

（一）管理的含义

要理解什么是人力资源管理，我们首先要明白什么是管理。法约尔（Henri Fayol）在1926年出版的《工业管理和一般管理》一书中，首次提出管理活动是由计划、组织、指挥、协调和控制活动构成的，这5项活动构成了管理的职能。此后，一些学者又提出了管理的7种职能，即计划、组织、人事、指挥、协调、报告和预算。以后虽有人加以增减或修改，但基本都包含了以上的内容。本书将管理职能概括为：计划、组织、人事、领导和控制。

计划：即确定企业目标；制定各种规则和程序；制订工作计划等。

组织：即建立正式机构和组织体系，并规定各级组织的职责范围和协作关系；向员工分配工作任务，协调下属之间的工作等。

人事：即确定人才录用标准，招募和选拔员工；对员工进行训练、培养和开发；合理安排和配置员工；确定工作绩效标准，进行绩效评价；给员工支付报酬等。

领导：即指挥下属完成工作；维持员工的士气；激励下属；解决员工之间的冲突等。

控制：即制定各项业务工作标准；根据工作标准对实际工作进行检查和监控；

发现问题及时解决。

(二)人力资源管理的含义

人力资源管理(Human Resource Management,HRM)是上述5种管理职能中的人事职能。传统上,人事职能通常又称为人事管理职能(Personnel Administration or Personnel Management)。人力资源管理是人事管理的现代术语。

用人力资源管理替代人事管理并不是简单的概念替换,而是在管理理念和内涵上都发生了变化,或者说,人力资源管理是人事管理发展的高级阶段。对于人力资源管理与传统的人事管理有什么区别,人们并没有形成一致的看法。有些人认为,人力资源管理是一种管理人的新方法、新理念;另一些人则认为,人力资源管理是一种经过包装、换了标签的、"进步的"人事管理。

一般认为,人事管理的含义比人力资源管理的含义狭窄,它主要以事务管理为中心。人事管理的主要职责是对员工的雇佣、薪酬和福利、培训、人事档案管理、劳资关系的处理等事务性管理活动,其作用主要是向企业管理者提供意见和建议。

随着管理理论和人力资源管理理论的不断发展,人们赋予了"人力资源管理"更多的内涵。人力资源管理活动超越了传统人事管理仅对雇佣、薪酬和福利、劳资关系等的事务性管理,而更强调人力资源管理的战略作用,并把它纳入企业的战略规划之中,与企业战略或业务目标关联起来。格斯特区分了人事管理和人力资源管理的不同(如表1-1所示)。

表1-1 人力资源管理与人事管理的区别

	人事管理	人力资源管理
心理契约	每天公平的工作获得公平的报酬	相互努力工作
控制点	外部	内部
员工关系	身兼数职 集体工作 低的信任程度	单一工作 个人 高的信任程度
组织原则	机械的 正式的/明确的职责 从上到下进行沟通 集权	有机的 灵活的 从下到上进行沟通 分权
政策目标	管理效率 标准绩效水平 成本最小化	适应的劳动力 不断改进绩效 最大化地利用各种资源

资料来源:D. E. Guest:*Human Resource Management and Performance:A Review and Research Agenda*,International Journal of Human Resource Management,1997,8(3),pp. 263~276. 转引自约翰·布里顿、杰弗里·高德:《人力资源管理——理论与实践》,经济管理出版社2005年版,第19页。

下面,我们具体分析什么是人力资源管理。

关于人力资源管理的内涵,学者们有不同的定义和解释,国外代表性的观点有:雷蒙德·A. 诺伊(Raymond A. Noe)等认为,人力资源管理是指影响雇员的行为、态度以及绩效的各种政策、实践和制度。① 加里·德斯勒(Gary Dessler)在《人力资源管理》一书中认为,人力资源管理是指为了完成管理工作中涉及人或人事方面的任务所需要掌握的各种概念和技术。② 布里顿则认为,人力资源管理是一种管理员工关系的战略方法,它强调开发人的潜力对获取持续竞争优势的重要性,通过结合各种员工政策、活动和实践获得这种优势。③

国内学者对人力资源管理的内涵也有不同的表述,张德认为,人力资源开发与管理是指运用现代化的科学方法,对与一定物力相结合的人力进行合理的培训、组织与调配,使人力、物力经常保持最佳比例,同时对人的思想、心理和行为进行恰当的诱导、控制和协调,充分发挥人的主观能动性,使人尽其才、事得其人、人事相宜,以实现组织目标。④ 吴国存认为,人力资源管理是指在一个组织内,形成、培养、配置、使用、周转、爱护、保全组织成员,建立组织与其成员之间良好的劳动关系,充分挖掘组织成员的劳动潜能,调动组织成员的积极性、自觉性和创造性,以实现组织目标的全过程或活动。⑤

通过以上学者的表述我们可以看出,人力资源管理是将人力资源和组织战略相结合的一种方法,它通过设计各种有关的制度和活动来吸引人,并对组织中的人力资源进行开发、激励和合理使用,以实现组织的各种目标。人力资源管理的重点是将人力资源看作企业战略资源,并充分、有效地开发和利用人力资源。

因此,人力资源管理是将人力资源和组织战略相结合的一种方法,它是通过设计各种有关的制度和活动来吸引人,并对组织中的人力资源进行开发、激励和合理使用,以实现组织各种目标的过程。人力资源管理的重点是充分、有效地开发和利用人力资源。企业人力资源管理实践活动是随着外部环境的变化而不断变化的,早期企业侧重的是人力资源管理的技术、方法,而现在企业则更关注人力资源管理的战略价值,人力资源管理要支持企业的经营战略。

二、人力资源管理的职能

(一)人力资源管理的基本职能

人力资源管理职能(Human Resource Management Functions)是指在各种规模

① 雷蒙德·A. 诺伊:《人力资源管理基础》(英文版),清华大学出版社 2004 年版,第 2 页。

② 加里·德斯勒:《人力资源管理》,中国人民大学出版社 1999 年版,第 2 页。

③ 约翰·布里顿、杰弗里·高德:《人力资源管理——理论与实践》,经济管理出版社 2005 年版,第 6 页。

④ 张德主编:《人力资源开发与管理》,清华大学出版社 2001 年版,第 4 页。

⑤ 吴国存、李新建主编:《人力资源开发与管理》,南开大学出版社 2001 年版,第 21 页。

的组织中用以组织和协调人力资源的各种职责。由于组织内外环境的变化和组织目标的不同,在不同的组织或企业中,人力资源管理的职能有不同的体现,其性质或内容也在不断变化。

最早对人力资源管理职能进行论述的是怀特·巴克(E. Wight Bakke)。他在1958年出版的《人力资源功能》[①]一书中从7个方面对人力资源管理职能进行了论述,具体包括:①人力资源管理职能必须适应一定的标准,即理解、保持、开发、雇用或有效地利用以及使这些资源成为整个工作的一个整体;②人力资源管理职能必须在任何组织活动的开始都要加以实施;③人力资源管理职能的目标是使企业所有员工都能有效地工作和取得最大的发展机会,并利用他们所有与工作相关的技能使工作达到更高的效率;④人力资源管理职能不仅包括与人事劳动相关的薪酬和福利,还包括企业中人们之间的工作关系;⑤人力资源管理职能和组织中各个层次的人员都息息相关,甚至包括CEO;⑥人力资源管理职能必须通过组织中负责监督他人的每一个成员来实现,直线管理在期望、控制和协调等活动方面承担着基本的人力资源管理职能;⑦人力资源管理的所有结果所关注的一定是企业和员工根本利益的同时实现。

巴克是将人力资源作为管理的普通职能来加以讨论的,他认为人力资源管理超出了人事或工业关系经理的工作范围。随着人力资源管理理论和实践的发展,人力资源管理的职能也发生了变化,其战略职能日益增强。美国人力资源管理协会(Society for Human Resource Management,SHRM)将人力资源管理概括为6种主要职能:[②]

(1)人力资源的规划、招募和选择。

- 进行工作分析以确定组织内特定工作的具体要求。
- 预测组织为实现其目标对所需的人力资源的要求。
- 制定和实施满足这些要求的计划。
- 招募组织为实现其目标所需的人力资源。
- 选择和雇佣填补组织内具体职位的人力资源。

(2)人力资源开发。

- 员工上岗引导和培训。
- 设计和实施管理及组织成长方案。
- 在组织内部建立有效的工作团队。
- 设计员工个人绩效评估系统。
- 帮助员工制定个人职业生涯发展规划。

---

① 转引自彭剑锋主编:《人力资源管理》,复旦大学出版社2003年版,第10页。

② 劳埃德·拜厄斯、莱斯利·鲁:《人力资源管理》,人民邮电出版社2004年版,第2页。

(3)薪酬和福利。

- 设计和实施针对所有员工的报酬和福利制度。
- 确保报酬和福利的公正、一致。

(4)安全和健康。

- 设计和实施确保员工安全和健康的方案。
- 对自身存在影响工作绩效问题的员工提供帮助。

(5)劳资关系。

- 在组织和工会之间起着调解人的作用。
- 设计惩罚和抱怨处理系统。

(6)人力资源研究。

- 建立人力资源信息库。
- 设计和实施员工沟通系统。

在本书中,我们将从6个方面对人力资源管理的职能进行分析,即职务分析与职务(工作)设计、人力资源规划、人力资源的获取、人力资源的培训和开发、绩效管理、薪酬和福利管理、员工关系管理。

1. 职务分析与职务(工作)设计

职务分析与职务(工作)设计是人力资源管理活动的基础。企业为了进行生产经营活动并顺利地完成任务,需要设计相应的工作岗位或职务,并根据岗位或职务的要求配置合适的人员。职务分析就是为了适应人力资源的获取和配置的需要,收集、分析和整理有关工作或职务的信息,确定每个职务的工作内容、工作条件、工作职责以及成功完成该项工作或职务的人员资格条件等。职务分析的信息还被用来规划和协调几乎所有的人力资源管理实践,如人力资源开发、绩效评价等。

2. 人力资源规划

企业的发展和战略调整都涉及人员的调整。人力资源规划是一个预测人力资源需求和供给的过程,主要是预测为完成企业战略计划所需员工的人数和类型。例如,企业需要雇用多少人?他们需要具有什么技能、水平和经验?人力资源规划将帮助企业规划其员工的招聘、挑选、培训活动策略。

3. 人力资源的获取

人力资源的获取决定一个企业人力资源的构成。只有能够吸引充足的、合适的应聘者的企业,才能筛选出企业所需的员工,企业的人力资源质量才会有保证。为了保证招聘到与岗位要求相匹配的人员,企业需要建立有效的招聘程序和标准。由于岗位、人员是动态的,企业需要不断地进行人力资源的配置和再配置,使员工与职位相匹配,才能实现较高的绩效。

4. 人力资源的培训与开发

人力资源的培训与开发是人力资源管理中最有价值的活动。人力资源的培训与开发主要是向员工传授新知识和新技能，改善员工的态度，提高和改进员工的个人绩效和组织绩效。培训主要是满足目前工作的需要，而开发则是为未来的工作做准备，人力资源开发还包括管理开发和员工职业生涯开发。

5. 绩效管理

绩效管理包括绩效评估和绩效改进活动。组织通过绩效评估衡量员工的工作绩效并把评价结果传达给他们。绩效评估的目标之一就是激励员工继续恰当的行为，改正不恰当的行为。管理部门也可以根据绩效评估结果做出与人力资源管理有关的决策，如晋升、降职、解职和提薪等。帮助员工改进工作绩效是绩效管理的重要内容。

6. 薪酬和福利管理

企业的薪酬和福利对吸引、留住和激励员工，建立并维持一支高素质的劳动力队伍具有重要的影响。薪酬和福利管理包括薪资调查，建立并实施薪酬福利制度等。

7. 员工关系管理

建立健康、和谐的员工关系是企业发展的必要条件。员工关系管理有助于管理者与员工间关系的协调，减少怨言、不满和对立等倾向。员工关系管理包括员工参与管理、劳动纠纷处理程序及员工的健康和安全等。

（二）人力资源管理人员与直线经理在人力资源管理中的分工

大多数企业或组织都设有人力资源管理部门，人力资源管理部门承担着人力资源管理职能，但是人力资源管理职能并非只由人力资源管理部门独自承担，企业或组织的所有管理人员都承担着一定的人力资源管理职能。例如，华为技术有限公司规定，“各级管理者首先是一个人力资源管理者”，人力资源管理不只是人力资源管理部门的工作，而是全体管理者的职责。各部门管理者有责任记录、指导、支持、激励与合理评价下属人员的工作，负有帮助下属人员成长的责任；下属人员才干的发挥与对优秀人才的推荐，是决定管理者的晋升与人事待遇的重要因素。

在企业中，人力资源管理部门代表最高管理层制定有关人力资源管理的方针、政策和制度，组织和监督人力资源管理政策和制度的实施。人力资源管理部门属于职能部门，不直接参与企业的生产经营活动，其职能主要是协助直线经理完成组织的基本目标，为直线经理提供人力资源管理方面的服务。人力资源管理部门的职能主要概括为4个方面，即：①制定人力资源管理的政策和程序；②开发人力资源管理方法；③监控和评价人力资源管理活动；④协助和指导直线经理的人力资源管理活动。具体来说，人力资源管理部门主要具有以下职能：

- 组织设计与工作分析。根据企业的战略和任务进行组织机构设计和职位设置；进行工作分析（职务分析），编制职务说明书。
- 人力资源战略和规划。制定人力资源战略和规划，组织实施和评价人力资源规划;制定人力资源管理政策和制度;建立人力资源管理信息系统。

• 人员的招聘与配置。组织企业的人员招募、甄选和录用工作以及人员的调整和优化配置工作。

• 绩效管理。设计并制定绩效考评制度和考评体系,组织和监督各部门的绩效考评工作;制订绩效改进计划。

• 培训与开发。制订员工培训与开发计划,组织员工培训,对培训效果进行评估;职业生涯规划和管理。

• 薪酬管理。制定薪酬和福利政策,建立并实施薪酬体系与福利体系。

• 员工关系管理。制定员工参与方案;建立企业和员工的沟通机制;处理员工抱怨;制订和监督员工安全与健康计划。

在人力资源管理的各种职能活动中,直线部门或其他职能部门的经理人员(以下统称为"直线经理")也要参与其中,并承担相应的职责。正如一位专家所说:"直接与人打交道几乎是任何一位直线经理人员工作职责中不可分割的一个部分,对于从总裁到最底层的主管人员来说都是如此。"①直线经理在人力资源管理中的职能可以描述为以下几方面:

• 负责贯彻实施企业的人力资源管理政策。

• 协助人力资源管理人员的工作并提供必要的投入,例如,确认本部门人员的需求;帮助人力资源部门确定职务或工作所需的知识、能力;挑选求职者;参加评估培训需求、提供在职培训;为员工提供条件,确保员工在培训中所学到的技能用于工作。

• 引导新员工进入组织,培训新员工适应新的工作环境和工作岗位。

• 对员工进行绩效评估与反馈。

• 创造和谐的工作关系,为员工创造发展机会。

• 开发每位员工的工作技能,提高员工的工作绩效。

• 创造并维持本部门员工的士气。

• 保护员工的健康及改善工作环境。

高层管理者在企业人力资源管理中也负有重要的责任,他们是人力资源政策的制定者,决定着人力资源管理的理念和未来人力资源管理的发展方向。

关于人力资源管理部门与其他部门在人力资源管理职能上如何进行分工,在任何组织中都没有通用的方法和标准。为了更清楚地了解这种分工,我们在表 1-2 中列举了直线经理与人力资源管理人员在人力资源管理职能上的分工。

---

① 转引自加里·德斯勒:《人力资源管理》,中国人民大学出版社 1999 年版,第 4 页。

表1-2 直线经理与人力资源管理人员的职能分工

职能	直线经理职能	人事经理职能
组织设计与工作分析	向人力资源管理部门提供工作岗位职责等信息,协助进行工作分析;在日常管理活动中贯彻工作分析结果	根据企业的战略和任务,进行组织机构设计和职位设置;进行工作分析(职务分析),编制职务说明书
人力资源规划	向人力资源管理部门提出人员需求计划以及所需员工的类型	预测人力资源需求和供给,编制人力资源规划方案;制定人力资源管理政策;建立人力资源管理信息系统
人员招聘和配置	描述招聘岗位对人员素质的要求;对申请人进行面试,综合人力资源部门收集的资料,做出最后的录用决定;将新员工安排到工作岗位	进行招募活动;对应聘者进行初步面试和筛选,组织笔试和面试;新员工录用后的身体检查、手续办理;老员工的工作调整
绩效管理	实施本部门的考核,对员工进行评定,并向员工提供反馈;与员工沟通,帮助员工改进工作绩效	制定绩效考评制度,设计绩效考评体系,指导和监督各部门的绩效考评工作;制定绩效改进计划
薪酬管理	向人力资源管理部门提供每项工作的性质和相对价值方面的信息;提供员工工作绩效方面的信息;提出相关的奖惩建议	制定薪酬和福利政策;进行工作评价和薪酬调查,确定薪酬水平和薪酬结构;设计福利方案,进行福利管理
培训与开发	对新员工进行指导和培训;提出培训需求,向员工提供在职培训;对下属的职业发展提供建议	制定培训计划、管理发展与组织发展、职业生涯规划;组织实施计划;提供咨询服务
员工关系管理	公平对待员工,当面解决抱怨和争端;执行纪律、解雇、提升、调动;关注员工的安全与健康	制定员工参与计划及员工健康和安全方案;调查员工的抱怨;下岗再就业服务、退休政策咨询

(三)人力资源业务伙伴

传统上,人力资源管理职能主要由人力资源部门承担,人力资源部门与其他部门的分工是比较明确的。现代企业人力资源管理出现了新的变化,人力资源部门和其他部门在人力资源管理职能上的分工越来越模糊,非人力资源管理部门所承担的人力资源管理职能越来越多,人力资源部门的角色开始向沟通和协调方面发展。

在人力资源管理实践中,一些企业人力资源部门为了更好地落实公司人力资源政策,将人力资源专员派驻到各业务部门,协助业务部门推进和完善人才培养、员工发展、技能培养等工作,将业务部门有关人员业务能力、技能、绩效等信息或存在的问题反馈到公司人力资源部门,人力资源部门根据业务部门的要求或反馈的问题组织人力资源专家和部门领导共同制定解决方案。通过这种方式,人力资源部门将人力资源管理工作嵌入公司的业务单元中,能真正体现和发挥人力资源管理的价值,也能改善人力资源部门与业务部门的沟通问题。这种人力资源管理实践模式被称为人力资源业务伙伴(Human Resource Business Partner,HRBP)。

美国知名的人力资源管理专家戴维·乌尔里奇(Dave Ulrich,1997)在*Human Resource Champion*一书中对“人力资源业务伙伴”进行了探讨。乌尔里奇认为,人力资源部门若要不被边缘化,人力资源管理成为企业业务的驱动力,实现战略人力资源管理的目标,就需要将其运营模式从以事务性为核心向以业务为核心转变。人力资源管理人员在人力资源管理活动中应该变被动为主动,在企业中通过扮演战略伙伴、行政专家、员工支持者和变革推动者“四种角色”成为业务合作伙伴。

(1)战略伙伴(Strategic Partner),即成为高级管理者的助手。人力资源专业人员要引导人们就如何组织和实施战略进行认真的讨论,进行战略实施。人力资源部门要知道公司运营的基本模式和组织架构,还要进行组织审核,督促和协调组织蓝图的形成,甄别组织变革方法的优劣。人力资源管理人员需要和生产经理合作,评估各部门间的相互影响和重要性。

(2)行政专家(Administrative Export)。人力资源专业人员一方面需要摆脱传统的政策制定与维护的刻板印象,同时还要确保公司条例的贯彻执行,人力资源部门需要提高其部门以及整个组织的工作效率。

(3)员工支持者(Employee Champion)。人力资源专业人员需要保证员工都是在全身心地投入工作,对组织忠诚,给予员工个人的和职业的发展机会,为员工实现愿望提供必备的资源,同时必须引导和训练直线经理去激发员工高昂的斗志。

(4)变革推动者(Change Agent),强调构建适应和把握变化的组织能力。人力资源管理者需要构建高效团队,减少创新周期,快速开发、传播和实施新技术。同时,人力资源作为变革的推动者,要降低甚至消除执行阻力,消除可能的影响。①

2005年,乌尔里奇等重新定义了员工支持者和行政专家角色,将变革推动者角色整合到战略伙伴角色中,同时提出了“人力资源领导者”这一新的角色,见表1-3。乌尔里奇等认为,对员工的“关怀、倾听和回应仍然是人力资源部门工作的核心”。所以,员工后盾这一角色的作用被放大,这一角色在处理员工当前需求的同时也关注未来劳动力队伍的建设与发展。专家不再仅仅关注行政效率,也关注其专业知识设计和实施人力资源管理实践,以提高决策的正确性并取得相应的成果。人力资源领导者则负责管理人力资源部门,以提高该部门的可信度。

---

① 转引自戴维·乌尔里奇:《人力资源管理新政》,商务印书馆2007年版,第46~53页。

表 1-3　人力资源角色的演变

19 世纪中期	20 世纪中期	思维方式的演变
员工支持者 （员工后盾）	员工代言人 人力资源开发者	关注员工当前的需求 致力为员工未来的成功做好充分准备
行政专家	职能专家	人力资源实践是人力资源价值的核心。一些人力资源实践是通过行政效能实现的，另一些人力资源实践则通过政策和干预措施来实现
变革推动者	战略伙伴	战略伙伴扮演着多种角色：业务专家、变革推动者、战略人力资源规划者、知识管理者和顾问
战略伙伴	战略伙伴 人力资源领导者	人力资源领导者需要兼具上述四个角色，但还要领导人力资源部门与其他部门合作，建立和加强战略思维水平，为公司治理提供支持

资料来源：转引自比尔·德韦尔 等著：《人力资源管理：当代视角》，电子工业出版社 2015 年版，第 18 页.

在人力资源业务伙伴实践中，企业对人力资源业务伙伴活动进行了广泛的探索，形成了各具特色的模式。例如，微软亚太研发集团在人力资源部门中有专门为其服务的人员，即人力资源业务伙伴，主要充当公司研发业务部门与整个人力资源体系的中间界面，对各个部门的业务非常了解，包括各部门的短期目标、中长期战略、优先业务、人员挑战等问题，每一位人力资源经理都很擅长辅导下属，常常协同解答他们工作中的难题，以至于员工们都不认为他们来自人力资源部门，而是善于倾听的朋友和能够一起面对客户的良好伙伴。①

（四）人力资源管理职能外包

20 世纪八九十年代，随着人力资源中介服务机构的兴起和发展，一些企业开始将人力资源管理的部分职能外包，即人力资源管理外包。人力资源管理外包就是企业将一些事务性、重复性的人力资源管理工作外包给第三方专业服务机构的活动，如人员招聘、培训、薪酬发放、员工档案管理、社会保险代理等。我国许多企业已开始将一些人力资源管理工作委托给中介服务机构。近几年，我国也涌现出一些知名的人力资源中介服务机构，如智联招聘、前程无忧等。另外，许多省市都有人才交流中心等。

企业人力资源管理职能外包主要目的是降低成本，或者是将人力资源管理部门从繁杂的事务性工作中解放出来，从而能够集中精力关注人力资源战略和组织的发展战略，使人力资源管理部门能够成为公司的战略业务伙伴。莫尼卡认为，外

① 杨磊："人力资源业务合作伙伴"，《企业管理》，2011 年第 6 期，第 97～99 页。

包是提升人力资源管理能力的重要趋势,人力资源管理职能外包能够节约成本,增强专注于企业发展战略的能力,提高服务水平等。[①] 我国人力资源服务市场起步较晚,外包供应商的水平参差不齐,相关的法律法规也不健全,企业在进行人力资源管理外包时会产生一些风险,如服务质量难以保证、企业信息外泄、长期会使企业的人力资源管理能力弱化等。

大卫提出了选择人力资源活动作为外包候选项目需要考虑的问题:①活动是否涉及公司的核心竞争力和核心能力;②活动是否是公司特有的,独特性对公司的价值;③外包后人力资源部工作人员从事务性活动中解放出来,专注战略性工作给公司带来的效益;④活动是否需要企业内部惯有的知识,而且是特有的知识;⑤公司是否需要保留这些工作,以便给员工提供升迁的机会;⑥公司是否改变人力资源业务流程。[②]

人力资源管理的发展趋势是,人力资源管理部门与其他部门在人力资源管理职能上的分工越来越模糊,并且非人力资源管理部门所承担的人力资源管理职能越来越多,人力资源管理部门的角色开始向沟通和协调方面发展。

三、人力资源管理与企业竞争优势

随着经济全球化的发展和知识经济的兴起,企业面临着越来越严峻的考验,竞争日益加剧,能否建立持续的竞争优势是企业成败的关键。战略学家迈克尔·波特认为,人力资源管理是企业获得竞争优势的关键。当前,越来越多的企业认识到人力资源管理是获得竞争优势的重要工具,是赢得竞争优势的源泉。

(一)企业竞争优势的来源

企业竞争优势是指企业在某一个方面或某几个方面具有的过人之处,如企业有较高的市场占有率、较低的产品成本、较强的技术力量等。概括而言,企业的竞争优势主要有两种:成本领先和产品差异化。

成本领先是指企业提供与其竞争者相同的服务或产品,但是成本低于竞争对手,即以一种较低的价格向市场提供这种产品或服务。企业降低成本主要包括降低生产成本和降低管理成本。企业降低生产成本的主要方式有:使用新技术、运用更有效率的工作方法、降低劳动成本(主要是工资成本)等。企业降低管理成本的主要方式有:企业制度的创新、组织绩效的改善、员工积极性的提高等。

① Monica Belcourt:"*Outsourcing—The Benefits and the Risks*", Human Resource Management Review, 2006 (16), pp. 269 ~279 .

② David W. Conklin, *Risks and Rewards in HR Business Process Outsourcing*, Long Range Planning, 2005(38), pp. 579 –598. 转引自李富兰:《人力资源管理外包理论与应用的研究》,天津大学博士论文,2007年。

产品差异化是指企业生产或提供一种与其竞争对手不同的产品或服务。企业实现产品或服务差异化的方法主要有[①]:①创造一种比其竞争者质量更好的产品或服务;②提供竞争者不能提供的创新性的产品或服务;③选择一个高级地点——顾客更容易接近的地点;④促销和包装其产品以制造质量更高的印象。

(二)通过人力资源管理获得竞争优势的模型

美国人力资源管理专家劳伦斯·S. 克雷曼认为,企业可以通过有效地管理其人力资源而获取某种针对其竞争者的竞争优势,人力资源管理活动是企业竞争优势的重要源泉。他提出了人力资源管理实践支持企业获得竞争优势的模型(如图1-1所示)。

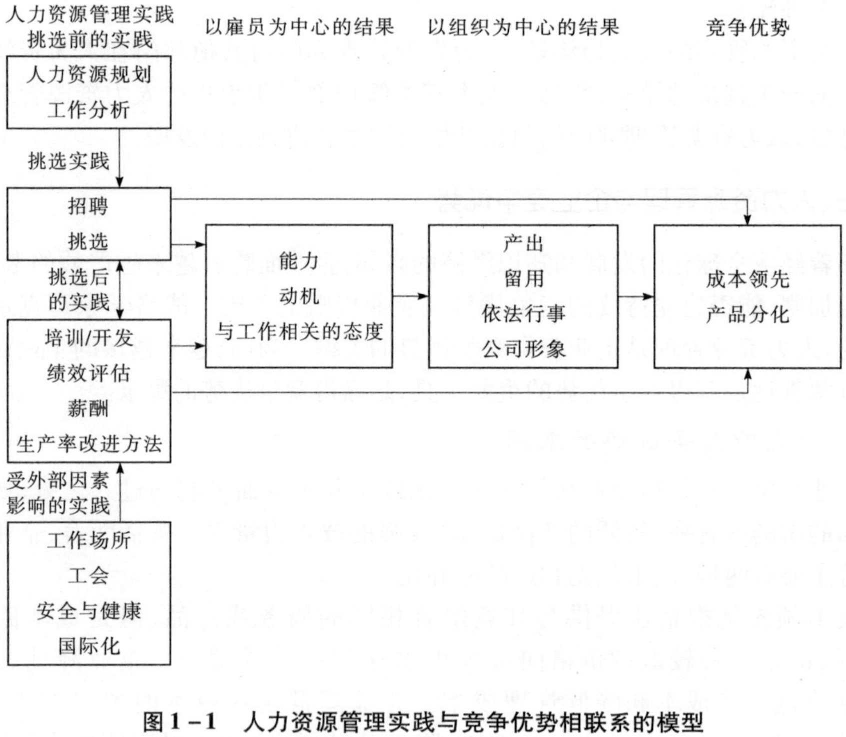

图1-1 人力资源管理实践与竞争优势相联系的模型

有效的人力资源管理实践可以通过创造成本领先和产品分化来提高公司的竞争优势。根据图1-1的模型,克雷曼认为,企业通过人力资源管理活动获得竞争优势有两条途径:直接的道路和间接的道路。

① C. R. McConnel, S. L. Brue S L. *Economics: Principles, Problems, and Politics* (12th ed.) McGraw-Hill, 1993. 转引自劳伦斯·S. 克雷曼:《人力资源管理:获得竞争优势的工具》,机械工业出版社1999年版,第9页。

1. 人力资源管理实践对竞争优势的直接影响

人力资源管理实践对竞争优势的直接影响主要体现在生产成本方面。劳动成本是企业生产成本的重要组成部分，劳动成本在与服务有关的行业中特别高，在这些行业中，企业的劳动成本约占总成本的70%。与人力资源管理有关的成本涉及招聘、挑选、培训、薪酬等方面，有效的人力资源管理活动能够大大降低这方面的成本。以招聘活动为例，如果是有效的招聘，不但可以降低招聘的直接成本，还会降低招聘的间接成本，而无效的招聘不但增加了直接招聘费用，更重要的是增加了间接成本并造成在此期间生产效率的下降，从而导致生产效率的损失。如果企业招聘到的员工不适合岗位要求，会增加其日后的培训成本，若将其解雇重新再雇用新员工，还会产生解雇成本（如支付违约金等）和再招聘成本，在此期间还会发生生产效率的损失等。

此外，人力资源管理活动还会对员工的工作满意度、离职、缺勤率、工作积极性产生重要的影响，同时也会对生产成本造成重大影响。事实上，不同的企业在控制与人力资源管理有关的成本方面存在巨大的差别，在控制这些成本方面表现最佳的企业能够获得某种财务上的优势。

2. 人力资源管理实践对竞争优势的间接影响

人力资源管理实践对企业竞争优势的间接影响是通过以下传导机制实现的，即：人力资源管理实践——→以员工为中心的结果——→以组织为中心的结果——→竞争优势。

(1) 人力资源管理实践——→以员工为中心的结果。以员工为中心的结果是指企业员工的能力、动机以及与工作有关的态度。其中，能力是指员工拥有其工作所要求的知识和技能；动机是指员工愿意做出必要的努力以便把他们的工作做好的程度；工作态度是指员工对其工作满意、对其组织的承诺以及组织公民行为等。

企业的招聘、培训、绩效评估和薪酬等活动对员工的知识、能力、技能和态度等会产生重要的影响。一个企业如果能成功地识别、吸引和挑选出最能干的求职者，他们将会更好地胜任工作。绩效评估有助于识别员工由于缺乏能力而导致的绩效欠缺，一旦这样的欠缺被识别出来，就能通过咨询、指导或培训而得到矫正。对员工进行良好的培训还有助于提高员工的胜任能力。此外，一个企业通过提供比竞争者更有吸引力的薪酬也可以吸引并留住能力较强的员工。

(2) 以员工为中心的结果——→以组织为中心的结果。以组织为中心的结果由产出、员工留用比率、依法办事和公司声望（或企业形象）构成。产出是指企业生产的产品或服务的数量、质量和创新性；员工留用比率反映了某个企业所经历的员工流动数量；依法办事是指企业的人力资源管理实践是否符合各种就业法律所提出的要求；公司声望，即企业形象，是指潜在的求职者和顾客怎样看待该企业。如果人力资源管理活动有效,企业就能够获得优秀的员工,使员工有能力和动机以一种积极的工作态度投入工作,企业就会实现以组织为中心的结果,如产品质量好、成本低、员工不断创新、员工流失率低等。

(3)以组织为中心的结果→竞争优势。当企业实现了期望的产出时,就会获得竞争优势。例如,企业能通过有效的人力资源管理活动提高其产出的数量时,其产品的单位成本就会下降;降低员工的流动率也能通过防止不必要的开支而提高成本领先程度;遵守国家有关劳动就业法规能减少企业的法律诉讼,节约成本。通过提高劳动力的素质和发挥劳动者的积极性、创造性,企业就能够降低成本,提高产品的差异化程度,从而获得竞争优势。

(三)人力资源管理与企业持续竞争优势

企业要想长期保持竞争优势,就必须具有不断创新的能力,从而使其产品或战略难以被竞争对手模仿。实际上,企业用来获取某种竞争优势而开发出的新产品很容易被人模仿,虽然有专利法的保护,但也很难实现长久的保护,而且企业的战略也容易被人模仿。因此,只有不断创新,企业才能领先于竞争对手,使竞争对手来不及模仿。美国战略学家奎因认为,"可维持住的优势通常来自于所挑选的人力技能、物流能力、基础知识或其他服务力量上具有非凡的深刻性,这些是竞争对手无法复制的。"①

人力资源管理活动,如有效的员工培训、薪酬制度、绩效评价体系和良好的员工关系,为员工提供了创新的氛围和动力。此外,系统的人力资源管理活动很少能被人模仿。为什么通过人力资源管理实践所获得的竞争优势比通过其他手段所获得的竞争优势更为持久?对此,杰夫瑞·菲弗做出了以下解释:②

第一,竞争者们很少能够接触一个公司的人力资源管理实践,也就是说,这些实践对外人不是清楚可见,因此不可能轻易被模仿。

第二,即使这些实践清楚可见,如果竞争者们使用它,其影响也未必同样有利。

人力资源管理实践是一个相互关联的系统,一种特殊的人力资源管理实践只有在配合其他人力资源管理实践使用时才会成功。当某种单个的人力资源管理实践被模仿时,它不可能产生相同的影响,因为它现在是一个不同的人力资源管理系统的一部分。因此,通过人力资源管理实践所获得的竞争优势就可能比通过其他手段所获得的竞争优势更为持久。

---

① Quinn, B. James, T. L. Dooley, P. C. Paquette: *Beyond Products: Services - Based Strategy*, Harvard Business Review 90, 1990(2), p. 60.

② J. Pfeffer: *Competitive Advantage Through People*, Harvard Business School Press, 1994. 转引自劳伦斯·S. 克雷曼:《人力资源管理:获得竞争优势的工具》,机械工业出版社 1999 年版,第 17 页。

第三节 人力资源管理模型

人力资源管理实践与理论是相互促进的。人力资源管理实践的发展经历了传统的人事管理和现代人力资源管理两个阶段。人力资源管理理论对人力资源管理实践起了重要的推动作用。在人力资源管理概念提出之初,人力资源管理在实践上与传统的人事管理并没有明显的区别。随着人力资源管理理论和实践的不断发展,人力资源管理逐步与人事管理区分开来。英国学者约翰·布里顿对现代人力资源管理理论进行了研究,概括出5种人力资源管理理论模型。本节将简单介绍这些理论观点。①

一、人力资源管理循环模型

人力资源管理循环模型是由丰布兰等人提出的,该模型是早期的人力资源管理模型。在这一模型中,人力资源管理"循环"包括4个重要的部分,即选择、评价、开发和奖励(如图1-2所示),这4种人力资源管理活动都是旨在提高组织的绩效。该模型强调人力资源管理活动的相互关系和一致性,指出内部人力资源政策要保持一致,内部人力资源政策和实践与组织内部经营战略应保持一致等。丰布兰等提出的模型只是对人力资源管理活动进行的简单描述,主要关注的是人力资源实践活动,而忽视了不同的利益相关者、环境因素以及管理战略的选择理念等问题。

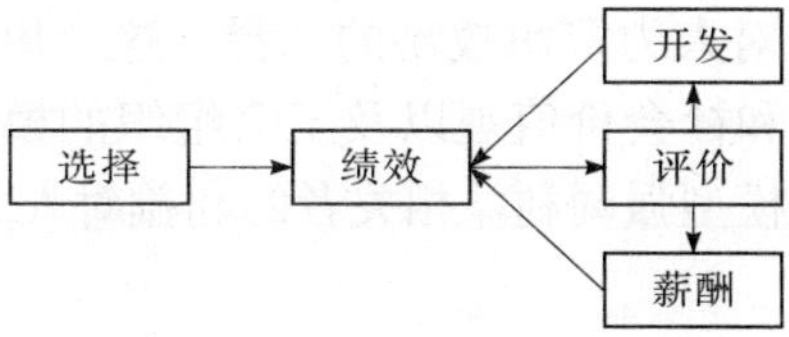

图1-2 丰布兰等人1984年提出的人力资源管理循环模型

"人力资源管理循环"是一个简单的模型,可以作为一种启发框架,也可以用来解释关键的人力资源实践的性质和重要性以及构成人力资源管理的各因素之间的相互联系。

① 引自约翰·布里顿、杰弗里·高德:《人力资源管理——理论与实践》,经济管理出版社2005年版,第16~22页。

二、哈佛大学人力资源管理模型

哈佛大学人力资源管理模型是由比尔等人提出的。该模型包括6个基本部分：环境因素、利益相关者的利益、人力资源管理政策的选择、人力资源成果或产出、长期结果以及直接到达组织和利益相关者的反馈回路(如图1－3所示)。

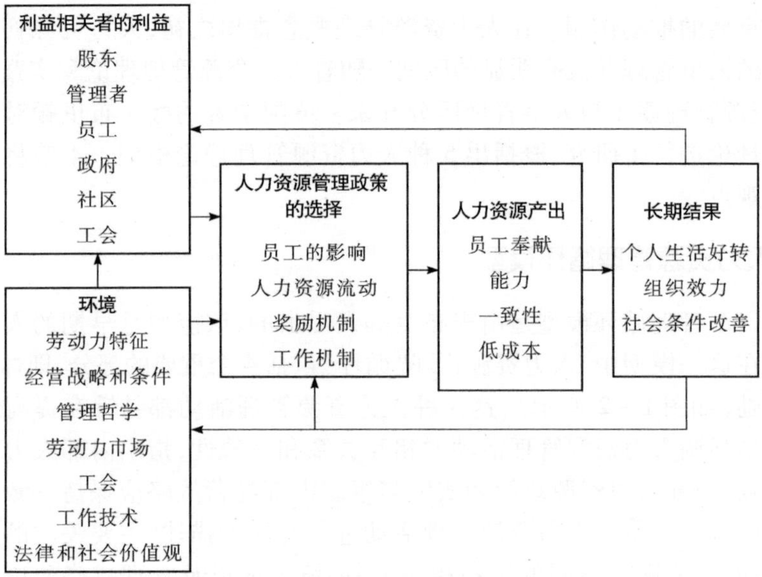

图1－3　哈佛大学的人力资源管理模型

环境因素影响管理者对人力资源战略的选择。这个模型融合了劳动力特征、管理哲学、劳动力市场、法律和社会价值观以及工会组织的模式，并提议将产品市场和社会文化融合在一起。该模型强调利益相关者的利益对人力资源管理政策选择的重要性。

人力资源管理政策强调，只有在限制和选择的相互作用中进行人力资源决策并采取相应的行动，这些人力资源决策和行动才能完全实现其价值。该模型认为，人力资源管理能够在组织以及各种环境的影响下做出某种特殊的贡献，并在某种程度上长期影响这些变量。

人力资源成果或产出是员工努力完成组织目标并取得很高的个人成绩，这些又会产生低成本的产品或者服务。这里暗含的一个假设是：员工具有的一些才能在工作中并没有完全得到利用和发挥，而他们是渴望通过工作获得成长的。因此，哈佛大学人力资源管理模型认为，劳资关系应当根据明茨伯格提出的“Y”理论假设进行管理。

长期结果可以分为3个层次:个人、组织以及社会。就个体员工层次而言,长期的产出包括员工付出努力并接受心理方面的奖励。就组织层次而言,日益提高的效力又确保了组织的生存。反过来,因为在工作中充分发挥了个人的才能,也实现了一些社会目标(如就业和成长)。

反馈回路是哈佛大学人力资源管理模型的第6个组成部分。环境影响人力资源政策的制定和选择,反过来,长期结果也可能影响环境、利益相关者的利益以及人力资源政策,图1-3反映了它们之间的相互联系。哈佛大学人力资源管理模型对于研究人力资源管理的学者们提供了清晰的、实用的分析框架,它也包括了一些分析性(环境、利益相关者、战略选择层次)和描述性(员工风险、能力)的因素。

三、格斯特模型

大卫·格斯特(David Guest)提出了一种更有描述性的理论框架,并指出一系列完整的人力资源实践可以取得更高的个人绩效和组织绩效。格斯特模型由6个部分组成:人力资源战略、人力资源实践活动、人力资源成果、行为结果、绩效产出、财务成果(如表1-4所示)。

表1-4 格斯特的人力资源管理模型

人力资源战略	人力资源实践活动	人力资源成果	行为结果	绩效产出	财务成果
差异化 (创新) 关注点 (质量) 成本 (减少成本)	选择 培训 评估 奖励 工作设计 参与 身份和安全	员工奉献 质量 灵活性	努力/激励 协作 参与 组织中 员工职权	高: 生产力 质量 创新 低: 缺勤 人员更新 冲突 顾客抱怨	利润 投资收益

这个模型指出了人力资源战略和总体经营战略——差异化、聚焦以及成本领先之间的紧密联系。其主要的假设是:人力资源实践活动可以进行设计,以取得一系列的人力资源成果,如员工努力工作、高质量和灵活性等。格斯特将员工努力工作看作关键的人力资源成果,他强调将员工与组织联系起来,使员工努力工作、相互协作并保证组织中的员工职权。高质量涉及员工行为的方方面面,关系到产品和服务的质量。灵活性则是指员工对创新和变革的接受能力。这个模型的右边

（行为结果、绩效产出和财务成果）主要关注人力资源实践和绩效的相互联系，只有确保实现这3个方面的人力资源成果——员工努力工作、高质量和灵活性，我们才可能得到更高的绩效成果。

格斯特模型的优点在于，它清晰地界定了人力资源管理所处的领域并将其投入和产出进行了分类。这个模型有助于人们检查一些与人力资源管理标准模型密切相关的重要目标：战略整合、员工努力奉献、灵活性以及质量。格斯特所提出的理论命题也有助于我们准确地理解人力资源管理的实质以及人力资源管理与绩效之间的联系，而且这些命题也可以通过经验型的调查和案例研究加以检验。

四、沃里克模型

沃里克模型是由沃里克大学的公司战略和变革研究中心于1990年提出的。这个模型采用分析的方法扩展了哈佛大学的模型，识别出经营战略和人力资源实践这些活动所处的内外环境以及这些变革所发生的过程，包括变革的内容与变革的环境之间的相互作用。沃里克模型主要由5个部分构成，即外部环境、内部环境、经营战略、人力资源管理环境和人力资源管理内容（如图1－4所示）。

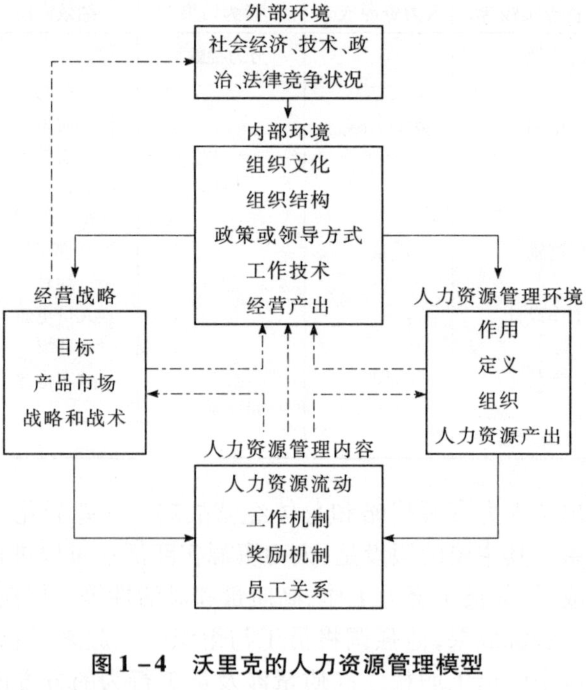

图1－4 沃里克的人力资源管理模型

沃里克模型的优点在于，它识别并将影响人力资源管理的一些重要环境因素进行了分类,勾勒出了外部环境(更大的环境)和内部环境(组织)之间的联系,并且探索出人力资源管理是如何适应环境变革的。这个模型暗示,那些与内外环境保持协调一致的组织会取得更高的绩效。这个模型的缺点在于,没有清晰地指出内部人力资源实践是如何与产出及绩效相联系的。

五、斯托利模型

英国学者斯托利构建的人力资源管理模型是一种理想的模型,其目的在于,描述其提出的人员、产业工人和人力资源管理范例之间的区别,即人事管理与人力资源管理之间的区别。斯托利模型主要由 4 个部分构成:信仰和假设、战略方面、直线管理、关键指标(如表 1-5 所示)。

表 1-5 斯托利的人力资源管理模型

维度	人员和产业工人	人力资源管理
信仰和假设		
合同	精心的描绘书面合同	旨在超脱合同之外
规章制度	修订明确的规章或相互关系的重要性	可能忽略,对规章不耐烦
指导	工作程序和一致性	经营需要
管理行为	控制	灵活性和员工奉献
相关行为	行为准则/风俗和惯例	价值观/使命
管理者工作	监督	协调
劳动力		
关系	身兼数职	单一化
冲突	制度化	不再重视强调
标准化	好(比如公平问题)	低(比如忽略公平性)
战略方面		
主要关系	劳动者和管理者	经营者和客户
主动性	零碎的,一个个的	完整的、综合的
公司计划	少数人制定	集中计划
决策速度	低	快
直线管理		
管理者作用	业务管理	侧重领导
主要的管理者	人事/产业工人专家	总经理、业务经理、直线经理
受到奖励的管理技能	谈判	简易化
关键指标		
关注进行干预	人事程序	更广泛的文化、结构化的以及人事战略
选择	独立的、边缘工作	完整的、重要的工作
工资	工作评价、多个固定等级	相关绩效,有很少工资等级
条件	独自谈判	协调一致

续表

维度	人员和产业工人	人力资源管理
劳动者与管理者	集体讨价还价形成合同	倾向于个人合同
人员之间的信任关系	通过提供便利和培训调整	忽视(变革模型中的一些谈判除外)
沟通	有限的流动/间接性	更高的流动性/直接
工作设计	劳动力分工	团队工作
冲突处理	暂时解决	管理氛围和文化
培训与开发	控制地进行课程安排	学习型组织

根据表 1－4 的描述可以看出,斯托利模型试图建立一种新的劳资关系管理或人力资源管理框架。人力资源管理旨在使他们超越合同之外,努力提高员工的信任和奉献精神。斯托里模型的战略方面表明,人力资源管理专家在组织中扮演着变革型领导的作用。直线经理几乎已经参与到了组织的人力资源管理活动。斯托利提出的这些人力资源管理变量可以用来测量组织中人力资源管理方法相对于传统人事管理的变化程度。

第四节 人力资源管理的外部环境

人力资源管理是为企业生产经营活动服务的,企业战略目标、财务状况、技术、组织结构、员工状况和企业文化等都影响着人力资源管理活动。同样,外部环境,如国家有关劳动的法律、劳动力市场状况、技术的变迁、经济全球化等,也影响和制约着企业的人力资源管理活动。外部因素对不同企业的影响是不同的,因而企业对外部环境的反应也存在差异。本节主要对影响人力资源管理的外部环境进行一般性的分析。

一、与劳动有关的法律法规

在现代社会,国家法律法规以及地方行政规章对企业人力资源管理活动都具有重大的影响,可以说,影响着人力资源管理活动的各个方面。例如,企业人员招聘、薪酬、培训、工作条件和工作时间、员工的辞退、奖惩以及劳动关系的处理等都受到法律法规的制约。

在计划经济体制下,我国企业的生产经营活动几乎都要听命于国家,企业没有用人自主权,谈不上招聘和解雇员工;国家实行统一的工资制度,企业在工资水平和工资结构上没有决策权等。因此,在计划经济体制下,我国并没有真正的劳动力市场。市场经济国家出现的一些有关雇佣、劳动力歧视、员工辞退和解雇等问题,我国当时并不存在。相应地，我国有关劳动方面的立法也很少，没有制定《劳动法》，只有针对劳动保险、安全卫生等的少数几个条例和规定，如《中华人民共和国劳动保险条例》(1953 年)、《工厂安全卫生规程》(1956 年)、《国务院关于工人退休、退职的暂行规定》(1978 年)等。

改革开放后，随着市场经济体制的建立和完善，企业成为自主经营、自负盈亏的法人主体，我国劳动力市场也逐步建立和完善。为了给企业创造公平的竞争环境，规范企业的用人行为，保障劳动者的合法权益，我国在劳动立法方面有了很大的发展，制定了一系列劳动方面的法律法规，涉及就业、工资分配、社会保险、职工培训、劳动安全卫生、劳动争议等各个方面，基本建立了完整的劳动法律法规体系。我国劳动法律的主体法是《中华人民共和国劳动法》(以下简称《劳动法》)，还有大量与《劳动法》相配套的法律法规、条例和规定等。表 1-6 汇集了中华人民共和国成立后颁布的劳动方面的主要法律法规和规定。

表 1-6 我国的有关劳动法律法规列表

年份	法律法规
1953	《劳动保险条例》
1990	《工人考核条例》
1992	《矿山安全法》
1993	《企业劳动争议处理条例》
1994	《劳动法》
1995	《工会参加平等协商和签订集体合同试行办法》
1995	《工会参与劳动争议处理试行办法》
1995	《企业职工劳动安全卫生教育管理规定》
1996	《企业职工培训规定》
1996	《工作场所安全使用化学品规定》
1999	《失业保险条例》
2000	《劳动力市场管理规定》
2001	《职业病防治法》
2002	《安全生产法》
2002	《禁止使用童工规定》
2003	《工伤保险条例》
2004	《最低工资规定》
2004	《集体合同规定》
2007	《劳动合同法》
2008	《劳动争议调解仲裁法》
2011	《社会保险法》
2012	《女职工劳动保护特别规定》
2015	《新劳动法》

劳动法律法规对企业招聘、辞退和解雇员工做了详细的规定:《劳动法》(1994年)规定:“劳动者就业,不因民族、种族、性别、宗教信仰而歧视”,“妇女享有与男子平等的就业权利。在录用职工时,除国家规定的不适合妇女的工种或者岗位外,不得以性别为由拒绝录用妇女或者提高对妇女的录用标准。”“禁止用人单位招用未满十六周岁的未成年人。”《女职工劳动保护规定》(2012年),“凡适合妇女从事劳动的单位,不得拒绝招收女职工。”国家还专门制定《禁止使用童工规定》(2002年),禁止使用童工。企业与劳动者建立劳动关系应当签订劳动合同。《劳动合同法》(2007)规定:“订立劳动合同,应当遵循合法、公平、平等自愿、协商一致、诚实信用的原则。”

在辞退解雇方面,《劳动法》规定:“劳动者有下列情形之一的,用人单位可以解除劳动合同:(一)在试用期间被证明不符合录用条件的;(二)严重违反劳动纪律或者用人单位规章制度的;(三)严重失职,营私舞弊,对用人单位利益造成重大损害的;(四)被依法追究刑事责任的。”还规定:“有下列情形之一的,用人单位可以解除劳动合同,但是应当提前三十日以书面形式通知劳动者本人:(一)劳动者患病或者非因工负伤,医疗期满后,不能从事原工作也不能从事由用人单位另行安排的工作的;(二)劳动者不能胜任工作,经过培训或者调整工作岗位,仍不能胜任工作的;(三)劳动合同订立时所依据的客观情况发生重大变化,致使原劳动合同无法履行,经当事人协商不能就变更劳动合同达成协议的。”《劳动法》也规定了不能辞退解雇的情况:“劳动者有下列情形之一的,用人单位不得依据本法第二十六条、第二十七条的规定解除劳动合同:(一)患职业病或者因工负伤并被确认丧失或者部分丧失劳动能力的;(二)患病或者负伤,在规定的医疗期内的;(三)女职工在孕期、产期、哺乳期内的;(四)法律、行政法规规定的其他情形。”

在工资分配方面,《劳动法》规定:“用人单位根据本单位的生产经营特点和经济效益,依法自主确定本单位的工资分配方式和工资水平”,但“工资分配应当遵循按劳分配原则,实行同工同酬。”所谓同工同酬,是指用人单位对于从事相同工作、付出等量劳动且取得相同绩效的劳动者,应支付同等的劳动报酬。《劳动法》还规定:“用人单位支付劳动者的工资不得低于当地最低工资标准”,为此,国家还专门制定了《最低工资规定》(2004年)。

在职业培训方面,《劳动法》规定:“用人单位应当建立职业培训制度,按照国家规定提取和使用职业培训经费,根据本单位实际,有计划地对劳动者进行职业培训。从事技术工种的劳动者,上岗前必须经过培训。”《企业职工培训规定》(1996年)对企业职工培训做了详细的规定,例如,“企业应建立健全职工培训的规章制度,根据本单位的实际对职工进行在岗、转岗、晋升、转业培训,对学徒及其他新录用人员进行上岗前的培训。”“企业应将职工培训列入本单位的中长期规划和年度计划,保证培训经费和其他培训条件。”“企业应按国家有关规定配备职工培训专职教师和管理人员、职工培训专职教师和管理人员的职称评定、职务聘任、晋级、调资、奖励、住房和生活福利等方面应与普通教育教学人员或专业技术人员同等对待”等。《劳动合同法》(2007)规定:“用人单位为劳动者提供专项培训费用,对其进行专业技术培训的,可以与该劳动者订立协议,约定服务期。”

此外,《劳动法》及其他法规还对工作时间和休息休假、劳动安全卫生、社会保险和福利以及劳动争议等做了明确规定。

二、劳动力市场

劳动力市场是人力资源管理的重要外部环境因素。企业需要不断地从劳动力市场雇用新的员工,劳动力市场的供求状况和供求结构对企业的招聘、用人政策及薪酬政策等都会产生重要的影响。劳动力市场的供求状况也影响着企业内部员工的心理和行为。劳动力供给超过需求时,企业招聘新员工比较容易,员工的辞职率也比较低,而劳动力供给小于需求时,招聘新员工比较难,员工的辞职率也会增加,因此,企业需要调整人力资源管理政策,如提高工资水平、重视员工的培训和开发、重新设计工作、调整工作时间等。许多企业认为,我国劳动力市场供给充足,企业可以随时从劳动力市场上招聘到合格的劳动者,因此在处理员工关系问题时采取消极的办法,如压低员工的工资、不重视员工的培训等。

目前,我国劳动力总体上是供给大于需求,但是随着我国人口老龄化的到来以及由于实行计划生育政策所导致新生劳动力的减少,将会出现劳动力短缺现象。中国人力资源市场信息监测中心发布的2015年四季度部分城市公共就业服务机构市场供求状况分析的报告显示,2015年四季度,我国劳动力市场出现了需求略大于供给的情况。从供求对比看,用人单位通过公共就业服务机构招聘各类人员约439万人,进入市场的求职者约400万人,岗位空缺与求职人数的比率约为1.10,比上年同期下降了0.05,比上季度上升了0.01,市场需求略大于供给。国家统计局统计数据表明,2016年,全国劳动年龄人口为90 747万人,占总人口的比重为65.6%,全国劳动年龄人口比上一年减少了349万人,这是中国劳动年龄人口自2012年连续5年净减少。2012年,中国15~59岁人口比2011年减少345万人,占总人口的比重为69.2%,比上年末下降0.6%,系中国劳动年龄人口数量首次出现下降。

即使我国目前劳动力供给大于需求,但结构性短缺现象仍然存在,主要表现为地区性短缺、劳动力技能性短缺和年龄结构性短缺。近年来,我国不断进行产业结构调整,一些新兴行业的出现使劳动力的技能与产业结构不匹配,造成一些行业或职业劳动力的短缺。从2004年开始,各地招工难的报道逐渐增多,不但高技术人才短缺,一些地区还出现了“民工荒”。

清华大学和复旦大学共同合作完成的《中国劳动力市场技能缺口研究报告》

(2016)表明,我国劳动力供给的人才层次矛盾显著,低学历者的工作技能距离市场需求存在一定差距,如农民工受教育程度低、技能不足,只有33%的农民工接受过技能培训。而高学历者的技能结构存在与市场脱节的现象,主要表现为大学毕业生技能结构与市场脱节。

随着我国产业升级,高技能劳动力供求缺口将日益扩大,中国的技能劳动者数量目前只占全国就业人员总量的19%,高技能人才只占5%。总的来看,我国高级技术人才的供求紧张状况短期内难以缓解,对相关企业影响较大,企业应当重视对劳动力市场的研究,重视内部员工的培训。

当前我国劳动力市场中“80后”“90后”员工已构成劳动力的主体,他们的家庭观念、工作价值观与前几代相比发生了巨大变化。例如,在选择职业时,他们更关注自己的兴趣,当工作与家庭冲突时,可能更关注家庭。他们大多数是独生子女,在成长中遇到的挫折较少,抗压能力相对较弱,遇到批评可能更倾向于辞职。企业与员工之间的雇佣关系也发生了变化,雇员与企业已不是传统的长期雇佣关系,他们是受市场驱动的,对企业缺少承诺,一有机会或者遇到不满就会辞职或者跳槽。劳动力市场的这些新变化会对企业的人力资源政策、招聘、培训、薪酬和晋升等产生重大影响。由于劳动力构成的复杂性,企业应该研究所在市场劳动力的供求结构及变化趋势。

三、技术因素

技术的发展和变革对人力资源管理产生的影响主要表现为以下两个方面:

一是技术特别是信息技术的发展使工作的性质和工作的组织方式发生了变化。技术的进步使许多蓝领工作消失,取而代之的是适应高技术水平要求的新工作。现代信息技术和通信技术的发展促使企业流程再造和建立灵活的工作团队。企业流程再造是一个广义的概念,既包括企业过程的重新设计,又包括企业的组织机构设计。由于信息技术的发展,企业工作组织设计已经超越了传统的泰勒原理,需要更灵活的工作设计。许多企业的工作组织设计都把工作团队作为核心元素,因为工作团队能够使企业更好地适应环境的变化。为了适应工作性质以及工作组织方式的变化,企业的人力资源管理也要重新设计组织结构,薪酬体系、员工的评价体系、培训计划和职业规划等也要重新设计。

二是对人力资源管理的手段和技术产生了影响。计算机技术和网络技术的发展改变了人力资源管理的面貌。计算机技术的发展扩大了企业人力资源信息系统的应用范围,它已经超越了简单的信息存储和信息提供,而主要用于控制和决策,应用范围扩大到诸如编制报告、预测人力资源需求、战略计划、职业生涯和晋升计划,以及评估人力资源的政策和实践等方面。计算机和网络技术已应用于员工招募、培训和薪酬管理等。例如,网络化作为企业招募员工的一种重要形式,已被用于进行网上招募和网上测评等。

四、政治因素

政府(或国家)是最重要的政治力量,政府往往通过立法来体现其政治意图,如就业权、工作的公正性、职业健康和安全、社会保险以及工会管理等,这些都对企业的人力资源管理活动产生了重要的影响。政府除了运用立法手段影响企业的经营管理活动外,还制定相关的劳动用人政策,影响并制约着企业的人力资源管理活动。西方国家大多实行多党制,由于各党的执政纲领差异很大,不同政党在执政时往往采取不同的经济政策。以英国为例,保守党政府信奉不干预思想,认为政府应该取消经济干预政策,撤销对劳动力市场的约束,限制工会组织和活动。1997 年,工党入主政府,推行了一系列与保守党政府相反的政策,如推行最低工资保障制度,推动工会组织的发展,扩大工会的权利,还通过了《员工关系法案》,强调雇主与员工的合作;工党还决定签署《欧盟社会宪章》(保守党政府曾经拒绝签订),该宪章强调改善工作环境,保护工人的身体健康和安全,解决交通问题及员工其他方面的困难,保障劳资关系中的平等权等。我国政府对劳动力市场和企业的劳动用人制度采取积极干预的政策,强调维护员工在企业中的地位和权利,重视工会在社会政治生活和企业管理中的作用。

政治因素中的另一重要因素就是工会。在大多数国家,工会都得到了法律的承认,成为社会政治经济生活中的重要力量。工会对人力资源管理的影响主要通过两种途径实现,一是影响国家的法律和政策的制定;二是通过集体谈判或集体协商的方式影响企业的人力资源管理政策和活动。例如,国际劳工组织制定了大量的有关劳工权益的国际公约,对各国劳动立法产生了重大影响,许多国际公约都成为签约国劳动立法的蓝本。许多国家的法律规定,工会有代表员工与雇主进行集体谈判的权利。我国《工会法》规定,工会通过平等协商和集体合同制度,协调劳动关系,维护企业职工劳动权益;工会依照法律规定通过职工代表大会等,组织职工参与本单位的民主决策、民主管理和民主监督等。按照我国法律的规定,工会可以代表职工与企业就劳动条件、劳动报酬、工作时间、休息休假、劳动安全卫生、职业培训和保险福利等事项进行集体协商。在西方国家,工会也具有集体谈判权,与雇主就雇佣、工资福利、安全健康、培训等各方面进行谈判。可见,在现代企业管理中,工会是一支不可忽视的政治力量,影响着企业的管理,特别是影响着企业人力资源管理政策的制定。

五、社会文化因素

信仰、风俗、习惯以及价值观是社会文化的核心。社会文化影响着人们的思想观念和行为方式,也影响着企业的人力资源管理。由于东西方国家文化上的巨大差异,东西方国家在人力资源管理模式上也存在非常大的差异。日裔美国学者威廉·大内(William Ouchi)对日美企业的管理方式进行了比较研究,总结出两国企业在人力资源管理方面的差异。比如,在雇佣制度方面,日本注重终身雇佣制,美国则注重短期雇佣制;在对员工的考核上,日本注重员工的工作态度和工作能力,美国则注重工作成绩;在晋升上,日本多重资历,美国多重能力;在员工关系上,日本人际关系比较浓重,美国人际关系比较冷淡等。①

由于人们的习惯和价值观等是变化的,因此,企业的人力资源管理政策和措施也要进行相应的改变。我国改革开放前,人们习惯吃大锅饭、平均主义、论资排辈、追求工作的稳定。改革开放后,随着市场经济体制的建立,人们的思想观念和价值观发生了很大的变化。当前,人们的思想观念出现了多元化倾向,对工作和生活关系的认识也发生了变化。人们开始重视自己的权利,要求更多的知情权,参与意识更强;寻找自己喜爱的工作或职业;人们不再把工作仅仅看作获得财富的工具,工作已成为人们实现人生目标的手段;追求工作与家庭生活之间的平衡是当代人重要的工作和生活理念。以上这些变化对我国企业人力资源管理是一个严峻的挑战。

此外,竞争者的人力资源管理政策也对企业的人力资源管理政策和活动产生了重要的影响。在知识经济时代,人才是企业赢得竞争的关键。一个企业要在激烈的竞争中获得成功,不但要能吸引和得到优秀的员工,而且必须保留住有竞争力的员工。企业在人才争夺上具有同样的目标,因此,企业在制定人力资源管理政策时不但要考虑竞争对手的政策,还要考虑竞争对手的反应。

【思考题】

1. 什么是人力资源?为什么说人力资源是企业最重要的资源?
2. 什么是人力资源管理?人力资源管理有哪些职能?
3. 人力资源管理与企业战略目标的实现是什么关系?
4. 企业人力资源管理职能和角色是如何演变的?直线经理承担哪些人力资源管理职能?
5. 企业为什么要人力资源管理外包?人力资源管理外包有什么风险?
6. 为什么说人力资源管理是企业获得竞争优势的工具?
7. 外界环境对企业的人力资源管理有什么影响?

① 威廉·大内:《Z理论——美国企业怎样迎接日本的挑战》,中国社会科学出版社1984年版,第60~81页。

【案例分析】

案例 1:“是时候跟人力资源部说再见了”[①]

拉姆·查兰说:是时候跟人力资源部说再见了,我指的不是撤销人力资源部门执行的任务,而是人力资源部本身。

我与全球那些对人力资源人员感到失望的首席执行官(CEO)们交谈过,他们希望手下的人力资源总监(CHO)能成为很好的董事会成员和值得信赖的合伙人,并凭借其技能,将员工和业务数据联系起来,找到企业的优势和劣势,令员工与其职位相匹配,并为企业战略提供人才方面的建议。然而,很少有人力资源总监能担此重任。他们多数是以流程为导向的通才,熟知福利、薪酬和劳工关系,并专注于参与、授权和管理文化等内部事务。他们没能将人力资源与真正的商业需求结合起来,不了解关键决策如何制定,分析不出员工或整个组织为何没能达成既定的业绩目标。

那些表现出色的人力资源总监具有一些共通的杰出品质:他们曾在销售、服务、制造或财务等部门工作过。通用电气著名的前 CHO 比尔·康纳狄在进入人力资源部门之前曾是一名工厂经理。康纳狄在关键职位的选拔和接班人规划上起到了举足轻重的作用,并与杰克·韦尔奇并肩推动企业的全面变革。达信公司的 CHO 玛丽·安妮·埃利奥特除 HR 领域外也曾就职于其他岗位,她正努力将具备商业经验的人士吸纳进人力资源部门。这些人促使我想到了解决办法。方法虽然激进,但基于实践。我的方案是减少 CHO 职位,将人力资源部门一分为二。一部分可以称之为行政人力资源,主要管理薪酬和福利,向财务总监(CFO)汇报;另一部分称为领导力与组织人力资源,主要关注如何提高员工的业务能力,直接向 CEO 汇报……但 HR 的问题是真实存在的,无论采用哪种方法,人力资源人员需要具备商业敏感度,帮助企业创造出最佳业绩表现。

思考题:

你同意拉姆·查兰的观点吗?你认为人力资源部是否应该取消?人力资源部应该在企业中扮演着怎样的角色?

案例 2:海底捞的人力资源管理[②]

四川海底捞餐饮股份有限公司成立于 1994 年,是一家以经营川味火锅为主,融汇各地火锅特色于一体的大型跨省直营餐饮民营企业。现已发展成为在上海、西安、郑州等全国 15 个城市拥有 71 家直营店,4 个大型现代化物流配送基地和一

---

① 摘自拉姆·查兰:“分拆人力资源部!”,《哈佛商业评论》,2014 年 7 月。

② 根据网上资料及张勇:“海底捞成功的章法”,北大纵横,2017 年 1 月 22 日整理。

个原料生产基地的大型企业，拥有14 000名员工。截至2011年，海底捞总资产9.5亿元，净资产7.24亿元，净利润2.9亿元，资产回报率高达30.5%，净资产收益率达到40%。公司曾先后在四川、陕西、河南等省荣获“先进企业”“消费者满意单位”“名优火锅”等十几项称号和荣誉，被评为大众点评网“最受欢迎10佳火锅店”。在竞争激烈的餐饮业，海底捞是如何脱颖而出，从一个普通的火锅店成为大家争相学习的典范?

在海底捞，每位客人都可能体验和享受到海底捞式的服务。例如，客人可以享受指引停车服务；享用小吃及免费美甲和擦鞋服务；海底捞的点菜服务是节约当道，服务员会主动提醒客人各式食材都可点半份；服务员会在席间主动更换热毛巾，提供客人需要的小物品；免费帮客人带孩子、喂饭。海底捞的卫生间服务也是星级服务。客人用完餐服务员会主动送上口香糖，还可以帮忙提车，等等。海底捞的员工都是什么样的员工？是什么促使他们提供如此高质量的服务?

在员工雇用和配置方面，海底捞员工大多数是广大农村务工人员，男员工一般20~26岁，女员工18~26岁。门迎、擦鞋生、服务员等基础岗位要求的专业技能低，依靠的是吃苦耐劳精神。海底捞要求员工必须态度友好、耐心、工作努力、心态好、主动性强，具备多种技能如语言能力。海底捞的不少员工之间都有亲属关系，普通员工的招聘采用推荐制为主。推荐人主要是公司员工，也可以是客户、经销商、供应商等。海底捞董事长张勇认为：“员工在海底捞获得了尊重和认可，同时他也认可了这里的工作环境与和谐的氛围，他才会介绍亲戚朋友们来。”当出现普通员工的招聘需求时，海底捞就将相关信息在内部公布，发动员工去推荐。被推荐人一般是员工的亲朋好友或老乡。中高层员工采用内部选拔，挑选干部标准是：忠于家庭，忠于爱情，爱护员工。最看重的素质是勤奋、诚实、善良。

在员工培训方面，海底捞设有自己专门的培训中心。新入职员工培训时间为一周，培训期间实行军事化管理，培训的主要内容有：公司规章制度、各部门职责、操作流程、企业文化、如何与顾客进行有效的沟通、微笑服务的强化练习、消防知识与急救知识等。培训期满后进行结业考试，不合格者被退回，合格者带试卷到所应聘的店面报到，试卷由店面经理保管，试卷中反映的问题作为该员工下一步培训的重点。培训师大部分是兼职的，以公司中基层管理者居多。入职后，员工培训方法主要是采用导师式，即核心员工的言传身教，员工自身的言传身教和一个师傅带一个徒弟，试用期间，师傅带徒弟的时间一般是2~3个月。

在职业生涯管理方面，海底捞的员工有很多级别，有合格、优秀、标兵、劳模等，还有一个晋升机制，只要干得好，就可以慢慢获得晋升。海底捞的很多店长、小区经理都是来自企业底层，很少有空降的。张勇说：“我们会这样告诉中层，前两天你还是一个民工，现在你做店长了，甚至做小区经理了，还给你配了车。你改变了命运，现在你底下这些员工，他们还没有改变，你的今天就是他们的明天。你该不该把他们带起来？将心比心，这些道理他们就很容易接受。而且下面的员工也很努力，因为他看到了自己的未来。”

在薪酬福利方面，薪酬由四部分构成：岗位评定工资、工龄工资、奖金和分红。除领班、经理和店长有等级外，普通员工工资也会根据员工等级有区别。海底捞实行薪酬领先战略，收入在同类企业中处于领先地位，整体高出平均水平10%～20%。2003年7月起，海底捞开始实行“员工奖励计划”，西安东五店作为第一个试点门店，给优秀员工配股，规定一级以上员工享受纯利率为3.5%的红利。公司福利主要有免费员工集体公寓，热水供应和空调设施，上网，免费集体食堂，员工的社会保险，每月带薪假日，重大节日的公司礼品等。

在绩效考核方面，海底捞建立了以顾客和员工为核心的绩效考核制度。海底捞员工考核的指导思想是：正面激励为主，负面激励为辅；奖励为主，惩罚为辅，惩罚只是一种象征性的手段。考核的主要方法是关键事件法，主管将员工平时表现记录下来作为考核的依据，内容包括：①是否受到顾客的评价，评价内容如何；②同事的评价；③上级的评价。干部考核的内容：业务、创新、员工激情、顾客满意度、后备干部的培养。海底捞每月评选一次先进员工，并发给奖金，定期评选“标兵”“先进员工”“优秀员工”，设创新奖励，10～1 000元不等。对犯错误者则通报批评，若屡教不改、连续出错，则会被罚款，上交一定数量的象征性罚款，如果之后表现有较大的进步，则会原额加利息返还。

海底捞对管理者的考核也有很有特色。海底捞对大区、小区、门店的管理者考核的指标不是利润、利润率、单客消费额、营业额、翻台率等，它只有三条标准，即客户满意度、员工积极性、干部培养。其中最重要指标就是培养人才，使自己80%的直接下属的能力在一定时间内得到提升。举个例子，比如，海底捞一个小区经理管了5个分店，这个5个分店都是二级店，那么以年度任职期限为标准，对该小区经理的人才培养的指标目标要求就是：在任职一年内，使下面的4个分店都达到一级店，才算达成指标。用海底捞的“土话”讲，就是下蛋的母鸡才值钱。如果海底捞的某个干部是“公鸡”，不会用人、培养人，那么即使这个干部再兢兢业业，也是要被免职的。2010年，张勇一口气免了3个这样兢兢业业的“公鸡”店长。

此外，海底捞给员工充足的信任，基层服务员拥有给顾客打折、换菜甚至免单的权利，只要事后口头说明即可。出现问题比如餐具、菜品没洗干净，直接与顾客接触的服务员能够第一时间有效的解决。海底捞还特别鼓励员工创新，有专门的部门对创新进行管理、搜集、处理并进行反馈。同时规定，每个员工每个月必须有5个以上的建议，好的建议真的会被采纳。创新有分级标准，对应一定的创新奖金，同时也与晋升挂钩。

讨论题：

1. 海底捞的人力资源管理有什么特色？其他公司可以模仿吗？

2. 海底捞的人力资源管理是该公司获得竞争优势的工具吗，为什么？

3. 张勇说："海底捞是没有专门的人力资源部的，我一直觉得人力资源部门是人为地分裂出来的一个组织；对公司文化建设不利。说实话，人力资源的负责人不可能了解每一个人的能力，通常他做事的原则是不得罪人。"没有人力资源部门，海底捞的人力资源职能是如何实现的？你同意他的观点吗？

第二章

工作分析与工作设计

★ 本章要点 ★

通过本章的学习，应掌握以下内容：

- 工作分析的含义和作用
- 工作分析需收集的信息类型和来源
- 工作分析的步骤、方法与结果
- 工作设计的含义、内容与方法

第一节 工作分析

一、工作分析的概念

(一)工作的含义

在日常生活中，人们要从事各种劳动，如在家照看自己的小孩、做饭、打扫卫生，或者为了挣钱给他人或者组织看小孩、做饭、打扫卫生、教书、设计服装等。一般认为，在家照看自己的小孩、做饭、打扫卫生等不算工作，只是家庭劳动；而为了挣钱给他人或者组织看小孩、做饭、打扫卫生等则是工作。因此，本质上，工作是指有报酬的劳动活动。

概括起来，工作具有以下特征：第一，工作包括体力活动或脑力活动。如建筑工人所做的事情和建筑设计师所做的事情同样都是"工作"。第二，工作往往发生在家庭以外的场所,并且是在某个特定的时间段。即工作是在社会环境中发生的,并且受社会关系的制约。例如,工人在企业进行的各种活动都要受企业规则或规范的制约,要听从管理者的命令。第三,人们在工作中要付出体力或脑力,因此,人们要从工作中获得各种回报,如金钱、地位和内心的满足等。第四,工作都包含需要完成的特定任务,如设计一个电脑程序等。第五,完成工作需要特定的条件,如知识、技能、能力和经验,等等。

在日常生活中,工作的概念有不同的使用方式,如任务、职责、职位、职务、职业等。在工作分析和工作设计中,任务、职责、职位、职务和职业都有特定的含义。

任务(Task),又称工作任务,是指能实现某种目的或取得某一成果所进行的活动,是一系列相互协同的工作要素的集合。例如,向顾客提供的某一项服务等。

职责(Duty or Responsibility),是指一系列相关联的任务集合,或者指由一个人承担的一项或多项任务组成的活动。例如,教学是大学教师的一项职责,它是由几项相关联的任务组成的,包括备课、讲课、批改作业、出/判考卷以及与学生交谈等任务。

职位(Position),也称岗位,是组织的基本构成单位。它是指在一个特定的组织中,一个人所承担的一项或多项职责的集合,或者说是一项任务或多项任务落实到一个员工身上时出现的工作岗位。例如,人力资源经理是一职位,这一职位的主要职责是:制定组织人力资源管理方面的政策;人员的招募和甄选;培训与开发;绩效管理;薪酬管理以及员工关系管理等。一般来说,组织中有多少名员工就存在多少个职位。

职务(Job),是指一个或具有相似职责的一组职位的集合,一个职务可以由一个或几个职位组成。例如,人力资源部经理既可看成是一个职务,也可看成是一个职位,而人力资源部副经理是一个职务,可以设 2 个或 3 个副经理的职位。在工作分析和工作设计中,工作指的就是职务。在英文中,职务和工作是同一个词,即"job"。因此,在我国,工作分析也称作职务分析,就是收集与一个职务(工作)有关的各方面的信息。

职业(Occupation),是指在不同的组织中具有相似性质或特征的工作的集合。如教师、会计、律师等。

工作族(Job Family),也称职位族,是由两个或两个以上具有相似职责的职务组成的。例如,企业中从事管理工作的职务组成的管理职位族,所有从事影响工作的职务构成职位族等。

(二)工作分析的含义

工作分析(Job Analysis),也称职务分析、职位分析或者岗位分析。工作分析是确定完成各项工作所需技能、责任和知识的系统过程。[①] 工作分析的实质是收集

① R. 韦恩 · 蒙迪、罗伯特 · M. 诺埃:《人力资源管理》,经济科学出版社 1998 年版,第 81 页。

和分析某一职务(或职位)各方面的信息,确定这一职务的任务、职责、工作关系,并确定承担这一职务的人应具备什么样的条件,即具备什么样的知识、技能、能力和工作经历等。

工作分析的最终成果要通过工作描述(Job Description)和工作规范(Job Specification)体现出来。工作描述是一份有关工作任务、职责信息等的文件;工作规范是描述个人为完成一项工作应具备的基本资格的文件。企业在进行招聘、考核、培训等活动时,都以这两份文件为基础。

组织一般在以下3种情况下需要进行工作分析:第一,组织刚刚建立时,需要通过引进工作分析来确定每一个工作的工作描述和工作规范,从而为建立人力资源管理系统打好基础。第二,当组织中产生新的工作时,需要对工作进行分析,并将其纳入组织的人力资源管理系统中。第三,由于新技术、新方法、新工艺或新系统的产生而使工作发生重大变化时,工作性质发生了变化,这时就需要重新对工作进行分析。

二、工作分析在人力资源管理中的作用

工作分析是人力资源管理的基础,其所提供的信息为人力资源管理活动提供了依据或标准(如表2-1所示)。

表2-1　工作分析在企业人力资源管理中的作用

招聘/挑选	报酬
挑选标准	判断工作的价值
挑选方法	薪金调节
培训和开发	绩效改进方案
新雇员和现有雇员的培训需要	绩效标准
培训方案的内容	雇员惩戒
培训评价	划分工作责任和职权界线
绩效评估	预防/解决申诉
判断工作绩效的标准	安全和健康
评估形式	身体和医学资格条件
向雇员传达绩效期望	潜在工作危险的源泉

资料来源:劳伦斯·S. 克雷曼:《人力资源管理:获取竞争优势的工具》,机械工业出版社1999年版,第71页。

首先,工作分析为组织和工作设计或再设计提供了信息和依据。组织结构设计、组织流程设计、工作流程设计、工作权责关系的成功实施等都依赖完善的工作分析。

工作分析的内容之一就是确定工作任务的绩效标准,这就为组织的绩效评价提供了最基本的依据。作为工作分析结果的工作说明书和工作规范,规定了工作的基本内容和完成工作的资格条件,为公平就业提供了最根本的依据,否则,如果组织没有对工作尤其是工作的任职条件做明确的说明,当组织出现就业纠纷时,就不能拿出令人信服的证据。员工只有完成职务说明书中规定的职责和达到其中的绩效标准,才是一个合格的员工。此外,工作分析的结果还能保证绩效评价的公平性,使评价过程有一个共同的认定标准。

工作分析以及作为工作分析结果的工作说明书和工作规范规定了员工应该具备哪些知识、技能和能力,因此,它们很自然就成为组织设计培训计划和人力资源开发计划的依据。只要对照员工目前具备的知识、技能和能力以及工作规范所要求的知识、技能和能力,就能够确定员工最基本的培训和开发需求。

其次,工作分析是组织人力资源管理各项活动最基本的出发点。组织若不进行工作分析,人力资源管理活动就不能达到应有的效果。

对人力资源管理的各项活动,工作分析最先影响的是人力资源计划。组织在做人力资源计划时,必须考虑的一点就是组织内的各项工作对任职者的知识、技能和能力的要求,这恰恰是工作分析所要解决的问题。工作分析对招聘和甄选也具有重要的意义。工作分析明确规定了工作任务、完成该工作的员工应该具备的条件等,这些信息实际上决定了组织所要招募和雇佣的人员的基本条件。

工作分析要求对员工的工作环境进行分析,从而确定员工可能面临的危险,这显然也是组织安全和健康管理的出发点。同时,员工对照工作分析中关于工作环境的结果也能了解工作的危险性,从而注意自身的安全与健康。

最后,组织的环境在不断变化,组织也在不断发展,新的工作不断产生,旧的工作在不断被重新设计,工作分析可以帮助组织察觉到环境的变化,因此,组织要建立适当的工作分析体系,及时更新关于工作的数据资料。

工作分析对员工关系的影响主要体现在,它提供了一个各项组织和人力资源管理决策公平的依据,特别是在晋升和薪酬调整等比较敏感的领域,工作分析能够保证各种决策的客观性,避免引起争议。

三、工作分析所需要收集的信息的类型和来源

工作分析成功的关键在于准确收集所需的各种信息。工作分析所要收集的与工作相关的重要信息非常多,而且随着工作环境的变化,工作分析所要收集的信息也在逐步扩大。

(一)工作分析需要收集的信息类型

对于工作分析需要收集的信息类型有不同的分类。如美国劳工部 1972 年将

工作分析所需收集的信息分为以下 5 个方面:①工作人员职能(Worker Functions):主要是指工作人员同数据、人和事情之间的关系。②工作领域(Work Fields):主要是指用来完成工作任务的技术。这方面的信息还包括工作中使用的机器、工具、设备以及工作中所要用到的其他用具。③原材料、产品、产品专利/服务(Materials, Products, Subject matter, and/or Services)主要是指工作的产出或进行工作的目的。④工作人员特征(Worker Traits):主要是指工作人员的才能、教育和职业培训以及工作需要的个人特征。⑤身体要求(Physical Demands):主要是指工作需要的力量、观察力和口头表达能力,同时还包括工作的物理环境。[①]

劳伦斯·S. 克雷曼将工作分析信息分为 3 个方面:工作内容、工作背景和工人的必要条件。工作内容是指工人们的工作活动——工人们在工作中实际做什么;工作背景是指完成工作时的条件和这些工作对工人的要求;工人的必要条件是指成功完成该项工作所需要的资格条件。[②] 具体而言,工作分析要得到的信息主要包括以下几方面内容:

第一,工作活动——这类信息包括承担工作的人必须进行的与工作有关的活动和过程、反映工作活动的记录或清单、进行活动时所采取的程序、个人在进行这些活动时所承担的责任。

第二,工作中人的行为——这类信息包括工作中人的行动,如有关工作的身体动作和感知、沟通、决策等心理动作;针对方法分析的基本动作;工作对承担工作的人的要求,如体力耗费等。

第三,工作中所使用的机器、工具、设备和辅助的工作用具。

第四,与工作相关的有形和无形的内容——这类信息包括工作中所涉及的知识(如财务方面的知识)、加工的原材料、制造的产品和提供的服务等。

第五,工作的绩效标准——这类信息包括工作的标准、工作的计量(如完成任务的时间)等。

第六,工作背景——这类信息包括工作的条件和物理环境、工作时间表、组织和社会的环境、工作中将获得何种物质和非物质奖励等。

第七,工作对个人的要求——这类信息包括对承担工作的个人的知识、能力和技能(教育水平、培训程度、工作经验等)及个人特性(个性、人格、兴趣、生理特征等)的要求等。

(二)工作分析需要收集的信息来源

工作分析需要收集的信息来源主要有以下 3 个方面:

---

① United States Department of Labor: *Handbook for Analyzing Jobs*, U. S. Government Printing Office, 1972.

② 劳伦斯·S. 克雷曼:《人力资源管理:获得竞争优势的工具》,机械工业出版社 1999 年版,第 73 ~ 75 页。

第一，企业所在行业的职位标杆或职位标准。如专业协会的资料、其他企业的工作说明书、职业分类辞典等。目前，职业分类辞典有国际劳工组织制定的《国际标准职业分类》、加拿大《职业岗位分类词典》、美国劳动部颁发的《职业名称词典》、《中华人民共和国职业分类大典》等，可作为企业工作分析时的重要信息来源。

第二，企业内部各方面的信息。如企业的组织结构图和流程图、以前的职位或岗位说明书、劳动合同、文献、与职位相关的各类人员提供的信息等。

第三，企业外部客户或组织提供的相关信息等。如客户提出的各种意见等。

四、工作分析的步骤

实施一项工作分析应当包括一些具有明显先后顺序的活动和决策点。由于每一次工作分析的目的都不同，这些活动和决策点的具体内容也可能不同，但一个典型的工作分析过程至少应当包括以下 8 个步骤（如图 2－1 所示）。

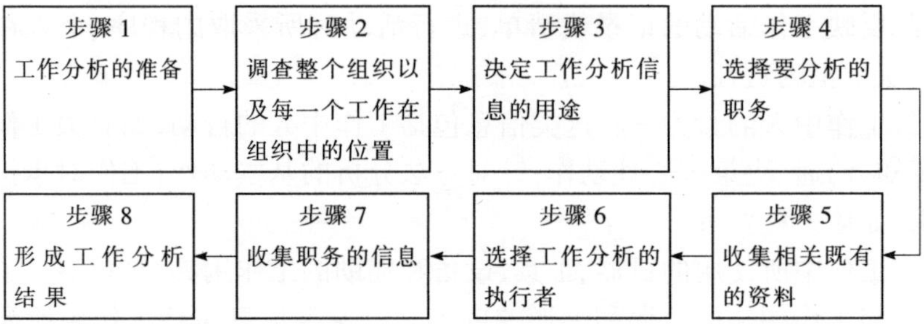

图 2－1　工作分析的步骤

步骤 1：要求组织在进行工作分析之前，首先要做好充分的准备，以保证所做的努力能够很好地组织起来。这一阶段的工作主要是解决以下 3 个问题：

第一，谁来进行工作分析？工作分析的过程涉及一系列的专业问题和法律问题，因此，控制整个工作分析进程的人必须是有经验的专家。组织在进行工作分析之前首先要弄清楚，是由自己组织人员进行工作分析，还是请外面的咨询机构或者咨询专家进行。组织自己进行工作分析需要耗费大量的人力、物力资源，但请外部人员进行工作分析则需要付出一笔咨询费，组织要在这两者之间做出正确的选择。

第二，怎样管理工作分析的整个项目？工作分析是一个跨部门的工作项目，怎样组织和控制整个项目进程是一个非常关键的问题。在组织中进行工作分析会遇到很多的阻力，尤其是一线的管理人员和普通员工的阻力。一线经理可能会把工作分析看作对他们正常工作的干涉、对正常人员的瓦解，甚至会把工作分析看作生产力下降的罪魁祸首。普通员工对工作分析可能会持恐惧、害怕或抵触的情绪。因此，组织需要成立一个专门的项目机构或团队协调整个分析过程，明确各种人员在工作分析过程中的责任，并通过会议的方式在组织中阐明工作分析的有关细节。一般来说，人力资源部门是协调整个过程的主要部门，但组织高层管理人员和直线经理却对项目负最终的责任，除非他们提供必需的支持，否则工作分析很难取得成功。

第三，在进行工作分析的过程中需要哪些资源？成功地实施一项工作分析需要多种资源，主要包括：工作分析需要的人员、电脑资源、时间和金钱，也就是说，工作分析需要配备相关的人员、分析数据所需的电脑和相关软件、企业的财务支持等都是非常重要的，但工作分析中最容易出现问题的资源却是时间。工作分析是一项项目性质的工作，它不可能让组织中的相关部门停下手中的工作而专门进行，因此，在进行工作分析之前，组织要制定详尽的时间表，同时还要准备好相关的材料，并对相关人员进行必要的培训。

步骤2：要求对组织和每个工作在组织结构中的位置有一个整体的把握。这一阶段的工作将会提供工作分析中关于组织中的部门、工作单元以及每一个职务的总体安排，并且有助于更好地理解组织中各个职务之间的关系。

步骤3：要求工作分析的组织者明确来自于工作分析的各种信息的用途。不同的用途决定分析过程中收集资料的类型和方法。

步骤4：要求确定工作分析的对象。由于工作分析是一个有一定成本并且很费时间的工作，组织不可能分析每一个职务，因此，组织在进行分析之前首先要选择有代表性的职务样本。

步骤5：要求搜集与职务相关的资料，整理出可能存在的对这些职务或类似职务进行工作分析所运用的数据搜集的方法、分析过程、分析中的问题和分析结果，以供将要进行的工作分析参考和借鉴，尤其是借鉴效果不错的数据搜集方法和可能存在的问题。

步骤6：要求选择工作分析的职务信息收集者。一般来说，有3种人可以作为工作分析的执行者，工作分析专业人员、工作任职者及工作任职者的上级主管。

步骤7：开始收集要分析的职务的信息，这是工作分析过程中的核心步骤。在这一步骤中，最重要的是实际收集和分析职务的信息。

步骤8：形成工作分析结果。工作分析的结果通常是每个职务的工作说明书和工作规范。不过，在形成这些结果之前，还要与任职者及任职者的上级主管或其他相关人员共同审查和确认通过各种方法收集到的职务信息。这样，一方面可以修订初步收集来的信息中的不准确之处，使职务的信息更为完善和准确；另一方面，由于工作任职者及其上级主管是工作分析结果的主要使用者，请他们来审查和确认这些信息有助于他们对工作分析结果的认可，为工作分析结果以后的使用奠定了基础。

五、工作分析方法

工作分析是一种重要且普遍的人力资源管理技术。20世纪初，工作分析开始在人力资源管理领域应用以来，工作分析方法已经形成了一个完整的体系。下面我们将按照通用工作分析方法、以工作为基础的分析方法和以人为基础的分析方法3大类来介绍工作分析方法。

(一)通用工作分析方法

通用工作分析方法是组织中常用的收集信息的方法，具有简单、易操作等特点。这类方法主要有观察法、工作日志法、访谈法和问卷法等。

1. 观察法

观察法是一种传统的工作分析的方法，是指工作分析人员实地查看工作任职者的实际操作情况，进行记录、分析、归纳，然后整理为适用的文字资料的方法。在分析过程中，工作分析人员应经常携带工作任职者手册、工作分析指南来参考运用。分析人员观察工作时，必须注意工作任职者在做什么、工作任职者如何做、工作任职者为何要做以及工作任职者的技能好不好等。而对可以改进、简化的工作事项，也应予以记录说明。当观察完某工作场所人员如何执行某工作后，最好再在其他两三处工作场地再予观察，以证实其工作内容。分析人员应注意的是，研究的目的是工作而不是个人的特性。

观察法在从事动作研究时，常为工业工程师所运用。但在工作分析时，如果仅运用此方法，所获得的资料往往不足以供撰写工作说明书或工作规范之用。实际上，观察法多用于了解工作条件、危险性或所使用的工具及设备等项目方面。

在观察法中，对工作的直接观察和工作任职者的介绍能使分析人员更全面、更深刻地了解工作的要求，从而使所获得的信息更加客观和准确。但是，观察法也要求观察者有一定的实际操作经验。此外，观察法不适用于工作周期长、脑力劳动较多的工作以及处理紧急情况的间歇性工作，如经理、律师、教师、急救护士等。观察法有时让员工难以接受，他们觉得自己受到了监视或威胁，从而在心理上对工作分析人员产生反感，甚至可能导致操作动作的变形，所以难以得到任职者资格要求的准确信息。

2. 工作日志法

工作日志法是为了了解员工实际工作的内容、责任、权力、人际关系及工作负荷而要求员工坚持记工作日记，经过归纳提炼后取得所需的工作信息的一种职务信息获取方法。这种方法获得的信息可靠性较高，适用于获取有关工作职责、工作内容、工作关系、劳动强度等方面的信息，所需费用也较低，但这种方法主要将注意力集中到活动过程，对结果关注较少。该方法使用范围较小，信息整理量大，归纳工作烦琐，不适用于工作循环周期长、工作状态不稳定的职位，而且该方法可能存在由于工作任职者填写疏忽而影响分析结果的情况，同时，工作任职者填写工作日志在一定程度上也会影响工作的正常进行。工作日志的格式如表2-2所示。

表2-2　工作日志实例

工作日志

姓名：
年龄：
岗位名称：
所属部门：
直接上级：
从事本业务工龄：
填写日期：　　年　月　日至　月　日

一、工作日志填写说明
1. 请您在每天工作开始前将工作日志放在手边，按工作活动发生的顺序及时填写，切勿在一天工作结束后一并填写。
2. 要严格按照表格要求进行填写，不要遗漏那些细小的工作活动，以保证信息的完整性。
3. 请您提供真实的信息，以免损害您的利益。
4. 请您注意保留，防止遗失。
感谢您的真诚合作！

二、工作日志填写实例
5月29日　工作开始时间：8:30　工作结束时间：17:30

序号	工作活动名称	工作活动内容	工作活动结果	时间消耗	备注
1	复印	协议文件	4张	6分钟	存档
2	起草公文	贸易代理委托书	800字	1.25小时	报上级审批
3	贸易洽谈	玩具出口	1次	4小时	承办
4	布置工作	对日出口业务	1次	20分钟	指示
5	会议	讨论东欧贸易	1次	1.5小时	参与
⋮	⋮	⋮	⋮	⋮	⋮
16	请示	佣金数额	1次	20分钟	报批
17	计算机录入	经营数据	2屏	1小时	承办
18	接待	参观	3人	35分钟	承办

3. 访谈法

访谈法是由分析人员就某一职务或职位访谈工作任职者本人或其主管人员或其他有关人员，以了解职务或职位的相关信息的方法。这种方法可以对任职者的工作态度与工作动机等深层次的内容进行详细的了解。尽管它不像问卷调查那样具有完善的结构，但其具有问卷调查所不可替代的作用。

访谈的内容主要包括4个方面:①工作目标。组织为什么设立这一职务,根据什么确定对职务的报酬。②工作内容。任职者在组织中有多大的作用,其行动对组织造成的后果有多大。③工作的性质和范围。工作在组织中的关系,其上下属职能的关系,所需的一般技术知识、管理知识、人际关系知识,需要解决问题的性质以及自主权,这是访谈的核心。④所负责任。涉及组织、战略政策、控制、执行等方面。

访谈主要有个人访谈、集体访谈和管理人员访谈3种形式。由于有些工作主管与任职者的说明可能不同,分析人员必须把双方的资料合并在一起予以独立的观察与证实,这不仅需要运用科学的方法,还需要有可被人接受的人际关系技能。因此,应该把这3种方式加以综合运用,才能真正了解工作分析。

访谈法可以获得标准的和非标准的资料,也可以获得体力和脑力劳动的资料。由于工作者本身也是自己行为的观察者,因此他可以提供不易观察到的情况。但分析人员对某一工作固有的观念会影响他的判断和分析结果,而被访谈的任职者可能出于自身利益的考虑,采取不合作的态度或有意无意夸大自己所从事工作的重要性、复杂性等,从而导致工作信息失真。若分析人员和被访谈者相互不信任,应用该方法具有一定的危险性。因此,访谈法不能单独作为信息收集的方法,只适合与其他方法一起使用。

4. 问卷法

问卷法是一种广泛应用的工作分析方法,其基本过程是设计并分发问卷给选定的工作任职者,要求其在一定期间内填写,以获取相关的信息。

问卷法比较节省工作分析人员的时间与经费,是一种适用于被调查者数量较多的工作分析法。问卷法的成败至少取决于3个方面的因素:一是问卷的设计能否包括一切问题;二是各个问题的设计是否适当、贴切,从而使回答者可以在要求的范围内正确地给出标准化的答案;三是如果答卷无强制性,那么问卷会不会因太详尽而影响回收率。

设计出在理论上十分完备、实际上又可行的问卷是问卷法最重要的环节。在一定程度上,一份详细的问卷可以将回答者可能造成的无意误差减至最小,但是由于没有问卷设计者在身边解释,这种误差仍不能避免。问卷法的优点在于,没有心理压力,所得的某些答案较面谈法理想。其缺点在于,问卷法也不能避免人为造成的误差,答案的准确性又取决于回答者的耐心、文化水平、表达能力及所掌握的资料等因素。由于陈述与表达的方式不同,工作分析者整理起来也比较麻烦。但由于使用问卷进行调查费用低、速度快、节省时间,可以在工作之余填写,不会影响正常工作,而且调查范围广,可以用于多种目的、多种用途的工作分析,调查的数据还可以用计算机进行数据处理,因此是工作分析中应用最广的一种方法。

(二)以工作为基础的分析方法

以工作为基础的分析方法侧重于分析工作所涉及的技术,主要针对工作本身的要素进行分析和评价,重点收集完成某项特定工作所需要的特定信息。通过该方法获取信息主要依靠两类人员,一类是能明确阐明工作任务细节的任职者和主管,另一类是能以工作任职者及其主管所理解的方式描述行为的专门的分析人员。以工作为基础的分析方法主要包括功能性工作分析法、管理职位描述法、任务清单分析法等。

1 功能性工作分析法

功能性工作分析法(Functional Job Analysis,FJA)是以员工所需发挥的功能与应尽的职责为核心,列出加以收集与分析的信息类别,并规定工作分析内容的方法。图 2-2 是一张已经完成的功能性工作分析表,从表中可以看出,功能性工作分析法所提供的信息涉及数据、人、指导、推理能力、数学能力及语言能力。表中还列出了这项工作所包括的主要任务、绩效标准以及训练要求等。

任务代号:GR-08

<table>
<tr><td colspan="6">工作承担者的功能及定位</td><td rowspan="2">需要得到的指导</td><td colspan="3">总体教育开发</td></tr>
<tr><td>物</td><td>%</td><td>数据</td><td>%</td><td>人</td><td>%</td><td>逻辑推理</td><td>数学</td><td>语言</td></tr>
<tr><td>3</td><td>65</td><td>3</td><td>25</td><td>1</td><td>10</td><td>3</td><td>2</td><td>1</td><td>3</td></tr>
<tr><td colspan="6">目标:
操作平路机</td><td colspan="4">工作中心:
覆土、翻松路面、铺平、构筑防火隔离带、维修运输路面、清除路面积雪</td></tr>
<tr><td colspan="10">任务:为了完成平路机的日常工作任务,如回填土方、路面维护、路面积雪清除等,操纵平路机的控制系统,将定位轮和机片置于正确的角度,前后、上下、左右移动机片;按照工作程序,借助知识和经验,监督设备的运行,根据情况变化不断作出调整,时刻注意其他工人和设备的位置及安全。
(要完成这些任务)</td></tr>
<tr><td colspan="6">绩效标准</td><td colspan="4">培训内容</td></tr>
<tr><td colspan="6">描述性标准:
——正确操作设备
——警觉、留心

数据性标准:
——所有工作都符合程序的要求
——没有出现因技术上失误而造成的事故或损害
(要达到这些绩效标准)→</td><td colspan="4">功能性培训:
——如何操作平路机
——如何完成常规的平路机工作,例如,回填土方、弄松路面、构筑防火隔离带、维修运输路面、清除路面积雪等

特殊培训:
——特定的平路机知识
——工作要求方面的知识
——特殊的工作场位知识(例如,土层、土壤状态、环境等)
→(工人需要这类培训)</td></tr>
</table>

图 2-2　功能性工作分析表

资料来源:加里·德斯勒,刘昕、吴文芳等译:《人力资源管理》,中国人民大学出版社 1999 年版,第 93 页。

2. 管理职位描述法

管理职位描述法(Management Position Description Questionnaire,MPDQ)是由托诺(Tornow)和平托(Pinto)于1976年针对管理工作的特殊性而专门设计的一种由197个项目组成的调查表,它涉及管理者的工作职责、对他们的要求、所受的限制以及所需的不同特性等各个方面。这197个问题被划分为13类:产品、市场和财务与战略计划;与组织其他部门和人事管理工作的协调;内部业务的控制;产品和服务责任;公共关系与客户关系;高层次的咨询指导;行动的自主性;财务审批权;雇员服务;监督;复杂性和压力;重要财务责任;广泛的人事责任。

使用管理职位描述法进行工作分析时,首先要求管理者按照0~4五个等级来评定每个项目所描述的工作活动对管理者职位的重要性程度,然后写下管理者认为在某一因素中尚未被包括的工作活动作为补充。表2-3就是管理职位描述法的一个例子。

表2-3　管理职位描述法的一部分

指导语: 第一步:评定重要性 指出每项活动对你职位的重要性,然后按0~4记分,写在每个项目后面的空白处。记住,考虑的是该活动和其他职位活动相比的重要程度和发生次数的多少 维度:控制 1. 审阅提交计划以和组织的目标及策略保持一致 2. 追踪并调整工作活动的进度,保证按时完成目标或合同 3. 为项目、计划和工作活动制定阶段目标和最后期限,并将职责分派到个人 4. 监督产品的质量或服务效率 5. 对部门的发展和效率设计评估标准	第二步:评论 在下面的空白处写下你认为在该维度中还应包括的其他工作: 6. 在计划、项目结束后,评估其效果并记录在案 7. 至少每个月分析一次工作成效 8. 分析工作报告 9. 控制产品生产或服务的质量 10. 监督下属完成部门目标的工作进程 11. 监督在不同地区的部门的工作进程,并调整它们的活动以达到完成组织目标的要求 12. 解释并执行组织的安全条例

资料来源:郑晓明、吴志明编著:《工作分析实务手册》,机械工业出版社2002年版,第86页。

3. 任务清单分析法

任务清单分析(Task Inventory Analysis,TIA)是指从事特定职位工作的任职者或其主管根据任务清单对其职位进行分析。清单可以是特制的,也可以是购买的标准化清单。任务清单分析得到的是一个指出各项任务重要性、频率及与职务相关的任务列表或清单目录。这一分析方法的优点在于:它是建立在对清单项目的识别上,而不是建立在对工作的回忆上,这样就避免了依靠回忆丢失信息的缺点。而且这一方法很节省开支,管理和分析起来也比较方便,不过必须保证每一项与职位有关的信息都列在清单上,它适用于多人从事相同或相近的工作,但可应用的范围比较有限,而且易出现评分者偏差等情形。

任务清单是由有3个部分组成的,包括任职者的背景数据、工作任务评定尺度以及其他详细的项目。基本资料可以用来比较一些不同类别任职者对同一个工作的不同看法,也可以用来显示一些法律上的问题,如保障弱势群体等。在工作任务评定中,主要显示了两个主要特性:对任务的描述和评定该任务的尺度。大部分任务清单陈述与“完成什么事?”有关,而任务分析由其他方法所提供的信息也多与“是什么?”、“如何做?”以及“为什么?”有关。

(三)以人为基础的分析方法

以人为基础的分析方法主要侧重于描述如何完成该工作,强调对人的工作行为做出概括。常用的以人为基础的分析方法有职位分析问卷、关键事件法、弗里舍曼调查法等。

1. 职位分析问卷

职位分析问卷(Position Analysis Questionnaire,PAQ)是一种结构严密的工作分析问卷,是目前最普遍和最流行的人员导向的职务分析系统。职位分析问卷是1972年由美国普渡大学的麦考米克(McCormick)提出的一项适用性很强的数量化工作分析方法。职位分析问卷包括194个项目,其中187项被用来分析完成工作过程中员工活动的特征(工作元素),另外7项涉及薪酬问题。虽然职位分析问卷格式已定,但仍可以用来分析许多不同类型的工作。所有项目或工作元素被划分为6个类别:[①]①信息输入:员工在工作中从何处得到信息,如何得到;②思考过程:在工作中如何推理、决策、规划,信息如何处理;③工作产出:工作需要哪些体力劳动,需要哪些工具与仪器设备;④人际关系:工作中与哪些有关人员有联系;⑤工作环境:工作中自然环境与社会环境是什么;⑥其他特征:与工作活动相关的其他的活动、条件和特征是什么。

职位分析问卷一共有6个评定量表,根据程度不同,每个量表分成了若干个等级,这6个量表分别是:使用程度(U)、重要性(I)、耗用时间(T)、发生可能性(P)、对各个部门以及各部门内各个单元的适用性(A)和特殊记分(S)。运用这6个评定量表和前面的6个分类,基本上就可以在沟通和决策能力、执行技术性工作的能力、身体灵活性和体力劳动、操作设备与器具的能力、处理资料的能力及相关的条件这5个方面决定一项工作的性质,并在此基础上对工作进行比较和分类,从而成为制定工作描述和工作要求的指导。

2. 关键事件法

关键事件技术(Critical Incident Technique,CIT),又称关键事件法,是指确定关

① 罗伯特·D.盖特伍德、休伯特·S.菲尔德:《人力资源甄选》(第5版),清华大学出版社2003年版,第324~325页。

键的工作任务以获得工作上的成功。关键事件是使工作成功或失败的行为或事件。关键事件法要求分析人员、管理人员、工作任职者将工作过程中的“关键事件”详细地加以记录，在大量收集信息后，对岗位的特征和要求进行分析研究。

关键事件法对事件描述的内容包括：①导致该事件发生的背景原因；②员工的行为哪些是特别有效的，哪些是特别无效的；③关键行为的后果能否被认知；④员工控制上述行为后果的能力。

使用关键事件法进行工作分析时，首先要求对某项工作十分熟悉的人向工作分析人员描述最近6至12个月中最能代表有效和无效工作行为的关键工作事件。其次，让任职者写下5个在该工作中他们最擅长的事件或描述一个在该工作中表现最出色的人的工作行为，并让任职者描述这些事件或行为的起因、行为后果以及是否在他的控制之下等信息。再次，让任职者在发生次数多少、重要性和操作需要的能力范围3个方面评定每一个关键事件。在评定以后，按性质划分关键事件。先由3至4名任职者任意归类，再由工作分析员综合、命名并定义，然后让另外3名任职者对工作分析员的归类进行检查，确定定义是否简明，事件归类是否清晰准确。最后，根据前面的结果创建关键事件类目与频率表。关键事件法集中于描述工作行为，既保证了可观察性和可测量性，又使工作分析结果同时包含工作的静态维度和动态特征。但收集有关工作关键事件并进行描述和归类非常耗时，并且关键事件法难以体现平均绩效的工作行为。

为了克服关键事件法在鉴别平均绩效时的困难，近年来又在关键事件法的基础上提出了“扩展CIT法”。这种更新的方法要求任职者先鉴别工作范围，然后描述出能反映优秀、一般、不及格3种不同绩效水平的典型事例。工作分析人员分析这些事件中的人的行为表现以及该行为的后果，以考察这些行为是否完成了工作任务等，最后写出工作说明。

3. 弗里舍曼调查法

弗里舍曼调查法（F－JAS）的前身是《能力要求量表手册》（Manual for Ability Requirements Scales），它是埃文·弗里舍曼（Edwin Fleishman）为辨别对工作任职者的职务、职务维度或任务的要求而开发的一种方法。弗里舍曼调查法由52种认知的、身体的、心理运动的和感觉的能力组成，这些能力都是行为导向的（见表2－4）。工作分析人员需要确定某一个工作所需要的每一种能力必需的水平。除了这52种能力以外，近年来对弗里舍曼调查法的研究还将范围扩大到了交互的/社会的和知识/技能的维度。弗里舍曼调查法常用于挑选雇员和为工作设定医学标准，它收集到的信息范围有限，需要与其他工作分析形式结合使用。[①]

---

① 罗伯特·D. 盖特伍德、休伯特·S. 菲尔德：《人力资源甄选》（第5版），清华大学出版社2003年版，第350～352页。

表2-4 弗里舍曼工作分析系统所包含的能力

1	Oral comprehension 口头理解能力	27	Arm - hand steadiness 手臂坚定性
2	Written comprehension 书面理解能力	28	Manual dexterity 手的灵活性
3	Oral expression 口头表达能力	29	Finger dexterity 手指灵活性
4	Written expression 书面表达能力	30	Wrist - finger speed 手腕—手指的速度
5	Fluency of ideas 观点的连贯能力	31	Speed of limb movement 肢体运动速度
6	Originality 创新能力	32	Static strength 静态力量
7	Memorization 记忆能力	33	Explosive strength 爆发力量
8	Problem sensitivity 感知问题的能力	34	Dynamic strength 运动力量
9	Mathematical reasoning 数学推理能力	35	Trunk strength 躯干力量
10	Number facility 数字灵巧性	36	Extent flexibility 程度弹性
11	Deductive reasoning 演绎推理能力	37	Dynamic flexibility 动态弹性
12	Inductive reasoning 归纳推理能力	38	Gross body coordination 身体协调性
13	Information ordering 信息排序能力	39	Gross body equilibrium 身体平衡性
14	Category flexibility 类别弹性能力	40	Stamina 毅力

续表

15	Speed of closure 结束速度	41	Near vision 近视力
16	Flexibility of closure 结束弹性	42	Far vision 远视力
17	Spatial orientation 空间想象能力	43	Visual color discrimination 颜色分辨能力
18	Visualization 视觉能力	44	Night vision 夜视力
19	Perceptual speed 感知速度	45	Peripheral vision 外围视力
20	Selective attention 选择注意能力	46	Depth perception 深度感知能力
21	Time sharing 时间分配能力	47	Glare sensitivity 对光的敏感性
22	Control precision 控制的精确性	48	Hearing sensitivity 听觉敏感性
23	Multilimb coordination 肢体协调能力	49	Auditory attention 听觉注意力
24	Response orientation 反应能力	50	Sound localization 声音定位能力
25	Rate control 速度控制能力	51	Speech recognition 语言的可识别性
26	Reaction time 反应时间	52	Speech clarity 语言的清晰度

六、工作分析的结果——工作描述与工作规范

工作分析的直接结果就是产生两个文件,即工作描述与工作规范。工作描述是关于工作任职者实际在做什么、如何做以及在什么条件下做的一种书面文件。工作规范是说明工作任职者为了成功地完成工作所必须具备的知识、技术和能力。

（一）工作描述

工作描述（Job Description），又称职务描述，是指用书面形式对组织中各类职务的工作性质、工作任务、工作职责和工作环境等所做的统一要求。它说明任职者应该做些什么、如何做和在什么条件下履行其职责。一个好的工作说明书必须包括该项职务区别于其他职务的信息，提供有关职务是什么、为什么做、怎么样做以及在哪儿做的基本信息。它的主要功能是让员工了解工作概要（或称职务摘要），建立工作程序与工作标准，阐明工作任务、责任与职权。工作说明书可以帮助工作任职者了解工作义务，并时刻提醒他们组织对他们的期望。同时，书面的工作说明书可以尽可能减少在工作要求上管理者与工作任职者之间的冲突。

工作描述的编写没有标准的模式，一般情况下，一个完整的工作说明书包括工作识别、工作代码、工作概要、工作关系、工作职责（工作任务）、工作条件和工作环境等基本内容。

1. 工作识别

工作识别，又称工作标识、工作认定，它包括工作名称和工作身份。工作名称是指一组在重要职责上相同的职位总称，如“经理助理”“初级工程师”等。工作身份，又称工作地位，它包括所属的工作部门、直接上级的职务、工作等级、工资水平、所辖人数、定员人数、工作地点、工作分析的时间等。

2. 工作代码

工作代码又称工作编号，一般按工作评估与分析的结果对工作进行编码。其目的在于快速查找所有的工作。组织中所有的职务都应当有一个代码，这些代码代表了组织中的一些重要特征，比如工资等级等。

3. 工作概要

工作概要，又称职务摘要，是指用简练的语言文字阐述工作的总体性质、中心任务和要达到的工作目标。

4. 工作关系

工作关系，又称工作联系，是指任职者与组织内外其他人之间的联系，包括工作受谁监督、监督谁、工作可晋升的职位、可轮换的职位以及可以轮换至此的职位、与哪些部门的哪些职位发生工作关系、与组织外什么单位发生工作关系等。

5. 工作职责

工作职责是工作说明书的主体，逐条指明了工作的主要职责、工作任务、工作权限及工作人员行为的界限等。为使信息最大化，工作职责应该在时间和重要性方面实行优化，指出每项职责的分量或价值。具体来说，主要有以下几点：①工作活动内容。逐项说明工作活动内容与该项工作活动时间占整个工作时间的百分比，按重要性的大小顺序逐条列出工作任务，并说明各项工作活动内容的执行依据。②工作权限。界定工作人员在工作活动内容上的权限范围，包括决策的权限、对他人实行监督的权限以及经费预算的权限等。③工作结果，又称工作绩效标准，说明工作人员的工作结果最好能够量化。

6.工作条件与工作环境

工作条件主要涉及两项内容：一是任职者主要应用的设备名称，二是任职者运用信息资料的形式。工作环境更多地是指工作所处的自然环境，如工作可能在户外进行、可能在低温中进行、工作也许长时间地持续，或有强烈的气味、噪音、压力等。具体地说，包括工作场所、工作环境的危险性、职业病、工作时间、工作的均衡性、工作环境的舒适程度。

（二）工作规范

工作规范（Job Specification），又称岗位规范或任职资格，是指任职者要胜任该项工作必须具备的资格与条件。工作规范是以工作描述为基础的，说明了一项工作对任职者在教育程度、工作经验、知识、技能、体能和个性特征等方面的最低要求。

工作规范的内容一般包括身体素质（身体健康情况、身高、体重、力量等方面）、心理素质（兴趣、个性等）、知识水平（包括最低学历、一般文化知识、专业知识等）、经验要求（工作经验等）、能力要求（逻辑判断、书面、口头、协调、创新、执行能力等）等。对于不同类型的任职者，工作规范的具体内容也不同，可以根据实际情况调整。比如，对于一个普通的操作工，工作规范里就没有必要强调管理能力、组织协调能力等。

工作说明书和工作规范有着密切的联系。在有的工作分析结果中，工作规范是附在工作说明书后的一个部分。但它们又有区别，工作说明书是以职务为中心进行的说明，而工作规范则是针对从事这一职务的任职者的资格条件所做的说明；工作说明书涉及的内容十分广泛，而工作规范的内容仅涉及任职者资格条件的简单说明。

实践中，企业进行工作分析时，一般最后把工作说明书和工作规范加以整合，形成一份具有企业规章制度效果的完整的正式文本文件。我国有的学者把这一整合后的文件称为职务说明书。① 由于职务说明书是工作描述和工作规范整合在一起形成的，因此，其基本内容也就是工作描述和工作规范结合在一起。表2－5是一职务说明书的范例。

① 萧鸣政等编著：《工作分析方法与技术》，中国人民大学出版社2002年版，第22页。

表2-5 职务说明书

<table>
<tr><td colspan="4">一、岗位标识信息</td></tr>
<tr><td>岗位名称</td><td>车间主任</td><td>岗位编码</td><td>×××××××</td></tr>
<tr><td>隶属部门</td><td>制造部</td><td>岗位定员</td><td>7</td></tr>
<tr><td>工资等级</td><td></td><td>所辖人员</td><td>2-5</td></tr>
<tr><td>直接上级</td><td>制造部经理</td><td>直接下级</td><td>车间统计员、车间技术员、车间班组长、车间调度员</td></tr>
<tr><td>批 准 人</td><td></td><td>分析日期</td><td>2003.9.1</td></tr>
<tr><td colspan="4">二、关键职责与任务(时间比例)</td></tr>
<tr><td colspan="4">关键职责一:协调车间与其他部门之间的工作连接(20%)
关键职责二:领取生产计划,根据车间情况分解生产计划,排定生产流程,分配生产任务,开具领料单,组织生产(15%)
关键职责三:巡视车间,监督生产进度情况(10%)
关键职责四:协助技术员现场解决生产技术问题,协助技术人员改进工艺设计(15%)
关键职责五:通过工票和其他进度控制数据,掌握和控制生产进度。统计每日生产计划的完成情况,并根据实际情况建议修改生产实施进度(15%)
关键职责六:编制生产进度报告,机器、工具、设备的故障报告,报告生产延误情况(5%)
关键职责七:管理车间物流,清退每日生产废品,开具废品入库单(5%)
关键职责八:考核车间员工表现,分配车间奖金(5%)
非关键职责一:负责各种例会,车间党、团及工会工作等日常事务性工作(5%)
非关键职责二:上级分配的其他职责(5%)</td></tr>
<tr><td colspan="4">三、工作必需的辅助仪器、设备及工具</td></tr>
<tr><td colspan="4">计算机、打印机、复印机、传真机</td></tr>
<tr><td colspan="4">四、工作关系</td></tr>
<tr><td>所施监督</td><td colspan="3">车间统计员、车间技术员、车间调度员、操作班组班长、一线员工</td></tr>
<tr><td>所受监督</td><td colspan="3">制造部经理</td></tr>
<tr><td>组织内部合作关系</td><td colspan="3">采购部、销售部、技术部、质管部、人力资源部、财务部</td></tr>
<tr><td>组织外部机构</td><td colspan="3">客户</td></tr>
<tr><td>可直接升迁的职位</td><td colspan="3">制造部经理</td></tr>
<tr><td>可相互转换的职位</td><td colspan="3">技术部主管、计划物流主管、仓库主管</td></tr>
<tr><td>可升迁至此的职位</td><td colspan="3">车间技术员、车间班长</td></tr>
<tr><td colspan="4">五、工作环境</td></tr>
<tr><td>工作地点</td><td colspan="3">办公室及车间现场</td></tr>
<tr><td>工作时间</td><td colspan="3">在制度工作时间内工作,经常加班(平均20~30小时/周)</td></tr>
</table>

续表

其他	车间灰尘、气味、温度状况不佳，噪音情况严重，存在机械及移动物体危险，体力需求较轻		
六、任职资格			
受教育程度要求	至少大专毕业，机械制造专业为佳		
经验技能要求	5年以上技术及生产工作经验		
知识要求	精通	熟练掌握	了解
1. 产品设计			
2. 工艺设计			
3. 机械制图知识			
4. 产品及设备知识			
5. 生产管理知识			
6. 人力资源管理知识			
7. 财务管理知识			
体能要求			
工作姿势	站立15%　走动25%　坐60%		
视觉	范围	1　2　3　4　5 小____________大	
	集中程度	0 ______60%______100%	
	说明		
精力	紧张程度	1　2　3　4　5 不紧张____________非常紧张	
	发生频率	1　2　3　4　5 低____________高	
体力消耗		1　2　3　4　5 小____________大	

		优秀	良好	平均水平	最基本	不需要
能力要求	领导能力					
	指导能力					
	激励能力					
	授权能力					

续表

		优秀	良好	平均水平	最基本	不需要
能力要求	创新能力					
	计划能力					
	资源分配能力					
	时间管理					
	人际关系					
	协调能力					
	谈判能力					
	说服能力					
	公共关系					
	口头表达					
	写作理解					
	分析能力					
	决策能力					
	实施能力					
个性特征及其他素质要求		细心、有大局意识、性格外向、坚韧、稳重				

第二节　工作设计

一、工作设计的概念

工作设计是现代企业管理中的重要问题。在现代社会中，由于技术进步加快，市场竞争加剧，企业的组织结构、任务、生产工艺以及企业的员工需求等处于不断的变动之中，这就要求企业设计新的工作岗位，或者对原工作岗位进行重新设计。工作设计无论对于企业还是员工个人，都是非常重要的。工作设计是否科学，不但影响企业的劳动生产效率，而且还会影响团队和个人的工作效率、工作体验和激励等。

所谓工作设计（Job Design），是指确定员工的工作活动内容和责任，并形成组织内部工作之间联系的过程。工作设计的目的在于,更好地提高员工的工作效率,充分发挥每个人的工作能力,实现组织目标。

工作设计所要解决的主要问题是组织向其成员分配工作任务和职责的方式。工作设计是通过满足员工与工作有关的需求来提高工作绩效的一种管理方式,对提高员工工作满意度和生产效率都有很大影响。图 2－3 概括了工作设计中涉及的关键问题。

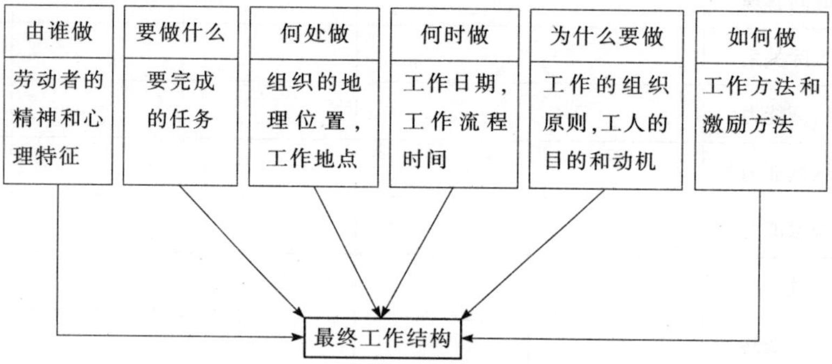

图 2－3　工作设计决策

资料来源:理查德·B. 蔡斯、尼古拉斯·J. 阿奎拉诺、F·罗伯特·雅各布斯,宋国防等译:《生产与运作管理:制造与服务》(第 8 版),机械工业出版社 1997 年版,第 394 页。

二、工作设计的主要内容

工作设计主要针对以下 6 个方面的内容进行设计:

第一,工作内容。主要是工作范畴问题,包括工作多样性、工作自主性、工作复杂性、工作难度和工作完整性。

第二,工作职责。关于工作本身的描述,包括工作责任、工作权限、工作方法、协作和信息沟通。

第三,工作关系。主要指人与人之间的关系,包括上下级之间的关系、同事之间的关系、个体与群体之间的关系等。

第四,工作结果。主要指工作产出的情况,包括工作产出的数量、质量和效率,以及组织根据工作结果对任职者做出的奖惩。

第五,任职者的反应。主要指任职者对工作本身以及组织对工作结果奖惩的态度,包括工作满意度、缺勤率和离职率等。

第六,工作结果反馈。主要指任职者从工作本身所获得的直接反馈以及从上、下级或同事那里获得的对工作结果的间接反馈。

这 6 个方面的内容具有图 2－4 所示的相互关系。

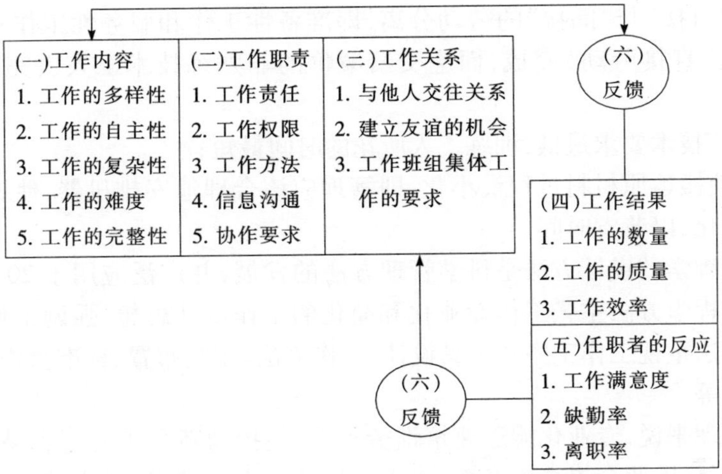

图 2－4　工作设计的主要内容及其相互关系

三、工作设计的方法

关于工作设计的思想最早出现于 18 世纪的文献中。经济学家亚当·斯密在其《国民财富的性质和原因的研究》一书中详细论述了专业化的重要性,并以制作扣针为例来说明其好处。他指出,通过分工,相同数量的劳动者就能完成比过去多得多的工作量,原因在于:第一,劳动者的技巧因专业而增进;第二,节省由一种工作转到另一种工作所损失的时间;第三,许多简化和缩短劳动的机械的发明。[①] 这种专业化分工思想为科学管理运动做了铺垫。20 世纪初,随着科学管理的兴起,工作设计成为管理研究关注的重点。到目前为止,大致形成了 5 种工作设计方法,即工业工程学方法、人际关系方法、工作特征方法、社会技术方法、自我管理工作团队方法、高绩效工作实践方法等。

(一)工业工程学方法

工业工程学方法(Industrial Engineering)是在泰勒的科学管理方法基础上发展起来的。20 世纪初,泰勒等科学管理者对工作进行了系统研究,通过时间和动作分析对工作进行重新设计,使工作简单化和标准化,降低了技术含量。泰勒的工作设计方法的基本原则是:

第一,对工作进行最大限度的分割就是将任务分解成最简单的构成元素,这是科学管理的核心;

第二,计划与实施分离,将需要做决定的工作从工人身上移走;

① 亚当·斯密:《国民财富的性质和原因的研究》,商务印书馆 1997 年版,第 6～10 页。

第三,"直接"与"间接"的劳动分离,即准备性工作和服务性工作不应该由熟练技术工人(直接劳动)完成,而应交给廉价的非熟练技术工人去完成(间接劳动);

第四,使技术要求最低,训练工人所花的时间最短;

第五,使搬运原材料过程最小化,即管理应该合理地安排机器,使材料和工人的移动最小化,以节省时间。①

工业工程学的设计方法是科学管理方法的发展,并广泛应用于20世纪40年代。工业工程学方法主张工作专业化和简化的工作设计思想,强调工作效率。工业工程学方法重视工作工序和工具设计、工作方法、车间布置、标准操作程序、工作测量和标准等。

对于管理来说,专业化能迅速培训劳动力,使招聘新员工变得容易;由于工作单一而且重复,因此会提高生产率;由于更换劳动力比较容易,从而可以降低员工工资率;专业化可以对工作流程和工作负荷做到严密控制。

但是,过分强调专业化,忽视人在工作中的社会需要和个人心理需要,这种工作设计方法也会产生一些副作用。例如,简单重复同一性质的工作,使员工产生厌倦感,行动迟缓,情绪低落。由于专业化的劳动对每一项任务的贡献只占很小的份额,对工作本身难以产生满足感。在某些工作环境特别是装配线环境中,由于对工作进度很少或没有控制权,从而会意志消沉而且容易疲倦。专业化使员工几乎不能深入学习被分配的工作,所以很少有机会获得更好的工作。

尽管工业工程学方法有其弊端,但仍是目前占主导地位的工作设计形式。它不但应用于生产企业,即使是办公室工作和服务工作,如银行、学校、医院,也采取这种专业化的设计方法,他们的工作也都是专业化和标准化的。人们普遍认为,这些高度专业化和标准化的工作非常有效率,并能对员工进行高度的控制。

(二)人际关系方法

人际关系运动起源于20世纪20年代由梅奥(Eloto Mayor)所主持的霍桑试验。人际关系运动开始将注意力转向工人的心理和社会需求,强调工作设计应该考虑工作中人的心理和社会因素。梅奥在美国芝加哥西方电气公司霍桑工厂进行工作条件变化对生产率影响的实验。梅奥等研究人员发现,生产率与工作条件(如光照、温度和通风状况等)之间没有明显的联系。在这之后,研究人员开始提出新的概念,并将其用于解释影响工人激励的因素,他们发现,除了经济激励和工作环境激励外,人际关系和社会凝聚力等同样重要。

人际关系思想在工作设计中强调各种人性化管理,如员工参与、质量圈;强

① 约翰·布里顿、杰弗里·高德:《人力资源管理——理论与实践》,经济管理出版社2005年版,第101页。

调工作本身的内在激励效应,如挑战性的工作能给人带来成就感和满足感等。根据人际关系思想所提倡的工作设计方法有工作轮换、工作扩大化和工作丰富化等。

1. 工作轮换

工作轮换(Job Rotation)就是将员工轮换到另一个同样水平、技术要求相接近的工作岗位上去工作。员工长期从事同一个岗位的工作,特别是那些从事常规性工作的员工,时间长了会觉得工作枯燥、缺乏变化和挑战性。员工也不希望自己只掌握一种工作技能,希望能够掌握更多的工作技能,以提高对环境的适应能力。因此,工作轮换常常与培养员工多样化的工作技能结合在一起,这也称为交叉培训法。

工作轮换应注意以下几个问题:首先,必须对工作进行分析,明确哪些职位之间可以相互轮换。一般来说,职位间的工作轮换首先从同一个职位类别中的职位之间开始,然后再考虑不同职位类别之间的工作轮换。其次,工作轮换必须是有序进行的,以免影响正常的工作秩序和工作效率。最后,应当充分考虑员工个人的意愿,不能进行强制性的工作轮换。

工作轮换能够丰富员工的工作内容,减少工作中的枯燥感,使员工的积极性得以提高,可以扩大员工所掌握的技能范围,使员工能够更好地适应环境变化,也为员工的内部提升打下了基础,减少了员工的离职率。很多员工离职都是因为对目前的工作感到厌倦,希望尝试新的、有挑战性的工作。如果能够在公司内部提供员工流动的机会,使他们能够有机会从事自己喜欢的、有挑战性的工作,他们也许就不到公司外部寻求机会了。但是,员工到了一个新的工作岗位,需要时间熟悉工作,因此,员工在轮换到新的岗位的最初一段时间,生产力水平会有所下降,同时,工作轮换需要给员工提供各种培训,以使他们掌握多种技术,适应不同的工作,因此,所需的培训费用也较高。工作岗位的轮换是牵一发而动全局的事情,变动一个员工的工作岗位意味着其他相关的岗位也会随之变动,因而增加了管理人员的工作量和工作难度。

2. 工作扩大化

工作扩大化(Job Enlargement)就是对工作进行横向扩展,增加员工的工作内容,使工作本身变得更加多样化。

工作扩大化增加了员工工作的多样性和挑战性,使员工感到工作更有意义,员工的工作积极性在一定程度上提高了,他们对工作的满意度也会得到提高。但是,在一些企业中,工作扩大化反而会使工作效率下降。以前工作是高度专业化的,在生产线上工人只需要做其中的一道工序,他们的技能非常熟练,而且节省了一个人从事不同工序时工序转换的时间。而如今,一个工人可能要做整个工序中的两个、三个甚至更多的工序的工作。

3. 工作丰富化

工作丰富化(Job Enrichment)是工作轮换和工作扩大化技术的扩展。工作扩大化只是增加了工作的多样性,而对工作的挑战性和意义方面的改变并不大。工作丰富化的重点在于,提高工作的挑战性和意义性以及工作任务的同一性和工作中的独立自主性。工作必须以提供成就、责任、提高和发展机会为目的进行设计。工作丰富化设计使工作向纵深方向扩展,可以增强员工对工作的计划、执行、控制和评估的程度。

工作丰富化的方法主要有任务组合、建构自然工作单位、建立员工—客户关系、纵向的工作负荷、开通反馈渠道等几种方法。任务组合是对现有的零散工作进行清理,将这些零散的工作任务组合在一起,形成新的内容丰富的工作单元,这种做法主要用来增加技能的多样性和任务的同一性。构建自然的工作单位是让员工独立自主地负责一个有意义的工作整体,而不是仅仅负责工作整体中的某一个环节。要求员工自己对工作进行全面计划、执行和监控,使他们感到工作非常有意义,而且也会提高他们对工作的责任感。建立员工—客户关系是使员工从客户那里得到重要的反馈,同时也使他们感受到一种自主性。另外,与客户建立直接的联系也需要员工具备为客户服务的技能和人际交往技能,这也意味着技能的多样化。纵向的工作负荷就是使员工的工作职责向纵向发展,员工不仅要做执行性的工作,还要有控制权,从而使员工感受到自己所承担的责任,使他们认为工作任务更加重要,也会增强员工的工作自主性。开通反馈渠道使员工能够看到自己的绩效情况,提高员工的工作积极性,从而提高工作绩效。

工作丰富化的理论基础是赫兹伯格的双因素激励理论(即激励—保健理论)。赫兹伯格的激励—保健理论把工作中影响满意感的因素分为两类:一是人们在工作中的高满意感是由工作本身的内在因素决定的,这类因素被称为激励因素,包括工作认知、成就感、责任、工作时的进步和个人能力的发挥等;二是造成工作中不满意的因素,是由工作中的外在因素引起的,这类因素称为保健因素,包括公司的福利政策、管理方式、上下级关系、工作报酬与工作环境条件等。双因素理论认为,这两类因素的性质和作用各有不同,只有激励因素才能真正调动职工的工作积极性,提高工作效率。保健因素并不能使人真正获得满足感,它没有激励作用,但能防止不满情绪的产生。根据双因素理论,只有当激励因素被设计到工作活动之中,才能在工作中有效地提高职工的工作动机,仅仅在保健因素上做修补和改善无助于工作动机的改进和绩效提高。为此,赫兹伯格设计了一种工作丰富化的方法,这种以人为本的工作设计方法对调动员工的积极性和主动性起了很大的促进作用。双因素理论直接推动了现代工作设计的发展,许多企业应用双因素理论的思想进行了新工作系统的设计,并取得了很大的成功。

工作丰富化也有其局限性。例如,工作丰富化实行起来比较困难,许多员工就是喜欢干原来熟悉的工作而不是丰富化的工作;有时员工整体也会抵制变革;还一些员工喜欢现在的工作社会化和交友模式,而不喜欢有更多的责任和自主性等。一些研究表明,工作丰富化能产生极为有效的结果,如更多的员工满意度和客户服务、更少的员工误差等。①

(三)工作特征方法

为进一步使工作丰富化理论更加具体化,更加有利于实践,哈克曼(Richard Hachman)和奥尔德姆(Greg Oldham)于1976年提出了工作特征理论,图2-5概括了这种理论。

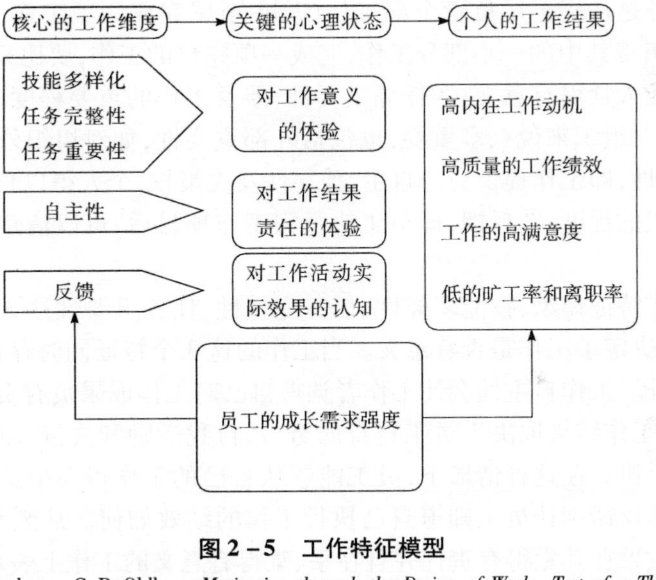

图2-5 工作特征模型

资料来源:J. Hackman, G. R. Oldham: *Motivation through the Design of Work: Test of a Theory*, Organizational Behavior and Human Performance, 1976, 16(2), p. 250.

工作特征理论认为,任何一项工作都有5个核心特征以及工人的3种心理状态,特定的工作特征对特定的心理状态会产生影响,进而影响多种个人和工作的结果。此外,该理论认为,这些核心特征对具有高度成长需求的员工影响最为强烈。例如,他们强烈渴望成长,并希望在工作中能够有个人发展空间。

工作特征理论的核心是3种心理状态,这3种心理状态是:①对工作意义的体验(或对工作意义的感知),是指在多大程度上员工认为自己的工作本身就具有意义,认为该项工作与自己的价值体系"相吻合";②对工作结果责任的体验(或对工

① 弗雷德·鲁森斯:《组织行为学》(第9版),人民邮电出版社2004年版,第362页。

作责任的感知),是指在多大程度上员工感觉到自己对工作结果负有义不容辞的责任;③工作活动实际效果的认知(或对工作结果的了解),是指在多大程度上员工能够确信自己完成工作的好坏。这3种心理状态在工作特征和工作结果之间发挥了中介作用。工作特征理论假设3种心理状态同时作用会导致许多良好的个人和工作结果,如果一种或超过一种心理状态有所缺失,或处于较低水平,理想的结果就将难以出现。但是当5种工作特征出现时,会激发员工产生这3种心理状态的可能性,从而影响个人和工作的结果。①

5个核心的工作特征是:①技能多样性,即完成一项工作任务所需具备的多种技能与知识的程度;②任务完整性,即工作完整且能辨认出工作成果的程度,具体是指这项任务是从头至尾负责全部工作(从头至尾完成一项工作,并能够看见结果),还是只负责其中的一小部分工作,完成一项完整的工作,要比只负责工作中的一小部分更让人觉得有意义;③任务重要性,涉及工作的重要程度,既包括内部重要性,如任务对组织来说有多重要,也包括外部重要性,如对组织外其他人的影响程度;④自主性,即工作提供充分自主、独立性及决策权,个人得以自行安排工作程序及工作方式的程度;⑤反馈,即员工执行完工作项目后,可以清楚获知工作活动结果的程度。

根据工作特征模型,技能多样性、任务完整性、任务重要性这3个特征可以叠加结合起来,决定了工作是否有意义。当工作的这3个特征同时存在时,工作的意义会得到提升。工作自主性会使工作者觉得自己对工作成果负有责任。对于高自主性的工作,工作结果取决于员工自身的努力、自我激励和决策,而非经理的命令或工作流程手册。在这种情形下,员工能够从自己的工作得失中感受到更大的个人责任。工作反馈则让员工知道自己执行工作的绩效如何。从激励的观点看,如果个人工作成果在其觉得有责任并且在乎、觉得有意义的工作上表现相当好时,个人就能从工作中得到更多的内在激励。个人越能够感受到这3种心理状态,越能够激励员工,提升绩效与工作满足感,而且缺勤或离职的可能性也会越低。

实施工作特征模型有一个前提条件,即只有当员工具有足够的知识和技能,又有强烈的成长欲望,同时对企业内部环境满意时,才会体验到上述心理状态,产生激励效应,提高员工工作的满意感。

依据工作特征理论进行工作设计主要用于那些缺乏激励、满意感较低的工作系统的重新构造。通过合并多项工作形成较大的工作单元,以提高任务的完整性与技能的多样化;通过按工作类型、顾客群体、地理位置等形成自然的工作单元,使工作具有内在的逻辑联系与整体性,以提高任务的完整性与重要性;通过建立客户

① 格雷格·奥尔德姆、查理德·哈克曼:"工作特征理论是如何形成的",《管理学中的伟大思想》,北京大学出版社2016年版,第125~126页。

联系，使员工有机会直接获取用户信息，以提高工作的自主性、技能的多样化和反馈程度；通过权力分解增强员工在工作活动方面的自由度，以提高工作的自主性；通过开辟反馈渠道，帮助员工及时准确地了解自己的工作状况与结果。许多研究已经表明，当某项工作依据工作特征理论进行重新设计，并在上述工作特征上得到改进时，则可以预料工作人员的工作满意感、动机和绩效将随之提高。特别是对那些有良好工作知识和工作技能的职工以及那些成长需要与成就需要相对较高的职工来说，具有更大的工作行为改变作用。

（四）社会技术方法

社会技术方法是根据英国塔维斯托克研究所的一系列研究工作形成的。社会技术方法强调设计工作时应考虑工作的技术系统和相伴随的社会系统。企业在进行工作设计时，要通过对整个工作场所进行整体或系统的观察来进行设计工作，使组织中的社会系统与技术系统紧密联系、相互配合。

根据社会技术方法，组织的活动效率与工作绩效是组织系统内的社会心理子系统与技术结构子系统共同作用的结果。社会心理系统包括个体、人际间和群体的各方面的相互作用与关系，组织气氛和文化价值观等。技术结构系统则包括生产技术类型、设备工具、作业标准与工作方式等。在进行工作设计时，必须对这两个方面作充分的考虑。

根据社会技术方法进行工作设计时，一般不会采用零敲碎打的形式进行工作系统的改变，虽然工作形式、报酬、物理装置、空间安排、工作计划程序等方面的众多因素都会随着社会技术系统的变革而有所改变，但这些因素都不会作为变革活动的主要焦点。社会技术系统的变革强调依据不同的组织结构和群体气氛选择适宜的工作设计方案，重视工作群体之间的相互关系，要求在工作设计的同时，调整和改革组织内整个工作关系、作业流程和组织结构。社会技术系统变革的通常做法是，由组织中各个层面的代表对组织进行综合考察，这种考察包括组织活动中所有与工作效率、工作生活质量有关的方面，根据考察提出变革措施。这种变革包括社会技术系统的各个方面，其重点在于，建立新的工作组合形式，由每个员工自主负责某一部分的工作，也就是人们经常提及的“自主性工作团体”。

（五）自我管理工作团队方法

随着科学技术的发展，工作的形式和本质也在不断地变化，工作不再仅仅依靠个人来完成，对工作的设计应该包括个人与团队两个层次，只有这样才能真正提高组织绩效。近年来，工作团队成为组织重要的工作形式，以自我管理工作团队为基础的工作设计成为现代工作设计的重要形式，越来越受到企业的重视。

工作团队是指通过成员的共同努力产生积极的协同作用，从而使团队的绩效远大于个体成员绩效的综合工作群体。根据团队存在的目的，组织常见的团队类型主要有3种:问题解决型团队、自我管理型团队、多功能型团队。问题解决型团队是最早盛行的工作团队,一般由来自同一个部门的员工组成,讨论如何提高产品质量和改善工作环境等问题。在问题解决型团队里,成员就如何改进工作程序和工作方法相互交换看法或提供建议,但这些团队几乎没有权力根据这些建议单方面采取行动。在20世纪80年代,应用最广的就是这种类型的团队。自我管理型团队是为了解决团队中员工参与决策过程的积极性问题而逐渐形成的团队方式。这种团队不仅注重问题的解决,而且注重执行解决问题的方案,并对工作结果承担全部责任。多功能型团队是由来自同一等级、不同工作领域的员工组成的,他们来到一起的目的是完成一项任务,多功能型团队有助于组织内甚至组织间不同领域的员工之间进行信息交换,激发新的观点,解决面临的问题,协调复杂的项目等。

(六)高绩效工作实践方法

高绩效工作实践方法①(High Performance Work Practices,HPWPs),也称高绩效工作系统,是组织"持续地将其战略、目标和内在运作与其外在环境要求协调起来,以达到组织绩效最大化的组织系统"的设计方法。高绩效工作实践方法是迄今所描述的工作设计方法中内容最丰富的一个。高绩效工作实践方法的重点在于实现人、技术、信息和工作之间的匹配,以及企业内部环境与外部环境(包括满足顾客需要和期望)的融合与匹配。

高绩效工作实践方法是一种关于人、工作和绩效的思考方式。按照这种思路,必须创造出一种全面的组织文化,并突出如下变量:对组织战略的关注、系统的组织设计、鼓励创新、内部与外部的客户服务方法、合作、团队工作以及新的组织价值观系统。支持高绩效工作实践的文化包括更高层次的开放式沟通和信任,领导者必须既关心员工,也要考虑组织的需要。高绩效工作实践方法拓展了对人和技术"匹配"概念的理解,纳入了工作体验、组织文化等其他元素,特别是组织文化。这种方法基于团队和非经济报酬之外还突出了授权。

【思考题】

1. 试述工作分析与工作设计的含义。
2. 简述工作分析的用途。
3. 工作分析的方法有哪些?
4. 从20世纪初到现在,工作设计的观念经历了哪些变化?
5. 影响工作设计的因素有哪些?

---

① 弗雷德·鲁森斯:《组织行为学》(第9版),人民邮电出版社2004年版,第367~368页。

6. 试着对你熟悉的某一职位进行工作分析。在完成工作分析后，撰写一份完整的工作说明书。

【案例分析】

案例1：估税员办公室①

估税员办公室每天上午8点开始一天的工作。它的全体员工包括一个主任、两个秘书、两个打字员和三个档案管理员。到上一年，由于均衡的工作量和明确的责任，这个事务所一直运转平稳。

从去年以来，主任注意到，在打字员和档案管理员之间出现了越来越多的争执。当他们找到主任讨论这些争执时，可以确定问题是由于对特定职责的责任的误解所引起的。由于打字员感到档案管理员有过多的时间处理个人的私事和进行社交，因此流露出强烈的不满。而秘书和打字员必须经常加班来做他们认为档案管理员很容易承担起来的工作。档案管理员却强调，他们不应该承担任何额外的职责，因为他们的薪水没有反映这些额外的责任。

这个办公室中的每一个人都有一个几年前编写的一般工作说明书。然而，从那以后，由于实施了计算机系统，绝大多数职位的本质都发生了相当大的变化，但这些变化一直未被写到书面材料中。主任以前曾召开全体员工会议讨论办公室出现的问题，近几个月来却没有召开过任何会议。

讨论题：

1. 你会建议这个主任采取什么行动？
2. 你认为工作说明书为什么在许多组织里都没有被更新？

案例2：工作真能"游戏化"？②

你喜欢玩"愤怒的小鸟"（Angry Birds），"使命召唤"（Call of Duty），还是在线宾戈游戏？不管你喜欢哪个，游戏已成为许多人休闲生活的一部分，因此人们迟早会找到将游戏转移到工作世界中的方法，这只是时间问题。咨询公司Enterprise Gamification的创始人马里奥·赫杰（Mario Herger）说："游戏化就是视频游戏与商业结合的产物。"其普遍定义是"在非游戏环境中运用游戏设计元素和原则"。

近几年来游戏化越来越受到欢迎，其意义是让单调、困难或费时的任务变得更有趣，好让人们更有效地去完成它们。赫杰说，游戏化发挥作用，是通过利用人类

---

① 本案例引自劳埃德·拜厄斯、莱斯利·鲁：《人力资源管理》，人民邮电出版社2004年版。

② 艾玛·德维塔："工作真能'游戏化'？"，《金融时报》，2015年6月23日，http://www.ftchinese.com/story/001062634。

好奇、喜好社交的天性，以及控制欲和爱玩的心理。

有些游戏还运用了心理学中的“心流”(flow)理论，使游戏难度与技能水平准确匹配。一开始游戏会保持较低难度，一旦你搞清楚游戏是怎么玩的，难度就会升级。重要的是，无论是“愤怒的小鸟”中那些欢呼的小鸟，还是奖励得分，在线游戏所提供的这种即时、持续的反馈正被融入工作游戏应用中。

咨询公司 Gamification + 的创始人皮特·詹金斯(Pete Jenkins)说：“企业正在使用 BreatheHR 之类的系统，以促进评估系统加快反馈速度，并鼓励同事们互相赞赏，从而激发员工积极性。”但游戏化仍然是个小众工具，主要用于招聘、学习、开发以及销售。

呼叫中心已开始使用由 Playvox 开发的此类系统。Playvox 帮助企业利用排行榜、分级和绩效指标开发游戏化策略，将枯燥的工作变成更有趣的竞争。Seriosity 已经设计出一款游戏来制止人们发送太多电子邮件。专业服务机构德勤(Deloitte)开发了一款名为“Who What Where”的应用，咨询人员可以在上面分享客户和项目信息，从而加强协作。

游戏永远不可能适用于工作的每一个环节，但对可衡量的目标而言，游戏化个人效率应用是可以发挥作用的。詹金斯利用任务管理应用 Trello：“当你将一项任务的某些部分勾选完成时，它显示的那个进度条我尤其喜欢。”他说这也很好地证明了游戏化不必看起来像个游戏也可以有效。

虽然游戏化已成为人力资源总监中的流行词，但事实上它的接受度是有限的。在某些情况下，原因在于企业容易仅仅为了显示自己跟上了潮流而采用设计得不好的游戏化应用。这种情况下游戏机制就会失败，原因包括它们提供给员工的激励毫无意义，它们设定的目标过于远大，或者它们变得无聊，让人分心。毕竟，绝大多数人都知道上班不是为了寻开心，而是为了在现实的经济激励下完成现实的工作。

讨论题：

1. 你是如何认识工作游戏化的？我们能把枯燥的工作设计成闯关和升级的游戏吗？

2. 如果我们能够设计工作游戏化，它适用于什么行业？传统的生产型企业的工作可以引入“游戏化”设计吗？

第三章

人力资源规划

★ 本章要点 ★

通过本章的学习，应掌握以下内容：

- 人力资源规划的含义和意义
- 人力资源规划的作用与程序
- 人力资源规划与企业经营战略的关系
- 人力资源供给与需求预测
- 人力资源信息系统

第一节 人力资源规划概述

一、人力资源规划的含义

企业在生产经营活动中要制定发展战略及各种计划，如生产计划、财务计划、营销计划等。企业要实现这些计划，必须有合适的人力资源做保证，即适当数量、种类和质量的人员，人员过多会增加劳动成本，人员不足又会使一些工作没有人做。因此，企业要根据生产经营情况，预测未来人力资源的需求，制定人力资源规划，以便进行各种人力资源管理活动，保证企业能够获得合格的人力资源。

人力资源规划（Human Resource Planning，HRP）是指根据组织内外环境的变化，系统地预测未来人力资源的需求和供给状况，并结合组织的战略目标进行人力资源配置和开发，以达到供求平衡的过程。美国人力资源管理专家米尔科维奇等认为，人力资源规划是收集、运用信息，支持人力资源活动中资源投入的决策。[①] 这里的信息包括未来的目标、趋势以及期望与实际结果之间的差距。概括起来，人力资源规划应包括以下几点含义：

第一，企业的人力资源规划是以企业的战略目标为依据并为战略目标服务的，当企业的经营目标、战略发生变化时，人力资源规划也要进行相应的调整。

第二，企业制定人力资源规划时要对企业现有的人力资源状况进行分析，如人力资源的数量、质量和结构，还要考察人力资源的配置情况，人员是否得到合理使用等。此外，还要考虑企业的组织结构、财务现状、企业文化等。

第三，人力资源规划还受组织外部环境的制约。外部环境既影响企业对劳动力的需求，也影响劳动力的供给。企业必须对外部环境进行科学的分析和预测，保证人力资源规划的科学性和有效性。

第四，人力资源规划包括两方面的活动，一是对企业在规划期内的人员需求和供给进行分析和预测，确定人力资源的供需平衡；二是在此基础上制定具体的行动方案，包括招聘计划、人员接替和提升计划、培训与开发计划、评价与激励计划、员工关系计划、退休与解聘计划等。

人力资源规划在 20 世纪六七十年代称为人力计划（Manpower Planning）。20 世纪 70 年代末 80 年代初期出现了人力资源规划的概念，但其在本质上与人力计划并没有区别。20 世纪 90 年代开始，人力资源规划的概念体系逐步取代了人力计划。人力资源规划与人力计划的区别主要表现为：人力计划是在组织战略目标既定的条件下建立的，是为了确保企业在需要时能获得适当数量和质量的人员供应。人力资源规划则是人力计划的继续和扩展，它试图在组织战略和人力资源之间建立更加紧密的联系，强调了人力资源规划的战略角色。人力资源规划是人力资源战略的具体体现，也是企业战略规划的一部分，它要为企业的整体战略服务。

二、人力资源规划的意义和作用

人力资源规划对企业合理配置人力资源，避免人员短缺或剩余，开发人力资源等具有重要的意义。概括而言，人力资源规划具有以下作用。

（一）人力资源规划有助于企业战略目标的实现

人力资源规划是人力资源管理工作的关键部分。如果没有人力资源规划，或者人力资源规划制定得不好，企业在生产经营过程中就可能面临各种人力资源方

① 乔治·T. 米尔科维奇、约翰·布罗德：《人力资源管理》，机械工业出版社 2002 年版，第 127 页。

面的困扰。例如,一些企业的某些重要职位出现空缺时经常出现找不到合适的人员来填补的情况,影响了企业生产经营活动的正常进行。还有一些企业在制定发展战略时,由于没有考虑企业人力资源储备情况,执行战略时却发现企业缺少足够合格的员工来执行战略,最后不得不修改战略或推迟执行。目前,企业在制定目标和发展战略时,越来越多地考虑到人力资源的支持,把人力资源规划纳入企业的发展战略中。

(二)人力资源规划有助于企业人力资源的优化配置

人力资源规划在一定意义上是对整个企业人力资源进行盘点的过程。在这个过程中,要对企业人力资源的现状进行分析,包括人员的数量、结构和质量,人员的使用情况、工作效率、工作态度等,通过分析可以确定企业人力资源的现状和特点,为进一步优化企业人力资源配置打下了基础。

(三)人力资源规划能确保组织对环境变化做出积极的反应

由于复杂、动态的外部环境以及组织机构的合并、分离、增减或撤销、生产工艺和流程的变化等,企业的经营方针、目标和计划等必须根据环境的变化做出相应的调整。有效的人力资源规划可以帮助企业预测其未来的人力资源需要,进行各种人力资源管理活动来满足企业的对人力资源需要,减少由于环境变化可能给企业的生产经营带来的消极影响。

此外,企业的人力资源处在不断流动的状态中,员工的离职、退休等都会造成职位空缺,因此,企业必须提前预测人员的变动并制定相应的措施。现实中,一些企业认为,劳动力市场中人多得是,可以随时从市场中招聘到替补的人才。企业招聘到合适的人选是需要时间的,当出现职位空缺时,企业不一定能招聘到所需的人才。因此,企业必须进行人力资源规划,进行周密的安排。

(四)人力资源规划使各项人力资源管理活动成为一个整体

人力资源规划是人力资源管理活动的起点。人力资源管理的各种活动,如人员配置、培训与开发、绩效评价、薪酬等是以人力资源规划为依据展开的,人力资源规划为各种人力资源管理活动确立了方向。人力资源规划使组织用比较系统的观点来看待人力资源管理活动,理解人力资源活动之间的相互关系。如果没有人力资源规划,人力资源管理活动就会陷入混乱。

(五)人力资源规划有助于保持人力资源管理活动与组织的一致性

人力资源规划把人力资源管理活动与整个组织联系起来,使人力资源管理活动成为组织的一个有机组成部分。人力资源规划明确了未来组织对人力资源的需求情况,保证企业的人力资源管理活动(如招聘、培训开发等活动)适应企业未来对人力资源的需求。

三、人力资源规划与企业战略

人力资源规划与企业的其他业务计划相比具有一定的特殊性。人力资源规划是为企业战略和其他业务计划服务的,企业战略和规划制约着人力资源规划。

一般认为,企业应当在提出发展战略之后再制定人力资源规划,企业战略决定人力资源规划。但由于人力资源对战略的影响越来越大,企业在制定战略时就要考虑人力资源的需求和供给,因此,企业战略与人力资源规划是一种相互影响的关系,如图3-1所示。正如美国著名人力资源规划专家詹姆斯·沃克所指出的:"如今,实际上所有的经营问题都有人的因素,所有的人力资源问题都有经营的因素。"①

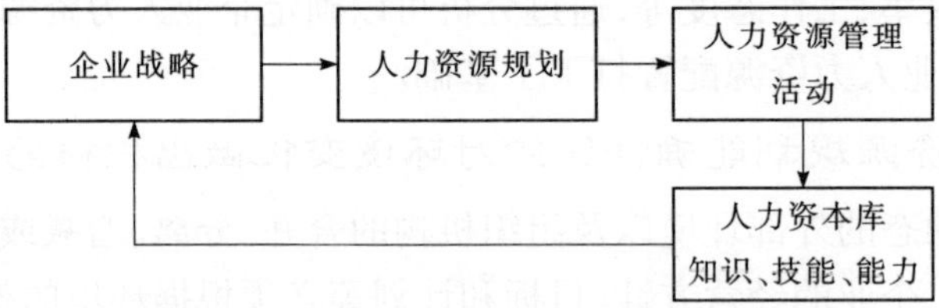

图3-1　企业战略与人力资源规划的关系

也有一些学者提出了企业战略与人力资源规划的一体化问题,认为人力资源规划与企业战略应该是整合的、一体的,并且是一种互相影响的关系,人力资源规划为企业战略的制定提供了最重要的投入——人力资源。查尔斯·R.格里尔认为,商业战略同人力资源战略与规划的一体化对企业长期计划的实施尤为重要。②表3-1阐明了企业人力资源规划与企业战略的整合关系。

表3-1　人力资源规划与企业战略的整合关系

战略分析	战略陈述	战略实施
建立联系 · 目标 · 公司的优势 · 外部机遇与威胁 · 竞争优势的来源	阐明业绩期望和未来管理的方法 · 价值观与指导原则 · 经营任务 · 目标与优势 · 行动计划 · 资源分配	达到预期结果的实施过程 · 组织的变革 · 人员配备任务 · 学习与发展 · 员工关系
确定与人有关的经营问题	定义人力资源的战略、目标和行动计划	实施人力资源管理的过程

资料来源:J. W. Walker:*Integrating the Human Resource Function with the Business*,Human Resource Planning,1996(2):59~77.转引自亚瑟·W.小舍曼等:《人力资源管理》,东北财经大学出版社2001年版,第98页。

① J. W. Walker:*Integrating the Human Resource Function with the Business*, Human Resource Planning,1996(2):59~77.转引自亚瑟·W.小舍曼等:《人力资源管理》,东北财经大学出版社2001年版,第98页。

② 查尔斯·R.格里尔:《战略人力资源管理》,机械工业出版社2004年版,第92页。

四、人力资源规划的程序

人力资源规划的程序包括：审视环境；预测人力资源需求；预测组织内外人力资源供给状况；对比供给和需求；针对预期的短缺与过剩制订行动计划和方案；把这些结果反馈给战略计划（将上述信息反馈至战略计划的过程），等等（如图 3－2 所示）。

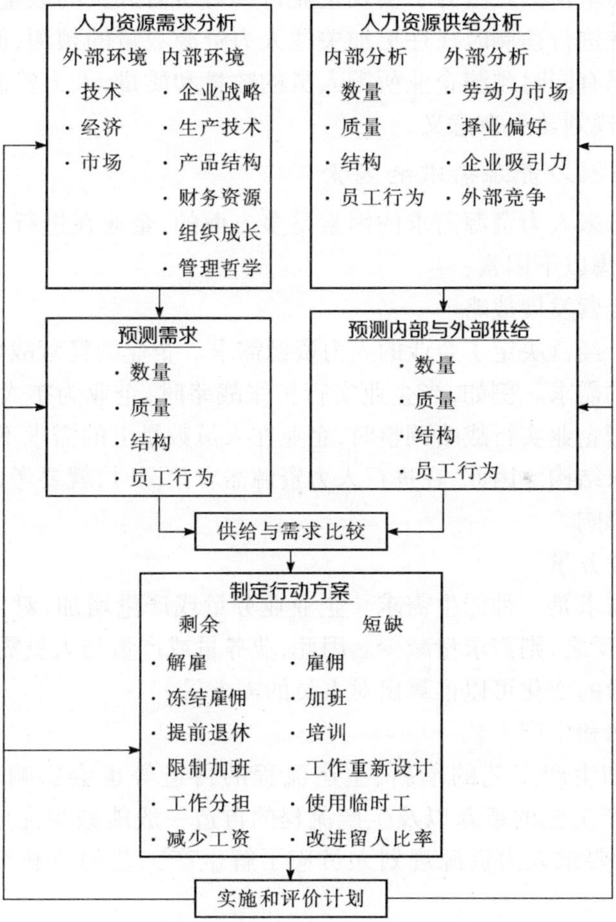

图 3－2 人力资源规划程序

第二节　人力资源需求与供给预测

一、人力资源需求预测

人力资源需求预测是指为了实现企业目标对所需人员的数量、质量进行估计的活动。人们在进行预测时往往更加关注人力资源数量的预测，而忽视人力资源质量的预测。只有同时预测企业所需人员的数量和质量，人力资源需求预测才更完善，人力资源规划才更有意义。

（一）影响人力资源需求的因素

影响企业未来人力资源需求的因素是多方面的，企业在进行人力资源需求预测时，应主要考虑以下因素：

1. 企业的经营发展战略

企业的生产经营决定了企业的人力资源需求。企业的经营战略与目标决定了其对人力资源的需求。例如，当企业实行扩张战略时，企业为扩大规模，会增加对人员的需求。当企业实行战略调整时，企业在人员数量上的需求不一定增加，但是要调整人员需求结构。因此，在进行人力资源需求预测时，就要考虑战略调整对人力资源需求的影响。

2. 企业的业务量

人力资源需求是一种派生需求。企业业务量或产量增加，对人员的需求量相应地也会增加，反之，则需求量减少。因此，业务量或产量与人员需求量成正比，根据业务量或产量的变化可以推算出对人员的需求量。

3. 生产技术和生产工艺

生产技术和生产工艺的革新、生产流程的再造等也会影响对人员的需求。生产技术和生产工艺的革新以及生产流程的再造一般能减少完成工作所需要的员工数量，这就要求人力资源规划人员应了解生产工艺的革新等对人员配置的影响。

4. 员工的流动率

员工的流动率是人力资源规划的重要指标。在一定时期，每个行业都有相对稳定的人员流动率。企业在进行人员需求预测时，要了解本行业人员的流动规律，同时还要考虑本企业人员的流动状况。企业在进行人力资源规划时，不仅是对企业的人员需求或供给进行预测，还要对人力资源管理问题进行分析诊断。例如，可以利用员工流动率指标来分析企业在管理上存在的问题。

5. 组织结构与工作设计

组织结构与工作设计的变化对企业的人员配置也会产生重要影响,从而影响企业对人力资源的需求。例如,20 世纪 90 年代,西方国家开展的企业流程再造运动使企业剔除大量冗员。企业流程再造是指对组织结构以及工作进行重新设计。企业流程再造是由市场驱动,以客户为导向的,它鼓励员工在为客户创造价值的过程中充分发挥自己的创造性,在组织结构上强调组织的扁平化和建立灵活的团队,在控制上强调分权和信息的横向交流等。

此外,员工素质的提高、管理方式的变化以及企业的财务资源等也会对人力需求产生影响。

(二)人力资源需求预测方法

企业进行人力资源需求预测的方法是多种多样的,定性预测方法主要有经验法和德尔菲法;定量预测方法主要有时间序列分析、人员比率、生产比率、回归分析等。影响企业未来人力资源需求的因素非常复杂,无论采取哪种预测方法,预测的结果都是近似值,而不是绝对准确的。

1. 定性预测方法

定性预测方法是以判断为基础的,如经验法、德尔菲法以及企业远景预测分析等。

(1)经验法。经验法是企业常用的一种人力资源需求预测方法,简单易行,它是由部门经理人员根据经验,结合部门业务发展需要,对下一阶段特定的人力资源需求做出估计,这些估计再由人力资源规划人员汇总,并预测整个企业的人员需求。由于部门经理人员是站在部门角度进行预测的,缺乏全局视角,因此,人力资源规划人员在进行汇总时,还要从全局考虑,根据企业发展战略和经营计划的需要进行总体预测,最后由企业高层管理者对总需求计划进行审定。

(2)德尔菲法。德尔菲法(Delphi),也称专家预测法或集体预测法,是在收集专家意见基础上,对他们的看法反复提炼得出结论的一种方法。德尔菲法属于定性需求预测技术,这种技术接近于精确定量预测技术。在动态技术的变化影响员工水平的组织中,采用这种方法最为合适。

德尔菲法的操作程序是:首先,广泛地选择各方面的专家。这些专家可以是企业基层管理人员、企业高层管理人员,也可以是外请专家。每位专家都应拥有关于人力资源预测的知识或专长,对所预测的问题要有深入的了解。其次,将需要咨询的内容写成若干条意义十分明确的问题,寄给专家,请他们以书面的形式回答。专家在互不通气的情况下回答问题。再次,将各位专家的意见集中归纳并反馈给他们,请每个专家根据归纳的结果重新考虑答案。专家可以修改自己的预测,并说明修改的原因。之后再将修改的结果寄回,经过 3 ~4 次的反馈,专家意见趋于集中。

最后，经过数据处理，得出最终结果。

(3)企业远景预测分析。企业远景预测分析是通过召开部门经理和人力资源经理参加的头脑风暴会议来确定企业未来的人员需求，他们预测在未来的5年或5年以后他们认为自己所需要的人力资源会是什么样子。一旦这些预测成形了，管理者接下来就是重新识别关键的变化点。企业远景预测分析的最大优点是，它鼓励开放的、不受固定框架约束的思考。

2. 定量预测方法

定量预测方法是以数学为基础预测人力资源需求的方法，包括各种统计和模型方法。统计方法以某种方式利用历史数据来估计未来的需求。模型方法通常提供简化了的整个组织人力资源需求的抽象模型，改变输入数据可以测试不同需求方案的人力资源结果。表3－2概括了4种最常用的统计方法或模型。①

表3－2　人力资源需求预测的统计模型技术

技术	描述
时间序列分析	用过去的人员安排水平(而不是工作负荷指标)来估计未来的人力资源需求。研究过去的人员安排水平以得出季节性和周期性变化、长期趋势和不规则运动。然后，用移动平均数、指数平滑或回归技术来推断或估计长期趋势
人员比率	研究过去的人员数据以确定在各种职位或职位类别中员工数量之间的历史关系。然后用回归分析或生产比率来估计总的或关键组别的人力资源需求，并用人员比率把总需求分配到各个职位类别中或估计非关键组别的需求
生产比率	用历史数据检查过去的生产指标水平 $P=\frac{\text{工作负荷}}{\text{人员数量}}$ 在发现有连续或系统关系的地方，人力资源需求就可以通过用 P 值除预测的工作负荷来计算
回归分析	研究过去各种工作负荷指数水平，如销售额、生产水平和增加值，以得出员工安排水平的统计关系。在相关性足够显著的地方导出回归(或多元回归)模型。把预测到的相关指数值输入模型中，可以计算出相关的人力资源需求

二、人力资源供给预测

企业一旦确定了未来人力资源的需求，接下来就要分析企业内部是否有足够的合格人员。如果企业内部人力资源储备不能满足需要，就要分析企业外部人力资源的供给，考虑从外部劳动力市场上招聘员工。如果企业内部和外部都没有适合企业需要的人才，企业的经营战略和计划就难以实现，一旦出现这种情况，企业

① 劳埃德·拜厄斯、莱斯利·鲁：《人力资源管理》，人民邮电出版社2004年版，第88～89页。

的经营战略和计划就需要修改。

(一)企业人力资源的内部供给分析

人力资源内部供给分析就是分析企业内部现有人力资源存量(包括数量、质量和结构等),预测计划期内现有人力资源存量的变动情况,如员工的退休、辞职、岗位变动,还包括员工知识、能力、技能、经验和态度等方面的可能变化。内部供给分析的主要方法有技能清单法、替代图表法、继任计划、马尔可夫分析法等。

1.技能清单法

技能清单(Skill Inventory)是一张反映每个员工工作能力特征的列表。这里的员工应包括一般员工和管理人员。能力特征包括员工所受的教育和培训,经历和经验,兴趣、能力和技能,持有的各种证书,主管的评价等。技能清单应体现员工的各种关键技能,表3-3是技能清单的一个例子。技能清单的主要优点是,能够迅速而准确地估计组织内可利用的技能,帮助管理人员在出现职位空缺时及时找到符合条件的人员。此外,它还用于晋升人选的确定、管理人员接续计划、职业生涯规划以及员工的培训、工作调配等。

表3-3 技能清单

<table>
<tr><td colspan="5">姓名:</td><td colspan="4">职位:</td><td colspan="4">部门:</td></tr>
<tr><td colspan="5">出生年月:</td><td colspan="4">婚姻状况:</td><td colspan="4">到职日期:</td></tr>
<tr><td rowspan="4">教育背景</td><td colspan="3">类别</td><td colspan="3">学校</td><td colspan="3">专业</td><td colspan="3">主修科目</td></tr>
<tr><td colspan="3"></td><td colspan="3"></td><td colspan="3"></td><td colspan="3"></td></tr>
<tr><td colspan="3"></td><td colspan="3"></td><td colspan="3"></td><td colspan="3"></td></tr>
<tr><td colspan="3"></td><td colspan="3"></td><td colspan="3"></td><td colspan="3"></td></tr>
<tr><td rowspan="4">培训背景</td><td colspan="4">培训主题</td><td colspan="4">培训机构</td><td colspan="4">培训时间</td></tr>
<tr><td colspan="4"></td><td colspan="4"></td><td colspan="4"></td></tr>
<tr><td colspan="4"></td><td colspan="4"></td><td colspan="4"></td></tr>
<tr><td colspan="4"></td><td colspan="4"></td><td colspan="4"></td></tr>
<tr><td rowspan="3">技能</td><td colspan="6">技能种类</td><td colspan="6">证书</td></tr>
<tr><td colspan="6"></td><td colspan="6"></td></tr>
<tr><td colspan="6"></td><td colspan="6"></td></tr>
<tr><td rowspan="4">志向</td><td colspan="10">你是否愿意担任其他类型的工作?</td><td>是</td><td>否</td></tr>
<tr><td colspan="10">你是否愿意调到其他部门工作?</td><td>是</td><td>否</td></tr>
<tr><td colspan="10">你是否愿意接受工作轮换以丰富工作经验?</td><td>是</td><td>否</td></tr>
<tr><td colspan="10">如果可能,你愿意承担那种工作?</td><td></td><td></td></tr>
<tr><td colspan="2" rowspan="2">你认为需要何种培训</td><td colspan="11">改善目前的技能和绩效:</td></tr>
<tr><td colspan="11">提高晋升所需要的经验和能力:</td></tr>
<tr><td colspan="6">你认为自己现在可以接受哪种工作指派</td><td colspan="7"></td></tr>
</table>

2.替代图表法

替代图表(Replacement Charts)列出了在企业内能被调到关键工作岗位的人员名单。这些图表列出了可以提升或调动的雇员名单,以及每位雇员当前的工作岗位、适合新岗位的程度、技能与能力情况以及是否愿意接受调动。替代图表可以通过找出最合适也最愿意的候选人，帮助计划制订者预测在各工作岗位之间的调动情况。[①] 实施替代图表法要对企业现有员工能力及他们接受未来职位的资格进行评估，将可能的替代候选者与职位要求进行对比，以确定当前和未来职位上的合格替代者。图 3－3 是一个管理人员替代图的示例。

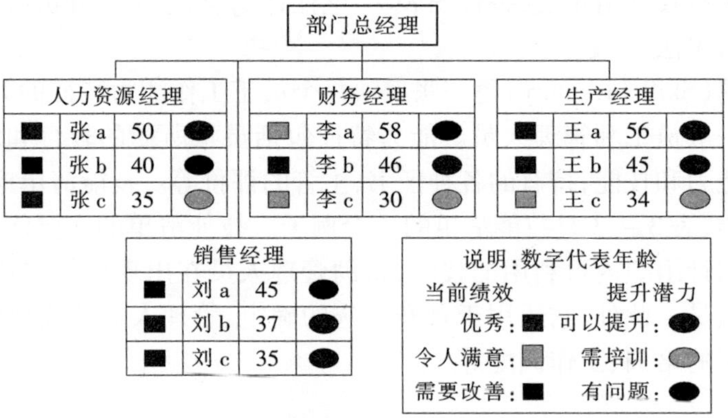

图 3－3　替代图

替代图表法也可以设计成职位置换卡（Position Replacement Card），为每一职位制作一张卡片，卡片上标明可能的替补人、他们当前的工作绩效、提升潜力以及每位候选人所需要接受的培训等。

3. 继任计划

继任计划也称人力接续计划，类似于替代计划，但它更倾向于在较长的时间内对继任者给予指导，并对可能的替代者进行技能开发。继任计划更关注潜在替代者的整体开发而不是针对个别人。继任计划在评估潜在替代者及其开发需求时要进行更为系统的设计，它一般应用于更高层次的管理职位上。

继任计划服务于两个目的：第一，在某员工离职的时候，帮助完成人员替换。第二，继任计划确定具有高潜质的员工的开发需求，帮助他们实现职业发展计划。在确定可能被要求去承担高级职责的具体人员后，组织可以加强对这些人员进行未来工作所需技能的开发。[②] 在某些公司，继任计划也同一些管理开发计划结合在一起。这种计划是针对那些现在虽然仍处在较低职位，却有很大潜质的管理者设定的。

4. 马尔可夫分析法

马尔可夫分析法，也叫作转移矩阵（Transitional Matrices）法，是一种定量预测

① 乔治·T. 米尔科维奇、约翰·布罗德：《人力资源管理》，机械工业出版社 2002 年版，第 126 页。

② 杰弗里·梅洛：《战略人力资源管理》，中国财政经济出版社 2004 年版，第 110 页。

法，它的基本思想是，找出过去人员变动的规律，以此推测未来组织内的人员变动趋势。马尔可夫模型由时间上的某一点开始，将不同类别职位上分布的员工数目描绘出来，然后用转移概率矩阵（Transition Probability Matrix）把初始概率分布转变成一段时间后同一职位上预测出的概率分布。矩阵每一行中转移概率总和必须为1，对角线上的一组转移概率代表了从时间1到时间2同一职位上仍保留的员工比例。马尔可夫模型没有考虑在一个时间段内同一个员工移动两次以上的情况。表3－4是一个马尔可夫供给预测模型。

表3－4　马尔可夫供给预测模型

职业状态		时期2的员工状态						
		职位A	职位B	职位C	职位D	职位E	退出	总计
时期1的员工状态	职位A	0.98					0.02	1.00
	职位B	0.15	0.8				0.05	1.00
	职位C		0.18	0.76			0.06	1.00
	职位D		0.01	0.20	0.73		0.06	1.00
	职位E			0.02	0.22	0.68	0.08	1.00

表3－4中，马尔可夫供给预测模型只包含了5个不同职位和一个退出调动，职位是由高到低排列的，即职位A比职位B高，以此类推。小格中的数字代表时期1初始状态的员工在时期2处于终止状态的比例（概率）。AA格、BB格、CC格、DD格、EE格等代表从时期1到时期2仍保留员工的比例。以职位D为例，假使初始员工有100人，到时期2，能升迁到职位B的人有1人，升迁到职位C的有20人，留在原职位的有73人，退出的有6人。因此，通过马尔可夫供给预测模型可以计算出每一职位的人员变动的数目，以此预测未来企业内部的供给情况。在建立马可夫预测模型时，预测者必须准确计算员工的转移概率，还要对组织内员工可能的调动或流动给予说明。调动包括从一个岗位调到另一个岗位以及调离组织等。工作岗位之间的调动可以是在组织层级上向上调，也可以是跨职能调动。

马尔可夫分析法可用来预测未来一年或更长时间范围内组织内部的人力资源供给状况，但用一年作为一个时间段在许多应用中更为合适。由于马尔可夫供给预测模型中的转移概率主要来源于员工在岗位之间流动或调离组织的历史数据，因此在使用模型时必须考虑到，当在职者数目较小时，转移概率就变得不稳定了。例如，当一个职位上只有两名员工时，其中一个离开了，在这个数目基础上计算出的转移概率将是50%，这一概率就可能有误导性。

（二）企业人力资源的外部供给分析

企业如果要从外部招聘人员，就需要对劳动力市场以及人力资源的供给情况进行分析预测,以便制订正确合理的招募计划。影响企业外部人力资源供给的因素主要有人口数量和结构、劳动力市场的供求状况、劳动力市场的结构、企业所处的地域和行业、企业声誉和人力资源政策等。

1. 人口数量和人口结构

总的说来,一个地区的劳动力供需与人口数量有着较高的正相关关系,劳动力供给量是人口的函数。从人口数量的角度看,我国人口资源丰富,潜在的劳动力资源也非常丰富。劳动力的供给与人口结构也有密切的关系,人口结构主要是指人口的年龄结构和性别结构,人口结构直接影响着劳动力的年龄结构和性别结构,如劳动力的年龄分布、劳动力的性别比例等。

企业外部人力资源的供给状况取决于当地的人口结构状况。如果一个地区的人口已经出现明显的老龄化特征,即使人口数量再大,由于适龄劳动者比例较低,劳动力市场仍然可能供给不足。西方一些国家,如美国、西欧等已经面临人口老龄化的压力,并对企业的人力资源管理产生了很大的影响。另外,女性在劳动力队伍中的比例越来越大也给传统的人力资源管理提出了挑战。

2. 劳动力市场的供求状况

企业外部人力资源的供给状况首先取决于其所在地区劳动力市场的供求状况。如果劳动力市场处于供给过剩状态,企业容易从外部招聘到人,特别是普通技能的员工,薪水也不会太高。反之,如果劳动力市场供给不足,普通技能的员工较难雇到,高层次人才的招募就更加困难,且薪水较高。

劳动力的供求状况是动态的。一般说来,一个地区在经济起飞前期,劳动力的供给较为充足,待能够大量吸纳劳动力的制造业和服务业得到充分发展,且又不能大量输入外劳的情况下,劳动力供过于求的状态就会发生改变,甚至转变为明显的供给不足。企业从劳动力市场的主动者转变为被动者,劳动成本迅速上升,企业获取人力资源的难度就会提高。

3. 劳动力市场结构

企业外部人力资源的供给状况与当地劳动力市场结构也有着密切的联系。劳动力市场结构主要是指劳动力的层次和结构,包括劳动力的知识技术结构、年龄结构、地域结构等。这里我们主要分析劳动力的知识技术结构。

劳动力的知识技术结构是劳动力市场结构的最主要部分,与劳动者所接受的教育结构有很大的关系。劳动力的知识技术结构主要是指劳动者知识与技能高低的分布,是一种描述劳动者工作能力差别的状态,与劳动者受教育水平、工作经验的积累及其创新精神有着密切的关系。劳动力的知识技术结构与产业结构的联系最为密切,存在着明显的正相关关系。如果一个国家或地区劳动力的知识技术结构处于优良水平,其产业结构一般也会处于较为优良的状态,高端产业较多,低端产业较少。即使是产业发展处于起步阶段,也会因为优良的人才储备而迅速获得产业升级。

劳动力市场结构随着经济发展及产业升级而发生改变。一方面,经过高速经济增长的地区,如果产业升级及时,企业的转型、淘汰及产生都较为顺利,又会释放出一定数量的劳动力,尤其是淘汰产业释放出的劳动力规模较大。另一方面,新生产业又对劳动力产生了新的需求,加剧了对某些技能的劳动者的需求,其结果使劳动力市场的供需发生了结构性改变,某些局部的劳动力市场供过于求,失业率较高;某些局部的劳动力市场严重短缺,薪水上涨速度较快。以上过程在中国台湾、香港等地区都曾经发生过,这些小型海岛型经济区域,人口规模较小,劳动力被吸纳的速度较快,在外部劳动力输入受到限制的情况下(如高生活成本、行政限制等),经济起飞后不久,企业就明显感到人手短缺,不能顺利转型的企业迅速陷入崩溃,待产业升级基本完成后,结构性失业又迅速来临。

我国由于受生育率持续下降等因素影响,从 2012 年开始,15 ~ 59 岁的劳动年龄人口占总人口的比重开始出现下降,绝对量也在减少,未来劳动年龄人口总量将可能进一步减少,出现总体劳动力供给不足局面。目前来看,我国劳动力市场仍是整体供给大于需求的局面,而对某些类人员则是需求远远大于供给,特别是劳动力市场中高级人才供不应求,中高级技工的短缺尤为突出。2005 年的一项调查结果显示,从供求状况对比来看,各技术等级的求人倍率均大于 1,劳动力需求大于供给,其中求人倍率较大的是高级技师、技师和高级工,其求人倍率分别为 1.83、1.78 和 1.7。其他技术等级,初级工和中级工的求人倍率分别为 1.45 和 1.44,工程师和高级工程师的求人倍率分别为 1.42 和 1.17。[①] 到 2015 年年底,专业技术人员需求大于供给的局面仍没有解决,各技术等级或专业技术职称的岗位空缺与求职人数的比率仍均大于 1。其中,高级工程师、技师、高级技师岗位空缺与求职人数的比率较大,分别为 1.99、1.9 和 1.89。[②]

4. 企业所处的地域和行业

企业的地理位置影响人力资源的供给,地域不同,人力资源的分布也有很大的差异。一般来说,发达地区劳动力的知识技术结构较为优良。我国东部地区较西部地区人力资源丰富、人员素质较高,并且往往集中在大中城市。西部地区的一些企业在招聘高级人才时存在一定的难度。企业所处的行业或产业也影响着人力资源的供给。一些工作条件艰苦的行业,招聘人员就比较困难。

5. 企业的声誉和人力资源政策

即使企业面临同一劳动力市场,由于企业的声誉和人力资源政策的不同,企业

① "2004 年全国第四季度部分城市劳动力市场供求状况分析",《中国职业技术教育》,2005 年 15 期,第 55 页。

② 中国人力资源市场信息监测中心:"部分城市就业市场供求状况分析",《中国人力资源社会保障》,2016 年第 2 期,第 29 页。

招聘员工的难易程度也存在差异，如果企业的社会声誉好、薪酬福利高、有较大的发展机会等，外部劳动力的供给将会非常丰富。另外，宏观经济形势也影响着企业外部人力资源的供给。如果宏观经济形势较好，劳动力的需求较大，失业率较低，劳动力供给较紧张，企业招聘员工就较难。

企业必须对外部劳动力市场的供求状况和规律进行分析，以便制订正确的用人计划和政策。如果预测不正确，就可能把工资报酬定得过低，使企业难以招募到所需要的员工，尤其是短缺的人才，甚至会失去引进优质人才的最好时机，直接影响企业发展目标的实现；若工资报酬定得过高，虽然招到了合适的人选，但支付了高于市场价格的工资，也将提高企业的劳动成本，并造成公司原有员工薪水上涨的压力。由于报酬有刚性，企业降低报酬有难度，且整体报酬的提高难以收到显著的激励效果，企业的人力资源管理及竞争力的提高都会变得更加困难。

企业对人力资源外部供给的预测分析往往要比内部供给的预测分析支付相对较高的成本，因为外部供给预测分析获得信息较难，企业永远不可能获得完全的信息，获得有关求职者工作能力的信息需要耗费的成本比内部员工高得多。企业可以借助外部劳动力市场研究机构发布的一些信息对劳动力市场的供求信息进行分析。在美国，有一些机构定期为企业进行外部劳动力市场条件的预测和劳动力供给的估计。我国有一些机构也在专门分析各行业劳动力的供需状况，为企业招募某种专业人员提供指导和建议，如国家劳动和社会保障部、中国劳动力市场信息网检测中心等定期发布劳动力的供求信息，《中国职业技术教育》杂志也定期公布全国部分城市劳动力市场供求状况分析。

三、人力资源供给与需求的平衡

在对企业人力资源的需求和供给进行预测后，接下来就要对预测的结果进行比较分析，以制定合理的人力资源政策。这种比较不仅是人员数量方面的比较，更重要的是人员的能力、技能和竞争力等方面的比较。

从数量和质量等方面进行比较一般能得到以下几种结果：①供给和需求完全吻合，即供给与需求不仅在数量上吻合，而且在质量和结构方面也基本吻合；②供给和需求在数量上吻合，但在质量和结构上不匹配；③供给小于需求，企业存在劳动力短缺；④供给超过需求，企业存在劳动力过剩。此外，也可能是在数量上劳动力出现剩余，但某一类人员存在短缺现象。现实中，出现第一种结果的可能性很小，后三种结果则经常出现，是一种必然现象。

当人力资源的供给与需求在数量上达到平衡而结构不匹配时，企业一般可采取的措施有：①对人员进行重新配置，如某部门或某类人员过剩，可以通过培训使其适合其他工作；②对人员进行有针对性的培训，使他们能够填补职位空缺；③解雇不符合要求的员工，同时招聘具有所需技能的员工。

如果人力资源的供给小于需求,人员短缺,企业可采用的办法有:①从外部雇用人员。企业在做出招聘决策前必须考虑这种需求是长期的还是短期的,以便决定招聘长期工还是临时工。②延长工作时间。即让员工加班,但员工的加班时间必须控制在国家法规规定的限度内。③提高员工的劳动生产率。通过培训、职业设计、报酬、福利以及雇员关系能提高雇员的能力、技能和工作动力。④改进留人比率,即降低员工的离职率。⑤对工作重新设计。⑥可以将企业的部分业务进行外包,等等。

如果人力资源的供给超过需求,人员过剩,企业可采用的办法有:①解雇员工。这种方法见效快,但负面影响较大,影响未被解雇员工的心理和士气,同时还要受到政府的限制等,因此,这往往是最后的选择。②减少加班或工作时间。③鼓励员工提早退休。④减少雇用新人。⑤对富余人员进行培训,等等。

企业在进行战略调整时,往往出现人力资源的剩余或短缺,或者出现某一类人员剩余同时另一类人员的短缺。因此,企业必须制定人力资源规划和相应的人力资源政策,采取适当的措施保证供给与需求的平衡,当然,这种平衡是相对的、动态的平衡,绝对的平衡是不可能达到的。

由于行业特点、企业战略、企业文化或地域的差异,不同的企业对人力资源剩余或短缺问题会采取不同的政策和措施。

第三节 人力资源信息系统

进行人力资源规划和其他人力资源管理活动需要以大量的信息作为基础,因此,企业必须建立完善的人力资源信息系统,以满足人力资源管理活动的需要。人力资源信息系统是人力资源管理系统(Human Resource Management System, HRMS)的组成部分,完整的人力资源信息管理系统包括人力资源系统、考勤管理、绩效管理、培训管理、薪酬管理等模块。本节只对人力资源信息系统做简单地介绍。

一、人力资源信息系统的含义和用途

人力资源信息系统(Human Resource Information System, HRIS)是组织在人力资源管理活动中进行信息收集、保存、分析和报告的过程,是一个包括所有有关人力资源信息的数据库系统。传统的人力资源信息系统是以书面人事档案库的形式存在的,随着计算机技术的普及,人力资源信息系统基本都已经计算机化了。在小型企业中,员工的档案管理和索引卡形式的人力资源信息系统可能比较有效。对

于规模较大的企业，很难用人工的方式管理人事资料，因此需要采用计算机信息系统，记录工作经验代码、产品知识、行业工作经验、训练课程、外语能力、调职意愿限制、前程抱负和绩效评估结果等。目前，企业的人力资源信息系统基本都实现了计算机化，与传统的以手工为基础的系统相比，人力资源信息系统使用更方便，数据更新更容易、更迅速、更精确，节省了人力和财力。

人力资源信息系统的主要用途或作用是：①为人力资源的供需预测提供信息；②提供有关员工配置方面的信息，如就业、离职和申请资格信息；③为发展业务提供项目培训成本和受训人职业绩效的信息；④可为增加报酬提供工资增长、工资预测、支出预算等信息；⑤为劳资关系提供合同谈判和职员援助需求等信息等。①

建立人力资源信息系统事先要进行周密的筹划，包括清楚地阐明目标，全面地分析系统的要求，认真地研究细节。特别是应该帮助管理者和员工了解人力资源信息系统的内容、作用和意义。

二、人力资源信息系统的功能

人力资源信息系统主要有 3 个功能：输入功能、数据维护功能和输出功能。

（一）输入功能

输入功能是向人力资源信息系统输入信息，它具有把人力资源数据输入系统的性能，包括谁收集资料，在哪里、什么时候和怎样收集这些数据，以及如何处理数据等。一旦收集了数据，就必须把它们输入这个系统。一旦输入数据，就必须对它们进行确认，以确保它们是正确的。一般可以用编辑或确认表格来确定数据是否是可以接受的，这些表格还可以自动检查数据库中被认可的数值。

（二）数据维护功能

数据输入到系统之后要不断地维护和更新储存在系统中的数据，包括在哪里存储数据等。当人力资源信息变化（如工资增加）时，这条信息应该融入系统中。当新数据进入系统时，旧数据通常以历史信息的形式保存。

传统的人力资源信息系统经常在中央主体计算机中存储数据，只有少数技术人员才能取得数据。由于网络技术的出现，信息可以存储在中央计算机上，同时中央计算机为远距离空间提供数据，这些存储空间利用人力资源软件加工、综合数据，最后在各自的网络范围内把数据呈现在不同的个人电脑上，以满足各方面的需要。

（三）输出功能

输出功能是人力资源信息系统最重要的功能。人力资源信息系统需要对信息

---

① 乔治·米尔科维奇、约翰·布罗德：《人力资源管理》，机械工业出版社 2002 年版，第 617 页。

进行加工，向使用者提供有价值的成果。由于绝大多数人力资源信息系统的用户并不对人力资源数据进行整理、编辑、确认和更新，他们只关心由系统生成的信息和报告，因此，人力资源信息系统的建设必须考虑它所造成的结果。绝大多数人力资源报告主要由以下内容组成：①选择总人数中的一个部分来做进一步的评估，这种选择通常以工资等级、年龄、性别、部门和工作经历等为基础。②对第①项中选择出来的数据进行计算，如平均工资、平均绩效增长等。提供一份关于被选择人员具体信息和计算结果的报告。③对输出功能的要求是决定使用哪类软件的主要因素。

除了能生成所要求的具体报告之外，输出功能应该有提供和更新报告文库的性能。报告文库主要用来存储一些方案和历史数据，用来编写定期报告。通过自动更新编制文库中的报告所需要的数据，可以节省大量时间。另一个有利的性能是生成周转文件的能力。周转文件主要是显示目前数值和数值变化的简明报告，主要用于数据更新。[①]

三、人力资源信息系统的设计

人力资源信息系统的设计大致要经过以下 5 个程序：

第一，确定信息系统的要求，特别是目标使用者以及系统预备支持的决策。这些具体要求包括决定所收集资料的类型、数量以及如何收集资料、何时收集资料等。

第二，商业系统设计，主要包括回答下列问题：谁将使用系统，他们如何进入系统，系统如何更新等。

第三，技术系统设计，包括软件系统开发及程序设计。

第四，测试和评估系统。

第五，系统的运行和评价。

以上程序中，第一步是人力资源信息系统设计中最重要的一步，因为人力资源信息系统就是为人力资源活动提供信息，因此，完备的人力资源数据是系统存在的基础，也是系统发挥作用的关键。许多开发人力资源信息系统的尝试都始于决定资料要求这一问题，同时也终止于此。[②]

四、人力资源信息系统的评价

人力资源信息系统的评价可以确定人力资源信息系统的优势是否得到了充分发挥、是否达到了预期的要求。下面列举的一些基本问题有助于对人力资源信息

---

① 劳埃德·拜厄斯、莱斯利·鲁：《人力资源管理》，人民邮电出版社 2004 年版，第 23 页。

② 乔治·米尔科维奇、约翰·布罗德：《人力资源管理》，机械工业出版社 2002 年版，第 617 页。

系统进行评价。

第一,把用在数据输入上的时间与所形成报告的价值进行比较。这些时间被很好地利用了吗?

第二,把系统对数据输入与查询的响应时间进行比较。屏幕能立刻显示还是有相当长的延迟?

第三,系统有实时、在线和立即更新的性能吗?如果没有,按照今天的标准,这个系统就是过时的。

第四,人力资源信息系统与工资系统能连接并整合在一起吗?如果人力资源信息系统是一个在数据输入上与工资系统一样的单机系统,那么对这个问题的答案就是否定的。

第五,人力资源信息系统有编制对特定职能问题提供答案的报告的性能吗?例如,某个人能迅速接收到财务部门人员流动率的信息吗?

第六,人力资源信息系统使用查询而不是使用调取员工文件的方式来回答问题吗?如果必须调取文件,人力资源信息系统的查询性能就设计得不合理。

第七,人力资源信息系统能生成恰当种类的信息吗?一个好的人力资源信息系统应该能产生符合特定要求的报告,而不只是常规的、每月一次的细节报告。

第八,分析实施和维护当前系统的成本。包括机器和软件成本、维护协议、供给以及数据录入员及程序员的小时工资等内容。这些成本与系统所节省时间的比率是怎样的?

阐述以上这些问题可以表明组织是否拥有一个有用的人力资源信息系统,以及这个系统是否充分发挥了它的优势。这样的一种评价也向终端用户展示了怎样更好地利用这个系统。①

【思考题】

1. 什么是人力资源规划?人力资源规划有什么用途?

2. 人力资源规划与组织战略是什么关系?

3. 人力资源规划的基本步骤是什么?

4. 内部人力资源供给预测有哪些方法?

5. 人力资源信息系统的目的是什么?

6. 目前,许多企业的管理者对人力资源信息系统不满或失望,你认为可能的原因是什么?

---

① 劳埃德·拜厄斯,莱斯利·鲁:《人力资源管理》,人民邮电出版社 2004 年版,第 24 ~ 25 页。

【案例分析】

人力资源规划——它是什么?①

假设你是一个人力资源顾问,一家大型造纸公司新任命的总经理给你打来电话:

总经理:我在这个职位上任职大约一个月了,而我要做的所有事情似乎只是与人们面谈和听取人事问题。

你:你为什么总在与人面谈?你们没有人力资源部吗?

总经理:我们有。然而,人力资源部还没有雇用最高层管理人员。我一接管公司,就发现两个副总经理要退休,而我们还没有一个可代替他们的人。

你:你雇用了什么人吗?

总经理:是的,雇用了,这就是问题的一部分。我从外部雇用了一个人,我一宣布这个决定,就有一个部门经理前来辞职。她说她想得到副总经理的职位已经有8年了,她因为我们从外面雇用了某人而生气。我怎么能知道她想得到这个职位呢?

你:你打算如何安置另一个副总经理的职位?

总经理:还没想好,因为我怕又有其他人由于没有考虑让他担任这个职位而辞职,但这只是问题的一半。我刚刚发现,在最年轻的专业人员中——工程师和会计师——过去的3年中有80%的流动率,他们是在我们这里得到提升的人。

你:有人问过他们为什么要离开吗?

总经理:问过,他们都给了基本相同的回答。他们说感觉到这里没有前途。也许我应该把他们所有的人都召集到一起,并解释我将怎样使公司取得进步?

你:你考虑过推行人力资源规划系统吗?

总经理:人力资源规划?那是什么?

讨论题:

1. 你会如何回答总经理的问题?
2. 在这个公司中建立人力资源规划系统需要做些什么?

① 本案例选自劳埃德·拜厄斯、莱斯利·鲁:《人力资源管理》,人民邮电出版社2004年版,第97~98页。

第四章

人员招募与甄选

★ 本章要点 ★

通过本章的学习，应掌握以下内容：

- 招募的含义和作用
- 影响招募的因素
- 人员招募过程管理
- 内部招募与外部招募
- 人员甄选的含义与标准
- 人员甄选的方法
- 人员录用工作的要点

第一节　人员招募

一、人员招募的含义

在竞争激烈的今天，优秀人才是企业生存和发展的基础和关键。如何吸引和选拔优秀人才是人力资源管理的一项重要职责和活动。吸引和选拔人才主要是通过招聘工作来实现的，而招聘工作是由招募和甄选等活动构成的。① 招募和甄选

① 在日常工作和生活中，人们经常使用"招聘"一词。"招聘"这一概念有广义与狭义之分，广义上的招聘包括招募和甄选两方面含义，狭义上的招聘指的是招募，本章是从狭义上使用"招聘"这一概念的。

既相对独立又紧密联系,其中任何一项活动都直接影响着整个招聘工作的成败。

招募(Recruitment)是指企业通过各种方式寻找和吸引具备一定资格条件的候选人来企业应聘的过程,而甄选是指从应聘者中挑选出最可能胜任岗位要求的人员的过程。招募是甄选的基础和前提,其任务就是吸引足够数量的合格者到企业应聘。招募是一项复杂的活动,企业在进行招募活动时应考虑以下问题:

第一,当企业有用人需求时,就要考虑是否需要招募新员工。企业为了完成某项工作任务,除了雇用新员工外,还有许多其他的方式。例如,员工加班、把工作外包给其他企业(或组织),或从人才租赁公司租赁员工。如果企业确实需要从外部招募新员工,还应考虑雇用临时工还是长期员工,以便采取不同的招募战略。

第二,确定了招募需求之后,接下来就要分析企业对所招聘人员的要求,即对企业需要招聘什么样的人员进行分析,明确每个招聘职位所需人员的必备资格和条件。如果没有对空缺职位需要什么样的人做明确的界定,招募到的人就难以保证符合职位要求。

第三,当企业确定了需要什么样的人才后,就要制定具体的招募方案,并进一步实施招募方案。这一过程主要涉及以下问题:到什么地方寻找合格的候选人、什么时间能吸引这些候选人来应聘、用什么办法来招募这些候选人、组织的优势和劣势是什么、靠什么吸引这些候选人等。

第四,招募结束后,还需要对整个招募活动进行评估,以确定是否实现了招募目标。一般认为,成功的招募活动应该达到以下目标:①在招募之前,把空缺职位的完整信息以及企业的相关信息传递给目标候选人。②能够吸引足够数量的合格候选者。③具有成本效率,或者说能够以最低的成本完成招募工作。④确保被雇用的员工不跳槽。研究表明,在招募阶段,招募人员向应聘者提供真实职务预览(Realistic Job Preview,RJP)[①]可以减少日后员工的流动比率。⑤没有违反有关法规。目前,我国许多企业在招募活动中都出现了违反劳动法律法规的现象。例如,在招募广告中出现年龄、性别和身高等歧视性要求等。

成功的招募对企业有非常重要的意义。企业要雇用到优秀的人才,就必须有足够数量的、符合条件的应聘者来到企业应聘。符合条件的应聘者越多,企业可选择的余地就越大。如果符合条件的候选人很少,企业就没有可选择的余地,可能雇用不到符合条件的员工,从而影响企业员工的质量。可以说,招募的实质是为企业创造可用的人才库的过程。

---

① 真实职务预览,也叫作真实工作预览,是指企业向工作申请人提供完全的工作信息,包括正反两方面的信息。按传统做法,企业总是对工作和企业进行粉饰,以达到吸引应聘者的目的。这样做通常会得到比较高的选择比例,也就是相对于一定数量的职位空缺,会有大量的申请人。但是,这样做的结果也会造成新员工过高的期望,最后造成新员工的不满和高流动率。

二、影响招募的环境因素

影响企业招募活动的因素很多，如劳动力市场状况、法律法规、企业形象、企业人力资源政策，等等。归纳起来，可分为两大类，即外部因素和内部因素。

（一）外部因素

1. 劳动力市场状况

劳动力市场的供求状况以及劳动力的结构对企业的招募活动影响非常大。总的来说，当一个地区的劳动力市场失业率很高时，企业的招募工作就比较容易，因为有大量的劳动力储备可供企业选择，到企业主动申请工作的人也很多。相反，如果劳动力市场的需求大于供给，则容易出现企业人才招聘大战，企业的招募工作就比较难，要下很大力气才能招募到合适的人选。

目前，我国劳动力在总量上是供给远远大于需求，并可能持续相当长的时间，这就给一些企业造成一定的假象。许多企业认为，我国劳动力供给非常充足，企业随时可以从市场中招聘到需要的人，因此不重视招募工作。实际上，我国的劳动力供给在总量上是供给大于需求，但从结构上看则存在需求大于供给的情况。例如，我国高级技工严重短缺，已经制约了一些企业的发展。从地域上看，我国不发达地区高学历劳动力短缺，而发达地区则出现了高学历劳动力过剩的局面。因此，企业所在的区域和行业对企业的招募工作会产生很大的影响。

2. 法律法规

国家的法律法规对企业的招募工作也有很大影响。许多国家对企业的招聘活动都做出了一定的限制。如美国《民权法》第 7 款规定，任何雇主“凡因某人的种族、肤色、宗教、性别或原有国籍的不同而拒绝雇用或解雇某人；或者在就业报酬、条件、期待方面对某人进行歧视”都是非法行为。《雇用年龄歧视法》规定，歧视 40～65 岁的雇员或求职者是违法行为。因此，在美国，企业在招聘信息中不能涉及有关年龄、性别、种族、婚姻等，除非能证明这些是职位所必需的。我国《劳动法》第 12 条规定：“劳动者就业，不因民族、种族、性别、宗教信仰不同而受歧视。”我国劳动和社会保障部颁布的《劳动力市场管理规定》第 11 条规定：“用人单位在招用职工时，除国家规定不适合从事的工种或岗位外，不得以性别、民族、种族、宗教信仰为由拒绝录用或者提高录用标准。”企业在招募活动中，应遵守国家法律法规，以免引起诉讼。

3. 竞争对手

在招募活动中，企业还要考虑竞争对手的招募活动和招募政策。应聘者在应聘之前往往要进行比较，只有自己的招募活动具有竞争优势，才能吸引应聘者。此外，企业在进行招募策划时，还要考虑自己的招募活动是否可能向竞争对手透露企业的有关信息。因此，企业在发布招聘广告时往往发布“遮蔽广告”，即在广告中不出现招聘企业的名称，只向申请人提供接受求职信和简历的邮寄地址，这样可以不透露企业的业务区域和业务范围，不让竞争对手发现自己的业务扩展计划等。

（二）内部因素

1. 企业形象

企业形象是影响招募工作的重要因素。如果企业声誉好，就会吸引更多更好的申请者。良好企业形象的建立是以企业内良好的员工关系为基础的。如果企业的员工关系融洽，企业关心员工的发展，有良好的工作条件和福利，公平地对待每一位员工，员工就会把这些好的信息传递出去，提高企业的形象。例如，美国每年都有一些机构评选最佳雇主，列入最佳雇主的企业的共同特点就是融洽的员工关系。我国企业现在也开始重视自己的企业形象，出现了一大批形象良好的知名企业，这些企业成为大学毕业生择业的首选。

2. 企业的人力资源政策

企业的人力资源政策对招募活动影响很大。企业的人力资源政策主要是指用人政策，即企业的提升制度，主要指倾向于内部提升还是从外部招募。例如，有的企业执行的是内部提升政策，一旦出现职位空缺，首先由内部员工填充；而有的企业则倾向于外部招募，认为这样才能为企业提供新的思想和创新精神，保持企业的竞争力。

3. 招募职位的性质

目前，企业的雇用模式已经发生了变化，采取了多样化的用工形式，如长期工（固定工）、临时工、兼职工和小时工等。在一些企业中，员工是由相对少量的长期核心雇员组成，其余则是由为完成具体的、暂时的任务而雇用的个人组成，即由临时工、兼职工和小时工等组成，这些员工也称为应急人员。当职位出现空缺时，首先要分析是招聘核心员工还是应急人员，以便采取不同的招募策略。

三、招募过程的管理

在整个招募过程中，企业要做好以下工作。

（一）确定招募需求

在招募之前，首先要确定招募需求。确定招募需求要做好两方面的工作，一是确定空缺的职位；二是对空缺职位进行分析。这样就可以确定所需人员的数量和每一空缺职位所需的任职资格条件。人力资源规划和工作分析是人员招募和甄选的基础性工作。人力资源规划有助于企业对未来人力资源需求进行预测，提前做好招聘准备；而工作分析则决定具备哪些能力的人员符合招聘职位的要求，以达到人与职位的匹配。企业在发布招聘信息时，要准确描述招募职位对候选人的要求,如果对任职资格要求不准确或不清楚,招募申请者很难合格。

(二)确定招募来源

当出现职位空缺时,企业必须考虑的问题就是,决定从企业内部招募,还是从外部劳动力市场中招募。内部招募就是当企业出现职位空缺时,从企业内部选拔员工来填补;外部招募则是指企业出现职位空缺时,由企业外部人员来填补。这两种招募途径各有其优点和缺点,如表4-1所示。

表4-1 内、外招募来源的利弊分析

招募来源	优点	缺点
内部招募	·内部提升给员工创造了晋升的机会,有利于提高员工的士气、工作动机和降低流动率 ·内部候选人对组织的目标更有认同感,并且不容易辞职 ·对内部候选人的认识比较全面,判断比较准确 ·内部人员了解本组织的情况、组织的程序、政策以及客户,已经与同事建立起相互关系,能很快适应岗位 ·招募和选拔的成本较外部招募成本低,也会减少录用后的培训	·内部招募的最大弊端在于近亲繁殖。过多的内部招募可能会使组织变得封闭,还可能会鼓励员工安于现状 ·内部招募会导致"政治性行为",形成内部争夺,造成冲突和人际关系紧张 ·落选的员工可能会士气下降、工作绩效下滑,尤其是在他们觉得自己与入选的候选人同样好甚至更合格的时候更可能如此
外部招募	·可供选择的候选人多 ·外部招募能为组织输送"新鲜血液",扩大其现有员工知识构成的知识库,引入新的思想和观点,有利于组织变革	·外部招募成本高并且费时间 ·从外部雇用的员工通常需要比较长的时间才能适应新组织的文化和环境,完成组织的社会化过程 ·会影响申请同一职务的内部员工的士气 ·容易出现判断错误,选择的人不适合岗位要求

对企业来说,选择哪种招募来源取决于企业的战略和职位类别。一般而言,当企业较低级的职位出现空缺时,企业往往采取外部招募的方式填补空缺,而当中、高级职位出现空缺时,往往通过晋升的方法由企业内部的员工来补充,只有当内部没有合格的候选人,或者企业需要外部人员给组织带来新的理念和创新时,企业才通过外部招募的方式来填补空缺。

(三)制定招募战略和招募计划

当企业确定了从外部招募人员后,企业就要制定招募战略和招募计划,以保证招募的成功。制定招募战略和招募计划时,企业要分析劳动力市场的状况,知道什么时间在什么地点有企业所要招聘的人才，影响求职者接受一项工作的因素是什么（表4－2介绍了影响求职者是否接受一项工作的因素），以及运用什么策略和方法才能招募到这些人才。

表4－2　影响求职者接受一项工作的因素

1. 替代性的工作机会
机会数量
机会的吸引力
2. 公司的吸引力
薪金
津贴
提升的机会
地理位置的称心程度
作为良好工作场所的组织声誉
3. 工作的吸引力
工作性质
工作日程
同事的友好程度
监督的性质
4. 招聘活动
传达给候选人的信息
候选人被招聘的方式

资料引自劳伦斯·S. 克雷曼：《人力资源管理：获取竞争优势的工具》，机械工业出版社1999年版，第100页。

（四）确定招募的范围和规模

确定招募的范围和规模是指企业在多大的地域范围内招聘，准备通过招募活动吸引多少候选人。招聘范围的大小要根据招聘职位的性质、类型以及劳动力市场状况来确定。招聘规模的确定，或者说确定候选人的数量（也称作招聘蓄水池）往往根据招聘岗位的性质及以往成功的招聘经验来确定。对于重要岗位，候选人的数量应该多些，而非重要岗位，候选人的数量相对少些。候选人的规模太大会增加招聘成本和招聘周期，因此，企业要科学地确定候选人数目，而不是越多越好。

企业可以采用招募产出金字塔（Recruiting Yield Pyramid）来确定候选人的数量，即为了雇用到一定数量的新员工，必须在一开始的时候知道要吸引来多少求职者。企业要有丰富的招聘经验，知道投递简历与能够收到面试通知书者之间的比例、收到面试通知与实际能够来公司参加面试者之间的比例、参加面试与能够取得录用通知书者之间的比例、拿到录用通知书与实际报到的人之间的比例等，才能使用该种方法。

(五)确定招募的时间

确定招募的时间有两方面的含义,一是指某些人才的供给是有一定时间规律的,如果错过了某一时间,就可能招聘不到合适的人员,例如,每年的10月至第二年的2月、3月是高校毕业生集中找工作的时间,如果错过这一时间,企业可选择的余地就比较小。二是指从招聘活动开始到招聘到合适的人员需要一定的周期。为了保证在需要的时候能及时得到适合的员工,企业必须确定在什么时候开展招聘活动。以往招聘活动的时间表可以帮助组织确定何时开展招聘活动,企业可以根据以往的经验以及每个招聘环节所需的时间来确定何时开始招聘,在确定招聘时间时,应考虑的因素除了招聘岗位的类型、性质外,还应考虑劳动力市场的因素、供给与需求情况等。

(六)确定招募的方法

在招募来源确定之后,要根据目标来源选择招募方法或招募渠道。内部招募的方法有工作公告法、档案法和主管人员推荐法;如果从外部招聘,可选择的方法有广告法、招聘会、校园招聘、互联网、职业介绍机构等。

(七)确定招募者

招聘者在招聘过程中扮演着重要的角色。招聘者的行为经常被视为企业"人格"的延伸,招聘者的言谈举止不但对求职者有重要的影响,也会影响企业的形象和声誉。企业应重视招聘人员的选择,并对招聘人员进行培训。招聘人员的组成应搭配合理,除了负责组织招聘的人力资源管理部门的人员外,还应包括用人部门的经理或拟招职位的同事。

四、内部招募

对绝大多数企业来说,当出现职位空缺时,如果企业内部有合适的人选,首先应满足内部员工的需要,从内部选择人员来填补空缺。一些调查指出,在美国,90%以上的管理职位都是由企业内部提拔起来的人担任。[①] 从内部招聘员工主要有以下方法。

(一)工作公告法

工作公告法(Job Posting),也称工作张榜,是内部招聘最常用的方法,特别是对非管理层更是这样。工作公告法是将职位空缺的信息向员工通报,吸引相关人员来申请这些空缺职位。工作公告中的信息主要包括:空缺职位的名称、工作

① 加里·德斯勒:《人力资源管理》,中国人民大学出版社1999年版,第120页。

内容、资格要求、工作时间以及薪资等(如表4-3所示)。传统的方式是将空缺信息张榜公布,并使企业所有员工都能看到,现在一些企业开始采取在企业内部电子信息网上公布信息的方式。

表4-3 工作公告

工作公告 编号________

公告日期:________

结束日期:________

在________部门中有一全日制职位________可供申请。此职位对/不对外部候选人开放

薪资水平:最低________ 中间值________ 最高________

职责:(参见所附工作说明书)

所要求的技能和能力:(候选人必须具备此职位所要求的所有技能和能力,否则不予考虑)

1. 在现在/过去的职位上表现出良好的绩效,其中包括:

——有能力完整、准确地完成任务

——能够及时地完成工作并坚持到底

——有同其他人合作共事的良好能力

——能进行有效的沟通

——可靠、良好的出勤率

——较强的组织能力

——解决问题的态度与方法

——积极的工作态度:热心、自信、开放、乐于助人和献身精神

2. 可优先考虑的技术和能力:

(这些技术和能力使候选人更有竞争力)

员工申请程序如下:

1. 电话申请可打号码________,每天下午3:00之前,________除外

2. 确保在同一天将已经填好的内部工作申请表连同截至目前的简历一同寄至________

对于所有的申请人将首先根据上面的资格要求进行审查

甄选工作由________负责

机会对于每个人来说都是平等的

资料引自加里·德斯勒:《人力资源管理》,中国人民大学出版社1999年版,第121页。

工作公告法的优点有:①提高了公司最合格员工将被考虑从事该工作的可能性。②给员工一个对自己职业生涯开发更负责任的机会。许多员工试图提高他们的工作技能和绩效,因为他们认为这样的努力能带来更大的晋升机会。③能使员工离开一个“糟糕”的工作环境,同时,它促使现任主管能更有效地管理,以避免员工“跳槽”。

工作公告法的缺点在于:①用这种方法填补空缺要花费较长的时间,会使该职位可能在较长的时间内保持空缺。②某些雇员由于缺乏明确的方向而在工作

中跳来跳去。③那些申请被拒绝的员工可能会疏远组织。[1]

（二）档案法

目前，多数企业都建立了人力资源信息系统（没有人力资源信息系统的企业也有员工档案），该系统记录和储存了员工的各种信息，如教育背景、工作经历、工作技能、工作经验、特长和爱好等方面的信息。当工作出现空缺时，通过计算机很快就能搜寻到所需的员工。该方法的优点在于，可以在公司范围内选择候选人，并能很快找到。其缺点在于，在计算机数据库中存储的技能清单只限于客观或实际的信息，如教育程度、资格证书、所受过的训练课程等，缺少较为主观性质的信息，如人际技能、判断力等，这些信息对工作而言也是至关重要的。

（三）主管推荐

主管推荐是指由用人部门的主管从企业内部提名一人或多人作为候选人，这种方法比较受主管们的欢迎。主管一般了解潜在候选人的能力，同时还了解职位的要求，因此，这种方法有利于候选人的工作能力、潜力与招聘职位达到很好的匹配。但这种方法也有一定的缺陷，主管的推荐有时很主观，容易受偏见的影响，有时只是推荐身边的亲信，容易形成政治团体等。

五、外部招募

当企业内部人员难以满足需求时，企业就要从外部劳动力市场上招聘人员。在劳动力市场中，可供企业选择的劳动力资源非常丰富，并且不同劳动力市场中的人力资源具有不同的特点。外部招聘的主要来源有大中专院校、失业者、其他公司的人员、复员军人、退休人员和自由职业者等。企业必须根据自身所需要的人力资源特点选择招聘来源，并以此确定招聘策略和招聘方法。常用的招聘方法或渠道有：员工推荐与求职者自荐、公司网站招聘、广告招聘、社交招聘、职业介绍机构、猎头公司、校园招聘等。

（一）员工推荐

员工推荐就是鼓励员工向企业介绍和推荐候选人。美国许多公司都采用员工推荐的方法来填补职位空缺，并对那些为企业推荐最多候选人的员工给予奖励。员工推荐可以减少广告费和招募代理费，降低招募成本。美国的一项调查显示，有40%的企业曾经使用过某种类型的员工推荐制度，而且企业中有15%的员工都是通过已有员工直接介绍而被企业雇用的。[2] 我国一些企业也采用员

① 劳伦斯·S.克雷曼，《人力资源管理：获取竞争优势的工具》，机械工业出版社1999年版，第106～107页。

② 李飞、赵静编著：《继任计划——透视知名企业人才储备战略》，地震出版社2004年版，第161页。

工推荐方式招聘员工,例如,海底捞公司鼓励员工推荐新员工,海底捞公司的服务员大多是通过熟人介绍过来的,比如老乡、同学、亲戚或者家人等。

(二)求职者自荐

企业经常会收到一些对公司工作感兴趣的人主动提出的申请或简历,因此,“主动”招聘有时并不必要。求职者毛遂自荐式的招聘在薪酬政策、工作条件、雇员关系或参加社区活动方面享有良好声誉的公司里最盛行。这种招聘方式的优点在于,既有效,成本又低。另外,既然候选人已经花时间了解过公司,他们更容易受到高度激励。而这种招聘方式的缺点在于,求职者毛遂自荐的方法有一个时间问题,申请和简历可能要在文件中储存一段时间,到职位出现空缺时,许多求职者可能已经找到了其他工作。

(三)公司网站招聘

公司网站招募是企业将工作信息发布在自己公司网站上的一种招募方式。现在许多公司都有自己的网站,设有专门的招募网页,企业可以将招聘的职位、职责、任职要求、限定条件、招聘流程等发布在网站上。例如,中国大唐集团公司建立了专门的人才招聘网,集团公司的各分公司、子公司,直属企业以及各基层企业的公开招聘信息,基本都在公司招聘网站上进行发布。公司网招聘的主要优点是企业不需要支付费用,只产生网站维护费用;发布的招聘信息全面,并且更新信息快;能够吸引目标对象。公司网站招聘主要适用于大中型企业、事业单位或者知名企业,而不适用于不知名的公司。因为,对没有知名度的企业,其招聘网页可能没有人或只有很少的人浏览,很难完成招聘任务。公司建立了招聘网站后,要不断维护网站,及时更新数据库。此外,公司收到应聘者的信息后,要及时回应求职者,否则求职者会转向其他企业。

(四)广告招募

广告招募是企业常用的一种招募方法,实际上,几乎所有的公司都使用过这种招募方法。广告招募是在媒体上刊登招募广告进行招募的活动,它可以在相对短的时间内将招募信息传达给大量的求职者及相关的人员。可供选择的媒体有电视、广播、报纸、杂志、互联网等。在适当的媒体上登载广告主要依赖于招募的地理区域,如果在当地招募求职者,可以在地方报纸、电视或广播上刊登或播出广告。为了扩大招募的地域,广告也可以登载在全国性的报纸、杂志或因特网上。在各种广告招募中,网络招募已成为许多公司最主要的招聘形式。

网络招募,也称在线招募(On - line Recruiting)或者电子招募(E - Recruiting),是指通过互联网进行招募的活动。与广播电视以及报纸、杂志等传统媒体招募方式相比,网络招募具有许多优点,如信息传播的范围广、速度快、成本低,不受时间、地域的限制等。网络招募已成为一种重要的招募方式,越来越多的公司倾向于采用网上招募。《财富》500 强公司中,网上招募的比例 1998 年为 17%,1999 年为 45%,2001 年达到 88%。Cisco 公司 66% 的人员是通过网络雇用的,81% 的简历是通过网络收到的。我国许多企业事业单位都有自己的网站,招聘信息的发布、简历的接受等都是通过互联网完成的。据中商情报网报道,2011 年,我国重点行业使用网络招聘的企业比例总体到达 44%,其中,信息传输、计算机服务和软件业比例为 70.9%,电子电工制造业为 50.8%,即使是比例最低的住宿和餐饮业,网络招聘的比例也达到 34.0%。①

我国网络招聘服务行业发展迅速,知名的企业有智联招聘、前程无忧、赶集网等,这些公司不但提供网络招聘服务,还提供校园招聘、猎头服务、招聘外包等服务。例如,"前程无忧"成立于 1999 年,是一家集多种媒体资源优势的大型专业人力资源服务机构,它集合了传统媒体、网络媒体以及先进的信息技术,提供包括报纸招聘、网络招聘、招聘猎头、培训测评和人事外包在内的人力资源服务。智联招聘也是一家提供一站式专业人力资源服务的大型网络招聘服务公司,包括网络招聘、报纸招聘、校园招聘、猎头服务、招聘外包、企业培训以及人才测评等。截至 2011 年 1 月,智联招聘网平均日浏览量 6 800 万,日均在线职位数 255 万以上,简历库拥有近 3 800 余万份简历,每日增长超过 30 000份新简历。

(五)社交招募

社交招募,也称社交网络招聘,是指在社交网络中进行的招聘活动,这是一种新兴的招募方式。社交网络一般可分为两类:职业类社交网络和娱乐类社交网络。美国社交网络招聘发展比较迅速,Jobvite 公司发起的第三次年度社交网络调查报告显示:在 600 名接受调查的 HR 中,有 70% 已经开始利用社交网络进行招聘活动,另外还有 9% 准备马上开始进行。近 60% 的受调查者表示,他们已经有了通过社交网络的成功招聘经验,成功率较高的受欢迎的社区有 LinkedIn(基于工作关系形成的社交网站)(89%)、Facebook(近 28%)、Twitter(美国著名的微博网站)(14%)。企业都在积极地寻找职位候选人,这一调查数值高达 92%。几乎所有接受调查的人都把 LinkdIn 列为受欢迎的社交网站(78%),其次是 Facebook(55%)。社交网络吸引人之处是,候选人质量有保证,而且还节省招聘成本:Facebook、Twitter、LinkedIn 都是免费的。②

我国社交网络招聘发展较晚,比较知名的职业社交网络是优士网,它是专门面向中国优秀职业人士、创业者和企业家而建立的商务社交网络。优士网自 2010 年

① 中商情报网,http://www.askci.com, 2012-9-4。

② 莫拉切·卡莱丽,张蓓蓓译:"在线社交网络 HR 的招聘新渠道",《中外管理》,2010 年第 11 期:60~62。

2月测试版上线时的100位创始会员，到2011年6月的30万会员，因为一直采用邀请制，每天以数以千计的人数稳定增长。据统计，2013年，中国84%的风险基金（VC）和私募基金（PE）人士都集中在优士网，另有15 000名CEO和7 000名CTO。Alexa数据显示，优士网已经是中国排名第一的商务社交平台。优士网的使命是协助“优士”们联络朋友、拓展人脉、交流沟通、发现商机，在职业上取得更大的成功。优士网为职业人士度身打造的各种应用能让他们方便地在优士网找工作，找员工，找客户，找供应商，找合作伙伴和专家。[①]

不同媒体有不同的特点，在选择媒体时既要考虑媒体的特点，也要考虑媒体与应聘者的关联度以及招聘岗位的类型等。各种广告媒体特点的比较如表4－4所示。

表4－4 各种广告媒体特点的比较

媒体类型	优　点	缺　点	适用范围
报纸	费用低；广告大小可灵活选择；发行广泛；分类广告，便于查找	对象没有针对性；容易出现招聘竞争；容易被忽视	将招募对象限制在某一地区，应聘者通常通过阅读报纸找工作
专业杂志	可到达特定职业群体手中；保存时间长；广告大小可以灵活选择	出版和发行时间较长；发行地域太广，见效期较长	招聘的职位比较专业；没有地域和时间限制
广播电视	容易引起注意；灵活性强；传递信息更直接	费用高；传递的信息简单；持续时间短；不能选择特定的应聘者	需要迅速引起人们的注意；无法使用印刷广告；某一地区有多种类型的潜在应聘者；需要扩大影响
互联网	费用低；速度快；传播范围广；信息容量大	求职者的数量过多；容易忽略不具备上网条件的应聘者	没有地域限制

有效的招募广告必须能引起合格求职者的注意并吸引他们来应聘，同时还要明确说明工作要求和所需要的资格条件，如教育、工作经验和个人特点等，以便劝阻不合格的申请者，对太多的人进行筛选会增加成本，甚至有人说，对大量求职者进行筛选的过程会成为管理者的噩梦。

一般来说，广告设计要遵循AIDA原则，即注意（Attention）、兴趣（Interesting）、欲望（Desire）和行动（Action）。成功的广告设计要能够引起人们的注意并产生兴趣，因而产生应聘的欲望，并采取应征行动。招聘广告的内容应包括企业的信息、

① http://baike.so.com/doc/6125994－6339153.html.

工作的性质、工作要求和责任、任职资格条件以及有关招聘的数量、联系方式等。表4－5给出了关于撰写有效招聘广告的几点建议。

表4－5　关于撰写有效的招募广告的几点建议

1．设计广告使其能抓住读者的注意力，促使他们深入阅读。使用大字标题有助于增加对候选人的冲击力，不能仅列出工作名称。但广告不应自作聪明或太有创意。
2．不能做你无法遵守的承诺来误导求职者，对晋升机会、挑战、责任等要诚实列出。
3．对工作要求和所需资格要详细陈述（即教育、经验和个人特点等）。
4．描述为该公司工作的好处。
5．经济地使用广告空间，广告的规模应与职位的重要性及所寻求的候选人的数量相匹配。
6．确保广告易于阅读且语法正确。印刷字体应清晰明了并有吸引力。
7．为读者提供获取更多信息的来源（地址或电话号码）。

资料来源：劳伦斯·S. 克雷曼：《人力资源管理：获取竞争优势的工具》，机械工业出版社1999年版。

（六）职业中介或就业代理机构

目前，我国有许多类型的职业中介机构，如人才交流中心、劳动就业服务中心、职业介绍所等，这些中介机构分别由政府人事行政部门、劳动行政管理部门和私人公司举办。我国职业中介机构发展很快，截至2000年年底，全国共有各类职业介绍中介机构30 000所。企业可以根据空缺职位的类型及所要招聘的员工类型来选择不同性质的中介机构，由中介机构承担招募和初步筛选求职者的任务，并向企业推荐优秀求职者以备进一步筛选。

（七）猎头公司

猎头公司是一种专门为企业搜寻高级管理人员和高级专业技术人员的机构。猎头公司猎取的对象主要定位于成功经理或技术人员，这些人并没有对现企业或现职位不满而主动寻找工作。一旦客户有需求，猎头公司就要想方设法诱使这些人离开其服务的企业。猎头公司有它自己的人才数据库，存有大量各类人才的信息，可以很好地帮助其服务的企业招聘到合适的高级管理或技术人才。猎头公司收取的费用很高，有时即使举荐的候选人未被雇用也需要付费。猎头公司收取的费用一般为所推荐人选年薪的30%左右，甚至更高。企业在借助猎头公司招募人才时，应注意：①正确选择猎头公司，看其资质和以前的业绩；②要与猎头公司积极地沟通，明确企业的要求，如拟招聘人员的条件、招聘的时间要求等；③要与猎头公司签订保密协议；④事先确定服务费用等。

（八）校园招聘

校园招聘是指企业招聘人员到大学校园进行的招募活动。大专院校是高素质人才集中的地方，也是企业重要的后备人才库，采用校园招聘还能够提高企业在高校的知名度。许多大企业都将招聘目光投向大学校园,并采取各种策略吸引大学毕业生的注意。联合利华采取先发制人的招聘策略,每年都到北京大学、清华大学、复旦大学、中国人民大学、南京大学等一流高校举办校园说明会,进行校园宣传,其宣传对象主要是大学毕业生(包括本科生和研究生),并举办暑期夏令营,为第二年的正式招聘做准备,其目的就是要在最好的学校里面挑选最好的学生。① 宇通汽车公司为了让尽可能多的同学了解宇通,在一些重点招聘院校选择1~2名同学当“校园大使”,让他们向同学介绍宇通的情况,张贴宇通的招聘信息等。在举办专场招聘会时,宇通还会有高层管理者现场做演讲,与学生互动沟通。②

企业在进行校园招聘时应注意以下几点:①选择招聘学校。每个学校都有各自的特点,企业在选择学校时要考虑学校的特色和自己企业文化是否匹配等。②制定招聘日程表。每年高校毕业生主要集中在10~12月份和第二年的2~3月份找工作,10~12月份是毕业生找工作的高峰期。如果企业错过最佳时期,就难以招聘到合适的人选。③要选派能力较强的人员参加校园招聘活动。招聘人员代表企业的形象,如果招聘人员的举止行为不当,不但会影响企业的形象,还会削弱企业对人才的吸引力,丧失合适的人选。

(九)人才招聘会

目前,我国有许多机构特别是各地方的人才市场③都举办各类人才招聘会,有的地方每周都举办招聘会,为企业提供招聘服务。例如,上海市人才中介行业协会统计,2004年2~6月,上海市共举办固定市场人才招聘会325场,摊位数2.9万个,进场人数191万人次,提供岗位近25万个,其中三分之一达成聘用意向。④ 招聘会的主要特点是,招聘者与求职者面对面的接触,求职者集中,企业选择余地大,能在短期内招聘到合适的人员,且费用较低。招聘会主要适合招聘中初级岗位的人员,而不适合招聘高级人才和紧缺人才。

以上招聘方法各有利弊,企业在选择招聘方法时,一般要根据招聘岗位的类型和性质、岗位接替要求的时间、招聘的地理区域和招聘方法的成本等来选择某一招聘方法或同时使用多种招聘方法。例如,爱立信中国公司采取网上招聘、报纸广告、员工推荐和猎头公司等方式来招聘员工,但以网上招聘为主,来自猎头公司推

---

① 李飞、赵静编著:《继任计划——透视知名企业人才储备战略》,地震出版社2004年版,第3~5页。

② 耿慧丽:“校园招聘手段花样多”,《中国汽车报》,2005年5月23日,C07版。

③ 我国各省市及地方政府基本都建有半官方性质的人才市场。例如,天津市北方人才市场是由国家人事部和天津市政府共同组建的国家级区域性人才市场,与天津市人才服务中心实行一套机构、两块牌子。人才市场一般为求职者提供综合服务,如国内外人才交流、人才求聘、人事代理、人才培训、毕业生就业指导、猎头服务、人才派遣、人才测评等功能

④ 参见《科技信息》,2004年第10期,第40页。

荐的较少。[1] 中银香港(控股)有限公司为其主要附属机构中国银行(香港)有限公司招募副总裁、风险总监和信息总监时,则采取通过猎头公司向全球公开招募的方式进行。[2]

第二节 人员甄选

一、人员甄选的含义

招募活动是为企业创建可用的人才库的过程,而人员甄选则是从所创建的人才库中挑选适合空缺职位的最佳人选。人员甄选(Selection)是指企业根据一定的标准,运用一定的方法和技术对已经招聘或招募到的求职者进行审查和辨别,从中挑选出企业所需员工的过程。人员甄选也称人员选择、人员筛选。

挑选员工历来都是企业的一项重要决策,也是一项非常困难的工作。企业要从众多的求职者中挑选出适合空缺岗位的人员不是一件容易的事,这涉及如何确定选人标准以及如何确定科学的选人方法。如果选人标准制定得不科学,录用的员工很可能难以胜任工作,或者说,即使标准制定得科学准确,如果没有有效的选择方法,也很难辨别出人员的差别。因此,人员甄选重点是要做好两方面的工作,一是制定科学的选人标准,二是选择有效的选人方法和技术。

人员甄选对企业而言是非常重要的,人员甄选直接影响着企业的人员素质及企业的生存和发展。如果雇用到的员工与岗位要求不相符,就会影响岗位工作的完成,尤其是对某些重要岗位而言,如果雇用的人员不合格,可能会给企业带来致命打击。

人员甄选还影响着其他人力资源管理活动。例如,选择的员工缺乏工作所需要的某些知识或技能,企业就必须对其进行培训,若将其解雇,还会产生解雇费用,并且还要重新进行招聘选择等。当然,也不是说挑选到的员工条件越高就越好,如果雇用到的员工能力、技能等高于岗位要求,员工也不会安心工作,这就需要企业为其重新调整岗位,否则他们很可能会离开企业。

二、人员甄选的过程

人员甄选一般要经过审查申请书和个人简历、初步面试、选拔测试、雇用面试、

---

① 李飞、赵静编著:《继任计划——透视知名企业人才储备战略》,地震出版社 2004 年版,第 31 页。

② 王智:“中银香港完成高管招聘”,《经济日报》,2005 年 1 月 11 日,第 5 版。何华峰:“中银香港完成全球招聘”,《21 世纪经济报道》,2005 年 1 月 6 日,第 18 版。

审核背景材料、体检和录用决策等几个阶段(如图4－1所示)。在人员甄选过程中,由于录用的岗位性质、重要程度不同,某些阶段可能省略或有一定的顺序调整。一般来说,企业在挑选重要岗位的人员时(如高级管理人员等),往往要经过多次选拔测试和面试,花费数月的时间。而在雇用一些较低岗位的人员时,可能只需要审查申请表、简历以及初步的面试,在很短的时间内就能完成录用工作。

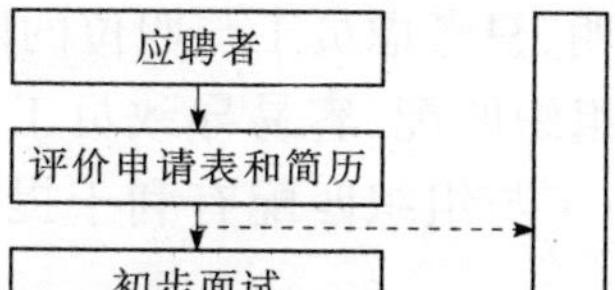

图4－1　人员甄选过程

三、确定人员甄选和录用的标准

(一)确定人员甄选和录用标准的依据

确定人员甄选和录用的标准是企业成功挑选合适人员的前提。企业在确定选人标准时,不能仅考虑岗位或职位对任职资格的要求,还要考虑企业文化、价值观等的要求。

1. 与职位的匹配

在企业中,不同的职位对人员的要求是不同的,企业选择录用的人员时必须与职位的要求保持一致,即达到人员与职位的匹配。因此,企业的职务规范(工作规范)是企业制定人员录用标准的重要依据。根据职务说明书可以确定招聘岗位所需员工的知识、技能、能力和态度等,并以此来确定人员选择的标准。

2. 与组织的匹配

传统的人力资源管理在确定招聘人员的标准时,强调的是员工能力与工作岗位的匹配,职务说明书以及据此建立的员工素质模型是确定人员选择的标准。新的人力资源管理理念在确定人员选择标准时则强调人员与组织的匹配。这就要求在人员选拔录用过程中达到两种匹配:一是个人的知识、技能和能力与工作任务要求或职位要求的匹配;二是个人的整体个性(如需求、兴趣和价值观)与组织的气氛或文化的匹配。

传统的选拔模式几乎都专注于第一种类型的匹配(即知识、技能和能力与工作的匹配),而忽视或非常粗略地评价第二种类型的匹配(即员工个性与组织气氛或文化的匹配)。研究表明,只考虑员工与职位的匹配,而不考虑员工的个性、兴趣、态度和价值观是否与组织匹配,容易导致员工的组织承诺较低,也难以建立员工对组织的忠诚度。员工与组织匹配有利于提高员工的组织承诺,降低员工的离职率。

(二)确定人员甄选和录用的标准

由于企业招聘的岗位不同以及企业的性质、文化等的不同,不同企业的人员甄选和录用的标准也有很大差异。许多企业在确定用人标准时,把企业的文化和价值观作为筛选应聘者的重要标准。例如,微软公司在选人的标准是应聘者要有扎实的技术基础,还要有良好的工作态度以及团队合作精神。

企业在确定人员甄选和录用的标准时,要从工作分析和组织分析开始,确定要达到人与职位匹配以及人与组织匹配需要什么样的人,即根据空缺职位对应聘者的身体素质、知识、技能、经验、能力和潜能等的要求以及组织文化对应聘者的个性、价值观等的要求来确定选人标准。

具体而言,人员甄选标准包括:①身体素质,包括年龄、性别、身体的力量、耐力、灵活性、躯体的协调性、平衡性等;②知识、技能和能力,包括学历、专业、工作经历、经验、培训数量、资格证书、社会交际能力、沟通协调能力、各种心理能力(如言语理解力、推理能力、认知能力、观察力、记忆力、空间知觉能力等)以及发展潜力等;③人格特征,包括性格、情绪、责任心、进取心、自信心、合作性等;④态度和价值观特征,包括职业兴趣、职业动机、工作态度、价值取向等。

四、人员甄选的方法

确定了挑选人员的标准之后,最重要的就是确定人员甄选的方法,以使企业能够快速、准确和经济地挑选出最佳候选人。人员甄选的方法、工具或技术大致有:评价申请表和简历、人员测试、评价中心、面试等。

(一)评价申请表和简历

在招聘过程中,企业都会设计工作申请表格,要求外部应聘者填写。评价申请表是人员挑选过程的第一步,是将应聘者填好的申请表中的信息与职位要求进行比较,以确定应聘者的条件与企业的要求是否相符,这是对应聘人员进行的初步筛选。这一步做得好,就可以将不合格者剔除掉,减轻后续工作,为选择过程节省时间,因此,企业应该重视申请表的设计。

工作申请表中设计的项目因企业和招聘职位的不同而不同,但一般都应包括求职者的姓名、地址、联系方式、受教育程度、培训背景、工作经历、离开前任工作的原因、证明人的名字等,有时还可能包括年龄、性别、婚姻状况等方面的信息(如表4-6所示)。在设计申请表时,一定要使申请表中每一项都能反映应聘者的某些信息。总的来说,一份好的申请表应该能够反映企业所需要的信息,根据这些信息判断应聘者是否具备工作所需的最低资格要求,判断应聘者是否具有与工作有关的知识、技能等,或者发现有关应聘者的一些潜在问题。例如,应聘者对某问题不回答或回答含混可能预示着应聘者隐瞒了某些重要信息。

表4-6 工作申请表

<table>
<tr><td colspan="6">工作申请表</td></tr>
<tr><td colspan="3">应聘部门:________</td><td colspan="3">应聘职位:________</td></tr>
<tr><td colspan="6">个人情况</td></tr>
<tr><td>姓名</td><td></td><td>性别</td><td></td><td>出生年月</td><td></td></tr>
<tr><td>学历</td><td></td><td>学位</td><td></td><td>身份证号码</td><td></td></tr>
<tr><td colspan="2">家庭住址及邮政编码</td><td colspan="4"></td></tr>
<tr><td>联系电话</td><td colspan="2"></td><td>E-mail</td><td colspan="2"></td></tr>
<tr><td colspan="6">主要学习经历(从高中起)</td></tr>
<tr><td rowspan="2">在学时间</td><td rowspan="2">学校及专业</td><td>教育类别</td><td colspan="2">学习形式</td><td rowspan="2">是否毕业</td></tr>
<tr><td>高中/大专/本科等</td><td colspan="2">全日制/在职/课程班等</td></tr>
<tr><td></td><td></td><td></td><td colspan="2"></td><td></td></tr>
<tr><td></td><td></td><td></td><td colspan="2"></td><td></td></tr>
<tr><td></td><td></td><td></td><td colspan="2"></td><td></td></tr>
<tr><td></td><td></td><td></td><td colspan="2"></td><td></td></tr>
<tr><td></td><td></td><td></td><td colspan="2"></td><td></td></tr>
<tr><td colspan="6">主要工作经历</td></tr>
<tr><td>起止日期</td><td>工作单位及地址</td><td>职位</td><td>工作职责</td><td>职务</td><td>离职原因</td></tr>
<tr><td></td><td></td><td></td><td></td><td></td><td></td></tr>
<tr><td></td><td></td><td></td><td></td><td></td><td></td></tr>
<tr><td></td><td></td><td></td><td></td><td></td><td></td></tr>
<tr><td></td><td></td><td></td><td></td><td></td><td></td></tr>
</table>

续表

<table>
<tr><td colspan="4">技能</td></tr>
<tr><td>技能的类型</td><td>证书</td><td>技能的类型</td><td>证书</td></tr>
<tr><td></td><td></td><td></td><td></td></tr>
<tr><td></td><td></td><td></td><td></td></tr>
<tr><td colspan="4">主要业绩</td></tr>
<tr><td colspan="4">(以纲要的形式列出,不超过500字)</td></tr>
<tr><td colspan="4">受奖励情况</td></tr>
<tr><td colspan="4"></td></tr>
<tr><td colspan="4">补充事项</td></tr>
<tr><td colspan="2">是否有亲属在本企业工作?如有,请在写明其姓名、具体亲属关系、工作部门、工作岗位及职务。如没有,请写“否”。</td><td colspan="2"></td></tr>
<tr><td colspan="2">是否曾有过不良行为记录?如有,请详细说明。如没有,请写“否”。</td><td colspan="2"></td></tr>
<tr><td colspan="4">签名:________　　日期;________</td></tr>
</table>

相对于评价工作申请表而言,根据求职者的简历进行评价和筛选要有一定难度。求职者投递的简历往往是信息不完整的,求职者对信息进行了过滤,强调了某些信息,而有些对企业来说非常重要的信息可能被漏掉。企业在招聘时,最好事先设计好申请表,由求职者填写。

(二)人员测试

人员测试就是运用科学、客观、标准的测量手段对人的特定素质(主要指与完成特定工作所需或与之相关的感知、技能、能力、个性、兴趣、动机等)进行测量、分析和评价。我们在这里主要讨论智力测验、能力倾向测验、成就测验、人格测验、职业倾向性测验、身体能力测验以及工作样本测验,其中,智力测验、能力倾向测验、成就测验和人格测验都属于心理测验。

1. 智力测验

智力测验(Intelligence Tests)的目的在于测量受测者智力的高低。对于什么是智力,心理学家并没有一致的看法。美国心理学家韦克斯勒认为,智力是一个假设的结构,它是一个人有目的地行动、合理地思维,并有效地处理周围事物的整体能力。智力测验是测量人的整体能力,智力测验的结果用智商(智力商数)来表示,一个人的智商越高,则表明他的智力越高。

在人员选拔中,常用的智力测验有奥蒂斯独立管理心理测验、旺德利克人员测验、韦斯曼人员分类测验、韦克斯勒成人智力测验等。其中最常用的有奥蒂斯独立管理心理测验和韦克斯勒成人智力测验。

奥蒂斯独立管理心理测验是挑选雇员时最常用的一种测验,适用于筛选不需要很高智力、级别较低的工作的求职者,如职员、流水线操作工、计算机制表操作员、低级工头和监工等。对筛选级别较高的工作的求职者则不太适用。

韦克斯勒成人智力测验主要用于高级人员的挑选工作,它由语言量表和操作量表构成,前者包括常识、理解、算术、类似、记忆广度、词汇解释6个分测验,后者包括符号替代、图形补充、图形设计、图片排列、物形配置5个分测验。

在美国,智力测验是企业在挑选人员时经常使用的工具。研究证明,智力测验与绩效有很高的相关性。美国心理学家亨特认为,良好绩效最有效的预测源就是一般智力;除了非常简单的工作外,一般智力对大部分工作都是良好的预测。

2. 能力倾向测验

能力倾向测验(Aptitude Tests)的目的在于,发现被测试者的潜在才能,了解其长处和发展方向。能力,即个体的、与完成各种任务有关的、较一般的能力,是顺利完成某种活动必备的心理特征。能力分为一般能力和特殊能力,一般能力是指在不同类型的活动中表现出来的共同能力,包括观察力、想象力、思维力、言语能力、记忆力和操作能力。特殊能力是指从事某种专业活动所必需的能力,如数学能力、音乐能力、飞行能力等。而能力倾向则是指一个人从事某种职业或活动的潜在能力。能力倾向测验分为一般能力倾向测验、特殊能力倾向测验和多因素能力倾向测验。

第一,一般能力倾向测验。一般能力倾向测验是指智力测验,前面已经介绍过。

第二,特殊能力倾向测验。特殊能力倾向测验,也称特殊职业的能力测试,是根据选择职业和工作的需要,测量一个人的某种或某几种能力,它包括4大类测验:①机械倾向性测验,即测量人们对机械原理的理解和判断空间形象的速度、准确性以及手眼协调的运动能力;②文书能力测验,即专门测量个人打字、速记、处理文书和联系工作的能力;③心理运动测验,主要测验工业中许多工作所需的肌肉协调、手指灵巧或眼与手的协调技能;④视觉测验,即对视力的多种特征进行测验,以评价其是否适合一定的工作要求。

第三,多因素能力倾向测验。多因素能力倾向测验主要测量与某些活动有关的一系列心理潜能或多种能力倾向。比较常用的多因素能力倾向测验是普通能力倾向成套测验(GATB),其主要测验9种能力:智能,一般的学习能力;言语能力;数理能力；书写知觉；空间判断能力；形状知觉；运动协调；手指灵活；手腕灵活。

目前，国内许多企业都运用各种能力测验来进行人员挑选，企业要对能力测验有正确的认识。能力是个复合体，它是由许多具体能力构成的，如言语表达能力、演绎推理能力、空间视觉能力、解决机械问题的能力，等等。我们不能笼统地说某人能力高或低，而应具体说明某人在某方面能力高或低，一个人很难在所有的能力维度上都较高，例如，某人具有较强的言语能力，但很可能他的机械能力比较弱。企业应根据工作需要确定测量的能力维度，然后选择能准确测量这些能力的测量工具。

3. 成就测验

成就测验（Achievement Tests）主要是测量一个人对现有知识和技能的掌握程度，衡量应聘者是否具备职位所要求的知识，也称作知识测验（Knowledge Tests）。多数企业对招聘专业类人员都要进行知识测验。

4. 人格测验

人格（或个性）是指影响个体行为的、相对稳定的一系列个人特征，如性格、情绪、需要、动机、兴趣、态度、气质等方面的个性心理特征。人格测验（Personality Tests）就是对这些个性心理特征的测量，它是一种非能力测验。由于人格是在遗传和环境（家庭影响、教育影响、文化影响等）的作用下形成的，不同人的人格特征是不同的，并且对人的行为有重要影响。人格测验的工具有很多，比较有影响的是卡特尔16种人格测验（16PF）、艾森克人格问卷（EPQ）、明尼苏达多项人格问卷（MMPI）、加州心理调查表（CPI）、迈尔斯—布瑞格斯类型指标测验（MBTI）和“大五”人格等。下面我们简单介绍几种在人员选拔中广泛使用的测验。

卡特尔16种人格因素测验。16PF测验（Catell 16 Personality Factor Test，16PF）是美国心理学家卡特尔教授编制的一种测验量表。卡特尔教授经过20多年的研究，确定了16种人格特质（表4－7所示），并以此编制了测验量表。这16种人格因素是相对独立的，每一因素与其他因素的相关性极小。测验有16个分量表，共有187道题，每一题有3个备选答案。16PF能够预测应聘者的工作稳定性、工作效率和压力承受能力等。

表4－7　卡特尔编制的16种人格特质表

（A）乐群性：孤独—外向	（L）怀疑性：信赖—怀疑
（B）敏锐性：迟钝—聪慧	（M）幻想性：现实—幻想
（C）稳定性：情绪激动—情绪稳定	（N）隐秘性：直率—世故
（D）恃强性：顺从—支配	（O）忧虑性：自信—忧虑
（F）活泼性：严肃—乐天	（Q1）变革性：保守—激进
（G）规范性：敷衍了事—谨慎负责	（Q2）独立性：随群—自立
（H）敢为性：胆怯—冒险	（Q3）自律性：不拘小节—自律严谨
（I）情感性：理智—敏感	（Q4）紧张性：心平气和—紧张困扰

迈尔斯—布瑞格斯类型指标测验。迈尔斯—布里格斯类型指标（Myers - Briggs Type Indicator，MBTI）测验包括100道题，根据个体的回答，可以区分为外向的（Extroverted）或内向的（Introverted）（E或I）、领悟的（Sensing）或直觉的（Intuitive）（S或N）、思维的（Thinking）或情感的（Feeling）（T或F）、感知的（Perceiving）或判断的（Judging）（P或J），在此基础上组合成16种人格类型。例如，INTJ型的人是幻想者，他们有创造性思想，并有强大的内在推动力实现自己的想法和目标，他们的特点是怀疑、批判、独立、决断，甚至常常有些顽固。ESTJ型的人是组织者，他们现实、理性、果断、实事求是，具有从事商业和机械工作的天生头脑，擅长组织和操纵活动。

在美国，每年约有200万人接受MBTI测验。虽然使用MBTI的组织包括苹果电脑、美国电报电话公司（AT&T）、花旗集团（Citicorp）、通用电气、美国明尼苏达矿业制造公司（3M公司）等，另外，还有一些医院和教育机构，甚至美国海陆空三军也使用这种测验，但目前尚缺乏有力证据证明MBTI是一项有效的人格测量工具。尽管如此，似乎并未妨碍MBTI在组织中的广泛运用。①

艾森克人格问卷。艾森克人格问卷（Eysenck Personality Questionnaire，EPQ）有4个分量表，即E量表（内外向）、N量表（情绪稳定性）、P量表（神经质）和L量表（效度）。如N量表又包含7个分量表，从自卑感、抑郁性、强迫性、依赖性、疑心观念、负罪感7个方面测量一个人的心理健康状态。

作为测量工具，人格测验对挑选员工是否有效一直存在争议。研究表明，能力测验能更好地预测任务绩效，而人格测验则能更好地预测周边绩效。② 也有研究发现，责任心和情绪的稳定与工作绩效存在密切的关系。③ 人格测验对选拔某类人员很重要，例如，销售人员需要果断、外向及有较强的沟通能力和社会交往能力，通过人格测验可以对这些特征进行辨别，以挑选出具有这些特征的候选人。

5. 职业兴趣测验

人们对不同职业有不同的兴趣或偏好，如果某人从事了他不喜欢的职业，就有可能影响他的工作态度、对工作的投入以及工作绩效，甚至一有可能就会离职。职业兴趣测验就是测量应试者喜欢或者适合从事什么样的职业，以确定人与职业或职位之间的匹配。

职业兴趣测验的理论基础是美国心理学家霍兰德（John Holland）提出的人格——工作适应性理论（Personality - Job Fit Theory）。他指出，员工对工作的满意

---

① 斯蒂芬·F.罗宾斯：《组织行为学》，中国人民大学出版社2005年版，第107页。

② 任务绩效（Task Performance）是指完成工作任务的情况。周边绩效（Contextual Performance），也称关系绩效，是指人们相互帮助，并通过做分外的事情以及遵循组织的规则和程序而为公司做出的贡献。

③ J. F. Salgado：*The Five Factor Model of Personality and Job Performance*，Journal of Applied Psychology，1997，（82），pp. 30 ~ 43.

度和流动的倾向性取决于个体的人格特点与职业环境的匹配程度，当人格与职业匹配时，会产生最高的满意度和最低的流动率。霍兰德划分了6种基本的人格特征，并确定了每种人格类型适合的职业类型（见图4-2和表4-8）。

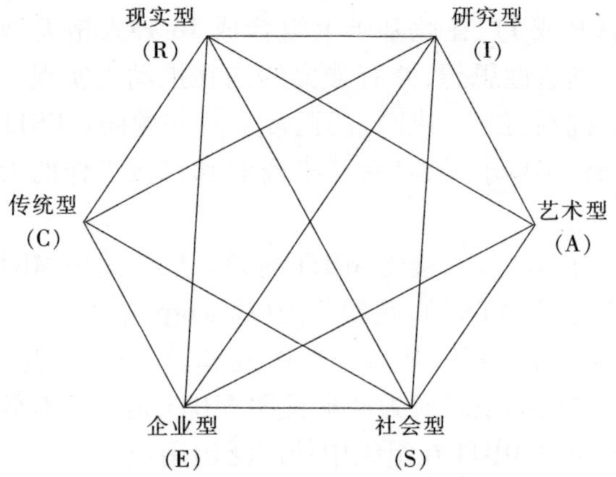

图4-2　职业与人格类型之间的关系

资料来源：斯蒂芬·F. 罗宾斯：《组织行为学》，中国人民大学出版社2005年版，第114页。

表4-8　霍兰德人格类型与职业类型

人格类型	人格特点	职业范例
现实型　偏好需要技能、力量、协调性的体力活动	害羞、真诚、持久、稳定、顺从、实际	机械师、钻井操作工、装配线工人、农场主
研究型　偏好需要思考、组织和理解的活动	分析、创造、好奇、独立	生物学家、经济学家、数学家、新闻记者
社会型　偏好能够帮助和提高别人的活动	社会、友好、合作、理解	社会工作者、教师、议员、临床心理学家
传统型　偏好规范、有序、清楚、明确的活动	顺从、高效、实际、缺乏想象力、缺乏灵活性	会计、业务经理、银行出纳员、档案管理员
企业型　偏好那些能够影响他人和获得权力的言语活动	自信、进取、精力充沛、盛气凌人	法官、房地产经纪人、公共关系专家、小企业主
艺术型　偏好那些需要创造性表达的模糊且无规则可循的活动	富于想象力、无序、杂乱、理想、情绪化、不实际	画家、音乐家、作家、室内装潢设计家

资料来源：斯蒂芬·F. 罗宾斯：《组织行为学》，中国人民大学出版社2005年版，第113页。

目前，在招聘选拔中所使用的职业兴趣测验主要是霍兰德开发的职业倾向量表。我国也有学者根据霍兰德的职业倾向量表,并结合中国人以及中国职业特点设计了中国的职业兴趣测验。

6. 身体能力测试

身体能力对有些工作是必备的,如需要力量、耐力、身体灵活性、平衡性、反应速度等的操作性工作。身体能力测试(Physical Ability Tests)一般分为力量和耐力测验、协调性和敏捷性测试等,具体包括手指灵巧性、手工操作灵活性、手臂运动速度、反应时间、静态力量、动态力量、身体协调性、平衡性等方面的测试。有些身体能力可以通过训练培养,但很多身体能力与先天素质有关,很难培养,或者需要较长时间的培养才能形成,因此,通过身体能力测试,可以剔除不适合职位需要的应聘者,保证录用到合格的员工。

7. 工作样本测验

工作样本测验(Work - Sample Tests)要求求职者实际完成(或模拟)一些空缺职位的职责。例如,申请教师职位的人可能会被要求现场讲课。工作样本测验可以用来评估体力技能(如操作各种设备)、文员技能(如打字能力)和管理技能(如领导、行政和诊断技能)等。工作样本测验是对应聘者实际工作能力的测试,其测试结果可进行直接的绩效衡量。根据行为一致性理论,在同样的情况下工作,过去的行为是将来行为的最好预测因素,由于工作样本测验是模拟实际的工作职责,所以,这样的测验可以预测未来的工作绩效。实施工作样本测验的程序是[①]:①进行工作分析,以识别该职位的重要任务;②选择一个有代表性的任务样本,作为测试的样本;③设计一个记分程序,以确定求职者完成每项任务的有效性;④在标准化的情况下对求职者进行测验。

保证工作样本测试成功的关键是选择有代表性的任务样本。此外,在实施工作样本测试时要注意安全问题。例如,对某些职位而言,安全操作是非常重要的,对不合格的应聘者在操作时有可能出现安全事故,这样的职位就不适合进行工作样本测试。

(三)评价中心

评价中心(Assessment Centers)是一种人员评价技术,是将多种人员测评方法结合起来综合运用。评价中心技术主要用来挑选中高级管理人员。一次评价中心活动一般需要 2 ~5 天的时间,每一求职小组通常由 6 ~ 12 位应聘者组成,并由一些评价专家进行观察,然后对每位候选人的管理潜力进行评价。评价中心技术包括的测试有:无领导的小组讨论、公文筐处理、个人演说等。

1. 无领导的小组讨论

无领导的小组讨论是由应聘者临时组成一个小组,不指定负责人,他们对一个

① 劳伦斯 · S. 克雷曼:《人力资源管理:获取竞争优势的工具》,机械工业出版社 1999 年版。

给定的问题进行讨论,要求在特定期限内完成并形成小组决策。在小组讨论时,评价者不在现场,而是采取隐蔽观察的方式对小组每位成员的表现进行观察和评价。评价者主要考察应聘者的沟通技能、领导能力、组织协调能力、处理人际关系的技巧、说服能力、人际敏感性和团队精神等特征。

2. 公文筐测验

公文筐测验也叫公文处理,是一种情景模拟测验。在这个测验中,要求应聘者以管理者的身份对公文筐里的各类文件(如报告、信函、会议记录、市场信息等材料)进行处理,形成公文报告。测验的目的是考察应聘者的计划、组织、沟通、判断和决策等能力。

3. 个人演说

个人演说就是让应聘者就某一指定题目发表演讲,以考察应聘者的语言表达能力、逻辑思维能力、沟通能力和说服能力等。

(四)面试

面试(Interviews)是企业中应用最广的人员选择录用方法,它是通过主试者与求职者直接交谈,对求职者进行全方位的观察和评判(如身体素质、能力、求职动机等),以确定其是否适合职位的要求。与其他方法相比,面试的优点在于:能够更深入地考察求职者内在的心理特征,如通过求职者的面部表情、眼神、语气、行为举止、态度和礼节等可以反映出某些内在的特征,而这些是运用其他选择方法难以测量的。但面试的主观性较大,主试者本身的素质和能力、所提的问题是否恰当、应聘者的临场发挥等都会影响面试的信度和效度。目前,面试的方法有了许多改进,并提出了结构化面试的概念,使面试的信度和效度有了很大的提高。

1. 面试的类型

第一,非结构化面试。非结构化面试(Unstructured Interview)是指面谈话题在面谈之前不固定,面谈人员可以根据求职者回答问题的情况即兴提出一些新的问题,谈话内容比较开放、随意,没有固定模式。面试人员可以根据自己的偏好向每位求职者提出不同的问题。由于非结构化面试过程的随意性,难以客观、公正地对本职者进行评判,因此,它只是其他测评方法的补充。

第二,结构化面试。结构化面试(Structured Interview)是指在面试之前,确定面试考察的要素,准备好要提的问题、提问的次序和评分标准以及具体操作程序等,如有必要还须对考官进行培训。结构化面试能够提高评价的客观性和公平性,使同一个职位的不同应聘者的评估结果之间具有可比性。结构化面试还可根据面试内容和提出的问题分为行为描述面试、情景面试、压力面试等。

2. 计算机辅助面试[①]

计算机辅助面试根据模型化和结构化面试原则建立,其基本思想是向求职者展示一系列有关其背景、经历、教育、技能、知识和工作态度的问题,这些问题与求职者申请的具体工作有关。问题采用多项选择的形式,每次一个问题,求职者通过键盘选择屏幕上问题的答案。下面是零售商店某工作求职者面试问题样例:

你申请兼职还是全职工作?

①兼职(每周少于 40 小时);

②全职(每周 40 小时);

③任何可获得的工作。

你所申请的职位可能要求你搬重达 25~30 磅的盒子,这对你是一个问题吗?

①毫无疑问是个问题;

②可能是个问题;

③不成为问题。

你是否曾经从事过直接与顾客打交道的工作?

①是;

②否;

③如果……

你的主管如何评定你的顾客服务技能?(注意,这一问题只有在求职者对前一个问题回答“是”时才能提出。)

①优秀;

②平均以上;

③平均水平;

④平均以下;

⑤很差。

计算机辅助面试通常在面对面的面试之前进行,其是后者的补充。计算机辅助面试之后,计算机打印出一份报告,列出所有面试问题和求职者的回答以及后续评语和问题,例如,请给出例子说明为什么你的主管将你的顾客服务技能评定为“优”。典型的计算机辅助面试有 100 个问题,一般在 20 分钟内完成。

计算机辅助面试有许多优点:它具有追踪细节的能力,使我们可以像在面对面面试中那样追踪询问一些问题;可以在没有主试者的情况下快速获取许多信息。我们在本章后面将要讨论的几个面对面面试中的问题(例如,根据求职者的外表迅速做出判断)也可以通过这种非人际面试方式加以避免。尤其对针对特定工作进行资源开发的大公司来说,主试者时间的节省和雇用错误的避免都是非常有意

① 加里·德斯勒:《人力资源管理》,中国人民大学出版社 1999 年版,第 208 页。

义的。

3. 面试的规范化流程

结构化面试一般要经过以下几个程序:

第一,面试准备。进行工作分析以确定面试要评价的要素,如需要考察的知识、技能、能力、兴趣或态度等。准备一个要素评价表格,表4-9即为面试考核要素及评分表示例。

第二,根据评价要素设计面试问题。问题的设计必须能够考察要评价的要素;要设想问题可能的答案,并确定评分标准。

第三,确定面试小组,进行面试。开始面试时应该友好地问候求职者,使求职者轻松自在。提问时,对求职者的回答要采取开明的态度,定期发出信号,如点头、微笑,表明你对求职者的谈话很感兴趣。面试时,考官要集中注意力,做必要的记录,避免交头接耳。根据事先确定的评分标准进行评分,以此来评价应聘者。

第四,结束面试。询问求职者是否需进一步的说明;对求职者花在面试上的时间及对职位的兴趣表示感谢;告诉求职者做出挑选决策的程序及时间范围,何时及如何通知求职者;与求职者亲切握手告别。

表4-9 面试考核要素及评分表

<table>
<tr><td colspan="8">编号:______ 求职者姓名:______ 评分时间:______年____月____日</td></tr>
<tr><td>评分要素</td><td>举止仪表</td><td>言语理解能力</td><td>综合分析能力</td><td>动机与岗位匹配</td><td>人际沟通能力</td><td>应变能力</td><td>情绪稳定性</td></tr>
<tr><td>权重</td><td></td><td></td><td></td><td></td><td></td><td></td><td></td></tr>
<tr><td>观察要点</td><td></td><td></td><td></td><td></td><td></td><td></td><td></td></tr>
<tr><td>要素得分</td><td></td><td></td><td></td><td></td><td></td><td></td><td></td></tr>
<tr><td>加权得分</td><td></td><td></td><td></td><td></td><td></td><td></td><td></td></tr>
<tr><td colspan="8">总分:________
考官评价意见:
考官签字:________</td></tr>
</table>

4. 面试问题设计

问题设计对结构化面试非常重要,在面试中,一般应包括以下几类问题:

第一,行为性问题。行为性问题侧重于过去的行为,主要询问应聘者过去某种情景下的行为表现。当应聘者对问题的回答有言过其实的倾向时,考官需要对问题进行追问。追问一般采用STAR追问法,即当时的情境(Situation)、任务(Task)、行动措施(Action)及行为结果(Result)4个方面。例如,要求求职者描述一下在他从前的工作中犯过的一个错误以及他是如何解决的,然后进行追问。

第二,智能性问题。智能性问题一般是一些有争论的问题,让应聘者阐述自己的看法。此类问题主要考察应聘者的综合分析能力和语言表达能力等。

第三,意愿性问题。意愿性问题主要是考察应聘者的求职动机,一般提出意愿性问题的提问方式是直接询问其求职动机,询问应聘者离开原工作单位的原因,告诉其现职位的工作要求与压力,观察其反应。

第四,情境性问题。情境性问题主要是以工作分析为基础来设计,通过工作分析来确定关键任务和应聘者可能要面对的决定,这类问题有预先确定的明确答案,主试者对所有应聘者询问同样的问题。情境性问题侧重于考察求职者在某种假设性的与特定工作有关的情境下的反应。例如,要求求职者回答:"假如你看到你的某个部下粗暴地对待顾客,你将怎样做?"求职者对这类问题的回答可以通过查看与预先确定的答案的一致性来进行评价。

第五,应变性问题。假设一种意外情况需应聘者处理,问其设想的解决方案是什么,或提一些刁难性问题,看其反应。此类问题主要考察应聘者的应变能力。

第六,压力性问题。当某职位需要承受较大压力,即压力是工作的一个重要特征时,就需要提出压力性问题,以考察求职者将如何对工做上的压力做出反应。提出压力性问题的面试也称为压力面试(Stress Interview)。在典型的压力面试中,主试者会提出一系列直率(通常是不礼貌)的问题,将被试者置于防御境地,使其感到不舒服。主试者通常寻找被试者在回答问题时的破绽,找到破绽后,主试者就集中对破绽提问,希望借此使被试者失去镇定。例如,当一位顾客关系经理职位的求职者提到他在过去两年里从事了4项工作时,主试者可能告诉他,频繁的工作变换反映了不负责任和不成熟的行为。若求职者对工作变换为什么是必要的做出了合理的解释,则说明他承受压力的能力较强;相反,若求职者表示出愤怒和不信任,就可以将其看作在压力环境下承受力弱的表现。提出这类问题时,有些应试者可能会出现过激反应,因此主试者需掌握控制面试(如被试者歇斯底里)的技能。

5. 面试中常见的错误

在面试过程中,常常有一些因素会对面试的结果产生不良的影响,并使考官在面试中出现错误(如表4-10所示)。常见的错误有:

第一,第一印象。主试者容易受第一印象的影响。一些主试者在面试开始前根据求职者的申请表对求职者形成了某种初始印象(或偏见);还有一些主试者根据求职者的个人仪表或面试最初几分钟内求职者的表现就做出了判断。

第二,强调负面信息。主试者受不利信息的影响要大于受有利信息的影响。例如,主试者从好的印象转变为坏的印象要比从坏的印象转变为好的印象更容易些。事实上,面试本身往往主要是寻求负面信息。

第三,不知道工作的要求及员工应具备的资格。由于主试者没能准确地了解工作要求和职责,以及什么类型的求职者最适合此项工作,甚至形成什么是好的求职者的不正确的框框,他们往往提出与工作无关的问题,导致主试者错误地将被试者与不正确的框框匹配起来。因而,主试者必须了解工作内容,在面试之前预备一套与工作有关的问题并确保每一个问题在面试中都被问到。

第四,求职者次序错误。求职者的次序安排也会影响主试者对求职者的评定,通常第一个和最后一个面试者容易得高分。一项研究显示,经理们在首先对几位"不适合"的求职者进行评价后,被要求对一位"仅仅是一般"的求职者进行评价,这位一般的求职者得到的评价往往高于他实际应得到的评价,因为与前几位不适合的求职者相比,这位一般的求职者就显得比其实际能力要好了。

第五,非言语行为。主试者会受求职者非言语行为的无意识的影响。研究表明,表现出大量眼神接触、头移动、微笑以及其他非言语行为的求职者得到的评价更高。在一项研究中,52 名人力资源专家观察了录像面试,被试者所讲言语内容是一样的。但是被试者的非言语行为差异显著。第一组被试者被教会表现出最少的目光接触、较低的精力水平以及较低的音量,第二组被试者则相反。在 26 位看到高目光接触、高精力水平求职者的人力资源专家中,有 23 位邀请他(她)参加第二次面试。这项研究的含义是,一位本来会被评定为很差的求职者接受培训后,在面试中正确地表现通常会得到比一位能力更强但缺乏恰当的非言语面试技巧的求职者更高的评价。①

表 4-10　决定录用面谈结果的因素

申请人方面的因素	面谈考官方面的因素	其他因素
1. 年龄、性别和种族等因素 2. 相貌、身高等身体特征 3. 教育和工作背景 4. 工作兴趣和职业抱负 5. 心理特征:态度、智力和动机等 6. 作为面谈对象的经验和准备 7. 对面谈考官、工作和公司的理解 8. 语言和非语言行为	1. 年龄、性别和种族等因素 2. 相貌、身高等身体特征 3. 心理特征:态度、智力和动机等 4. 作为面谈考官的经验和准备 5. 对工作要求的理解 6. 事先对工作要求的理解 7. 面谈的目标 8. 语言和非语言行为	1. 组织内部和社会政治因素、经济形势和法律条款 2. 在招聘选择过程中面谈的作用 3. 筛选比率 4. 面谈环境,包括舒适程度、隐私保护和面谈考官的数量 5. 面谈的结构

资料来源:G. T. Milkovich, J. W. Boudreau: *Human Resource Management*, Richard D. Irwin, 1994, p. 352. 转引自张一弛编著:《人力资源管理教程》,北京大学出版社 1999 年版,第 135 页。

(五)证明资料以及背景的核查

在通过测试和面试之后,对筛选合格的候选人要进行证明资料的核查与背景调查,以便做出录用决定。目前,我国社会上出现了各类假学历、假证书现象,一些应聘者对个人履历材料进行虚构、夸大等,企业可以聘请调查代理机构进行背景调

① 加里·德斯勒:《人力资源管理》,中国人民大学出版社 1999 年版,第 211 页。

查和核实工作。

五、人员的录用

对应聘者进行了各种筛选工作之后，就进入了人员录用决策阶段，即从经过筛选的候选人中做出用人决策。因此，做好人员录用工作是保证企业获得合格人才、构造高素质员工队伍的基础。

（一）录用决策

进行录用决策应该坚持人员录用的原则。人员筛选工作为每一空缺职位都提供了若干位候选人，录用决策就是要从候选人中选出最适合职位的人员。在进行决策时，决策人员应该对候选人进行全面的衡量，综合考虑多种考核和测验结果。此外，与录用决策无关的人都应该回避，避免受外部因素的影响。

（二）录用与拒绝通知书

企业做出录用决策之后，要及时把结果通知应聘者，一般都是以书面的形式通知被录用者和被拒绝者。录用通知书大致包括以下内容：对候选人的祝贺并希望其能接受公司提供的职位、薪酬、工作权利与责任、报道时间、地点等，表 4 – 11 即为一录用通知书范例。

表 4 – 11　录用通知书

________先生/女士： 我们很高兴地通知您，我们企业向您提供________职位。该职位的工作职责是________，并对________负责。您的工资是每月________元，社会保险按国家有关规定执行。 我们很希望您能够接受该职位的工作。我们会为您提供难得的发展机会、良好的工作环境。 我们很希望在________月________日之前获得您能否接受该职位的消息。如果您有什么问题，请尽快与我们联系。联系电话是________。期望尽快得到您的回答。 此致 ××公司人力资源部 ________年____月____日

任何企业在发出录用通知书后，仍然会发生接到录用通知书的人不能来企业报到的情况。如果录用通知书发出后，被录用人员没能及时与公司联系或在规定的报到时间内没有到公司报到，人力资源部门应该主动与其电话联系，要表示积极的态度和诚意。在确定被录人员不能来企业工作后，要尽快决定是否从后备候选人员中录用。

企业对落聘者也应该及时以书面形式通知本人，要感谢其到企业应聘，并表明如有空缺职位时将给予优先考虑，表 4 – 12 即是一拒聘通知书范例。

表 4－12　拒聘通知书

尊敬的________先生/女士： 十分感谢您对我们企业的________职位的兴趣。您对我们企业的支持，我们不胜感激。您在应聘职位时的良好表现，我们印象很深。但是由于我们的名额有限，这次只能割爱。我们已经将您的有关资料备案，如果有了新的空缺，我们会优先考虑您。 感谢您能理解我们的决定。祝您早日寻找到理想的职业。 对您热诚应聘我们的企业，再次表示感谢！ 此致 ××公司人力资源部 ________年____月____日

（三）办理录用手续

企业招募员工应向当地劳动行政主管部门办理录用手续，证明录用职工具有合法性，受到国家有关部门的承认，并且使招聘工作接受劳动行政主管部门的监督。企业办理招聘录用手续时应向劳动行政主管部门报送员工登记表，填写的内容包括：职工姓名、年龄、性别、种族、籍贯、文化程度、政治面目、个人简历、考核结果、企业同意录用的意见等，报经劳动行政主管部门审查同意，在登记表上加盖同意录用的印章，录用手续即办理完毕。

（四）签订劳动合同

劳动合同是劳动者与用人单位确立劳动关系、明确双方权利和义务的协议。我国《劳动法》规定，建立劳动关系应当订立劳动合同。企业不论招聘管理人员、技术人员还是普通员工，都应当订立劳动合同。劳动合同依法订立即具有法律约束力，当事人必须履行劳动合同规定的义务。

企业在与被录用人员签订劳动合同时，应根据企业的发展战略、用人策略和职位需要等来确定劳动合同的期限。企业与劳动者协商一致，可签订有固定期限、无固定期限或以完成一定工作为期限的劳动合同。

劳动合同签订后应向劳动行政主管部门备案，或请劳动行政主管部门对合同进行签证。通过备案或签证，使劳动合同力求完善，符合国家政策，便于维护用人单位和被录用员工双方的合法权益。

（五）试用期和正式任用

企业即使经过层层筛选，也不能保证录用的人员都是合格的，或者说都能胜任该岗位。企业在录用人员后一般都规定了试用期限。经过试用期的考察，企业能比较准确地判定选任的人员是否真正具有执行职务所需的各种素质，若不能胜任职务的要求，企业可以采取补救措施，如进行培训或解除劳动合同。因此，企业与被录用人员签订的劳动合同中要约定试用期限。按照《劳动法》的规定,劳动合同中可以约定不超过6个月的试用期。劳动合同期限在6个月以下的,试用期不得超过14日;劳动合同期限在6个月以上1年以下的,试用期不得超过30日;劳动合同期限在1年以上2年以下的,试用期不得超过60日。试用期包括在劳动合同期限中。劳动合同约定的试用期满后,考核合格的员工即为正式员工,予以正式任用。

【思考题】

1. 什么是招募和甄选？招募和甄选对企业人力资源的形成有什么意义？
2. 人员招募和甄选与工作分析、人力资源规划之间是什么关系？
3. 内部招募与外部招募的优点和缺点各是什么？
4. 试分析各种招募方法的特点和适用范围。
5. 你认为应该如何确定人员甄选的标准？
6. 如何提高面试的信度和效度？

【案例分析】

案例1:这种雇用过程健全吗?①

哈林斯(Harlin's)百货商店在美国有36个销售点。人力资源职能由位于俄亥俄州阿克龙(Akron)总部内9个人组成的人力资源班子来行使,这个人力资源班子负责每个店的经理的雇用。当一个新的店铺开张时,一位人力资源职员就出差到店铺所在地为其雇用一名经理。然后,这位新店铺的经理才被赋予为该店铺雇用必要人员的责任。

一位人力资源专业人员迈克·巴克(Mike Barker)最近为一家在佐治亚州迈肯市(Macon)新开业的店铺挑选了卢·约翰逊(Lou Johnson)作为经理。在开始经营的头6个月,店铺中人员流动率达120%。助理经理的职位已经换了3茬,一般的销售人员平均只呆两个月。迈克被派往迈肯市调查这个问题。迈克询问并让卢描述他在挑选人员时所用的雇用实践,卢做了以下答复:

"我做出的挑选是依靠我个人对每个求职者的面试。我向所有的求职者提出一些基础问题,如他们是否乐意在周末工作并且是否乐意加班。除此之外,我并不是按事前确定的问题顺序去发问,恰当地说,我尽力使问题适合于每一位申请人,

① 本案例选自劳伦斯·S.克雷曼:《人力资源管理:获得竞争优势的工具》,机械工业出版社1999年版,第156~157页。

在面试之前,我反复阅读了求职者的简历与申请表格,以便熟悉他们的背景与过去的经历。通过这方面信息,我确定他们是否符合工作的最低资格,然后我才开始对那些至少满足最低资格的人进行面试。在面试过程中,我试着确定该求职者是否是个喜欢与别人一道工作的、性格外向的人。当面试助理经理时,我也寻找他有无领导技能。"

然后迈克问卢,他是如何确定哪一位求职者可以被雇用的,卢做了如下陈述:

"求职者给我的第一印象是相当重要的。一个人如何介绍自己、如何开口谈论以及他的服饰都很重要,并且确实对我的最后决策有一些影响。然而,可能最具影响因素的是与求职者目光的接触,当与某个人目光接触时,那就是他在聆听并且是诚恳的信号。微笑、一次坚定有力的握手、两脚平放地面的笔直的坐姿也都是我做出决策的重要因素,最终,如果一个求职者得到雇用,他必须对为哈林斯工作感兴趣。我的第一个问题是:'你为什么想要为哈林斯工作?'我对那些已知道很多哈林斯事情的求职者印象很深。"

迈克现在必须对卢的雇用实践做出评价,以确定它们是否是影响流动问题的关键因素。

讨论题:

1. 假如你是迈克,对卢的雇用实践的健全性你会得出什么结论?

2. 关于如何改善挑选程序,你会向卢提出什么建议?

案例 2:北京同仁堂的人员选聘①

北京同仁堂集团公司是我国中药行业著名的老字号企业,至今已有数百年的历史。改革开放后,同仁堂组建集团公司、股改上市,不断适应市场,改革创新,奋力拼搏,经济运行质量有了很大的提高。作为高新技术产业,特别是面对集团要进军生物制药、电子商务等高科技领域的战略,目前的人才状况不能适应市场的发展。在市场竞争日趋激烈的今天,谁拥有一流的人才,谁就拥有一流的企业和产品,谁就能在市场竞争中取胜。正是在这样一个背景下,集团公司决定于2000年初面向社会公开招聘中高级专业人才,并委托北京市一家咨询有限公司来做此项工作,这是公司人事管理制度的一个创新。

在前期准备过程中,工作人员达成共识,即关注企业文化,尽量挑选与企业文化相似的应聘人员。北京同仁堂集团公司本身有着很好的品牌和形象,在招聘宣传中重点突出其平实、稳重的特点,以及市场经济下新的生机。广告用语也基本突出了类似的特征。

招聘信息发出不久,集团公司收到300多份简历。按照应聘职位分别归类登

① 本案例选自张德主编:《人力资源开发与管理案例精选》,清华大学出版社2002年版。

记并输入数据库后，按照预计的招聘程序开始选聘工作。

第一，履历表的筛选。选聘工作之前，人事部已经根据工作岗位规范确定出各类人员的选拔标准，并确定使用统一的筛选标准。履历表提供了许多有用的信息，那些在专业技术和经历方面比较适合公司发展目标，且与同仁堂医药集团公司的企业文化基本融合的应聘者将成为筛选的优胜者。

第二，人事专家面谈。面试是人员挑选中最常用的获得信息的手段，对人事决策具有直观作用。面试的目的是双重的，即信息的收集和对候选人的评价，它弥补了其他选拔手段中信息空间的不足。同仁堂公司强调这种面谈的现实作用，借以评估那些只能通过面对面的互动交流才能测出的因素，如语言表达、自信心及人际交往能力。公司着重考察应聘者的适应组织环境能力和与人友好相处能力，由此推断什么工作能充分发挥应聘者的才智。5 个人事工作人员面试后，依据印象和感觉对应聘者进行综合评估，并筛选出优胜者。

第三，心理测试。各种测评工具都各有所长，它们的功能不同，适用对象和解释的范围也不同。根据不同岗位的需要把心理测试工具组合成一般管理人员、中高级管理人员、专业技术人员（财会、营销、策划）三类方式。在策略上采用择优策略，尽可能全面地了解所有应聘人员的情况，从能力、性格、动机、兴趣等各个角度和层次做广泛测查，依据职位要求对应聘者进行综合评估，考察他们与职位要求的匹配程度，从中选择最具综合优势的人员。采用择优策略，在测验设计上要求全面、详细。能力测验、个性测验和职业适应性测验都被采用，同时确定不同职位的考察重点，形成不同测验维度的权重关系，这些差异在测验设计和评估标准上都有具体体现。同仁堂公司特意把心理测试安排得比较靠后，用于那些最可能被录用的候选人，以达到真正的择优目的。

在这个基础之上，公司还注重考察另外一些问题。如能否适应国有企业的工作，稳定性如何，期望薪金如何，对于一些期望较高的候选人，人事工作人员与其详细讨论。通过这一阶段的筛选，剩下的应聘者基本满足相关职位的要求。

第四，专业理论方面的测试。公司采用了结构化面谈的方式。考官主要有：从社会上请来的拟聘岗位方面的技术专家、医药集团公司的领导、用人部门的主管经理和人事面谈专家。面试主要以技术专家为主导，用人部门主管经理和人事面谈专家从各方面综合考察候选人。

面试工作结束后的第二天，由各方面专家、公司相关人员及咨询公司组成最后评议组对剩余候选人进行排序，确定出最终候选人。

讨论题：

1. 同仁堂公司是如何安排人才选聘程序的？运用了哪些手段？这些手段是否合理？

2. 如果你负责公司的软件工程师选聘工作，你会如何安排选聘工作？

第五章

绩效评价

★ 本章要点 ★

通过本章的学习,应掌握以下内容:

- 绩效评价的含义、作用、过程及关键问题
- 绩效评价指标
- 绩效评价者
- 绩效评价的方法
- 绩效评价反馈
- 绩效改进计划

第一节 绩效评价与管理概述

一、绩效评价与管理的基本概念

(一)绩效的含义

员工的工作绩效无论对企业还是对个人都是非常重要的。如果员工的工作绩效不好,企业的经营目标就难以实现,同样,员工个人在企业中也难以得到较高的工资和奖金,难以获得较好的个人发展。

绩效(Performance)是指员工完成工作任务的程度,它反映了员工在多大程度上实现了职务的要求。由于工作性质的不同或者职务要求的不同(如有的工作可

以定量化,而有的工作难以量化,任务模糊等),绩效也有不同的表现形式。例如,我国企业和各类组织在对员工做出评价时,往往从4个方面进行考核,即德、能、勤、绩。在这里,“德”和“能”是指员工的个人特征和能力素质等;“勤”是指员工的工作态度和行为;“绩”是指员工的工作结果。概括起来,绩效主要包括以下3方面的含义:

第一,绩效是指员工的工作结果或产出。如生产工人的生产量、销售人员的销售额等。

第二,绩效是指员工的工作行为。传统上,人们认为绩效就是工作结果。但是这种观点遭到了质疑,因为许多工作结果不是员工个人能控制的,并且过分强调结果也容易忽视重要的程序因素和人际关系因素,因此,一些学者提出,绩效应该是指员工的工作行为。这种观点在实际的绩效评价中得到了广泛的应用,并且与工作结果结合起来。对此,有的学者提出了任务绩效和周边绩效(或称关系绩效)的概念。任务绩效是指正式定义的工作的各个方面,周边绩效是指组织自发性或超职责的行为,如自愿地执行工作组成部分之外的任务,帮助他人并与他人合作,同意、支持和维护组织目标等。

第三,绩效还包含员工的素质。在企业的绩效评价中,企业往往把个人特征和个人素质也纳入评价范畴,因为高素质与高绩效具有密切的关系。研究者认为,绩效评价不能只关注过去,还应该关注未来,关注员工的技能和潜能,要考察员工未来能为企业带来什么。

在组织中,影响员工绩效的因素是多方面的,员工本身的知识、技能、态度、工作努力程度等对高效率的完成任务是重要的。组织的其他因素,如组织的结构、价值观、文化、期望、工作流程、激励制度、工作反馈等也对员工的绩效产生了重要影响。

从以上分析可以看出,绩效具有多维性、多因素的特点。因此,对员工的绩效评价应从多方面考察才能反映员工的真实绩效。

(二)绩效评价的含义

绩效评价(Performance Appraisal)是指在一定时期内,依据工作目标和绩效标准衡量员工的实际绩效,并制订绩效改进计划的过程。良好的绩效评价不但可以使员工知道自己的工作表现如何,还将影响他们未来的努力程度和方向。制订绩效改进计划可以使员工对工作任务有更清晰的理解。绩效评价的根本目的是帮助员工改进工作绩效,提高工作效率,最终提高企业的绩效水平,实现企业的经营目标。

绩效评价涉及以下关键问题:第一,为什么要进行员工绩效评价;第二,在绩效评价中我们应当评价什么,即确定绩效评价指标;第三,应当怎样实施绩效评价,即确定绩效评价的方法；第四，应当由谁来评价员工的工作绩效；第五，应当在什么时候或者间隔多长时间进行绩效评价。

传统意义上的绩效考评往往单纯地依赖定期的、既有的绩效评价方法，考评更关注结果和形式，而忽略了对各种过程的控制和督导，是一种只问结果不问过程的考核管理方式。20 世纪 70 年代后期，在总结绩效评价不足的基础上提出了“绩效管理”（Performance Management）的概念，到 20 世纪 80 年代后期，绩效管理的概念开始广泛被人们所接受。

（三）绩效管理的含义

绩效管理代表的是一种思想和观念，强调的是组织和个人绩效的改善，凡是能够增进组织和个人绩效的管理活动都纳入绩效管理之中。绩效管理强调员工的目标与企业的战略目标相结合，并保证员工的活动和产出也与组织的目标保持一致。例如，有的学者将绩效管理看作是管理组织和员工绩效的综合系统。

绩效管理是设计一个有效绩效系统的过程，也是一个为实现组织目标而进行绩效计划、绩效实施、绩效评价和绩效改进的持续循环过程。通过绩效管理，企业战略转化为组织及部门、个人的目标，不断改进和提升组织和个人的绩效。

1. 绩效计划

绩效计划的主要任务是建立不同层次的绩效目标。有效的组织绩效目标包括组织价值、客户需求、财务及非财务目标、市场目标以及提高竞争优势的期望等。流程层次的绩效目标主要是指工作或业务流程是否有利于产品的生产或服务的提供。只有当流程有效时，组织才会有效，人员的工作才会有效果和效率。个人层次的绩效目标是员工的产品或服务质量、数量、实效性等具体标准。

2. 绩效实施

绩效实施是指对实际的绩效进行跟踪。通过观察、记录和总结绩效情况，保证对绩效进行长期持续的监督。如果绩效偏离了目标，要进行沟通和指导，采取措施消除差距。

3. 绩效评价

绩效评价指标体系是绩效评价和管理系统的基础。在实施评价中，要进行沟通、指导、监督，建立三个层次绩效之间的联系以及采取改进行动等。绩效评价是绩效改进的基础，也是对组织及流程进行管理的基础。组织需要对绩效进行定期的评估和检查。

4. 绩效改进

绩效改进是在绩效评价基础上进行的。绩效改进工作首先是进行绩效诊断，在此基础上提出绩效改进和绩效开发措施。在此阶段，重新设定目标，然后进入下一个绩效管理循环。

目前,绩效评价已被纳入绩效管理过程中,是绩效管理系统的重要组成部分。而且绩效评价也开始强调以企业战略目标为导向,强调组织与员工共同建立绩效目标,重视绩效评价过程的管理及员工绩效的改进等。

二、绩效评价与管理的作用

对企业而言,绩效评价不仅为员工奖惩、晋升、培训和开发等管理决策提供依据,更重要的是,为员工提供了绩效反馈信息,鼓励员工改进绩效。具体地说,绩效评价具有以下作用:

第一,绩效评价为人力资源规划提供信息。企业可以根据绩效评价提供的员工绩效数据分析现有员工的工作现状、工作能力等,为人力资源规划提供必要的信息。

第二,绩效评价为对员工进行奖惩、晋升和解雇等提供依据。绩效评价可以辨别出高绩效员工和低绩效员工。对员工的奖惩、工资的提升是与员工的绩效有关的,这就要求企业要有客观公正的绩效评价系统,以保证对员工的绩效进行公正的评价。员工的工作绩效也是员工能否得到提升的最重要的考虑因素。虽然在当前职位上的成功业绩并不一定意味着员工将胜任较高一级的职位,但绩效评价能提供某些预测性的信息,如员工能力、技能、品质等方面的信息。绩效评价为员工解雇和调动等提供依据,在涉及诉讼问题时,有效考核的数据能为企业的决策提供有利的证据。

第三,绩效评价为确定个人和组织对培训和开发方面的需要提供了依据。绩效评价可以辨别出员工的优点和长处,也能鉴别出员工的缺点或不足,利用这些信息来确定组织或员工个人的培训和开发需要,为培训开发计划的设计和实施奠定了基础。对员工而言,一项完整的绩效评估应包括一个简要说明具体的培训和开发需要的计划。

第四,绩效评价为员工提供反馈信息,激励员工,促使员工改进工作绩效。有效的绩效评价为员工提供了有关工作成绩和个人能力、行为等方面的信息,有助于员工正确认识自己的优势和不足。员工希望了解自己的工作状况,也期望管理者对自己的工作给予评价,以便了解自己的工作是否达到了组织的要求,从而加以改进。因此,绩效评价也有激励功能和改进绩效的功能,但前提是,必须把评价信息反馈给员工,使其了解目前的绩效水平,并为员工提供必要的指导。

第五,绩效评价具有导向作用。确定什么评价指标、评价方法,评价结果如何应用,评价是否公平等,会引导员工的行为。如果绩效评价只注重工作结果而忽略工作行为,则员工可能会为追求结果而不择手段等。

第六,绩效评价具有沟通作用。绩效评价过程也是管理者与员工相互交流、了解的过程。管理者可以了解员工的想法、需求、工作进展情况及面临的困难等,给予员工以指导、支持和鼓励，员工可以了解企业的价值、行为准则、期望等。

三、绩效评价的过程

一般来说，绩效评价的过程包括确定绩效评价目标、构建绩效指标体系、收集信息资料、进行绩效考核及绩效评价结果反馈（如图5－1所示）。

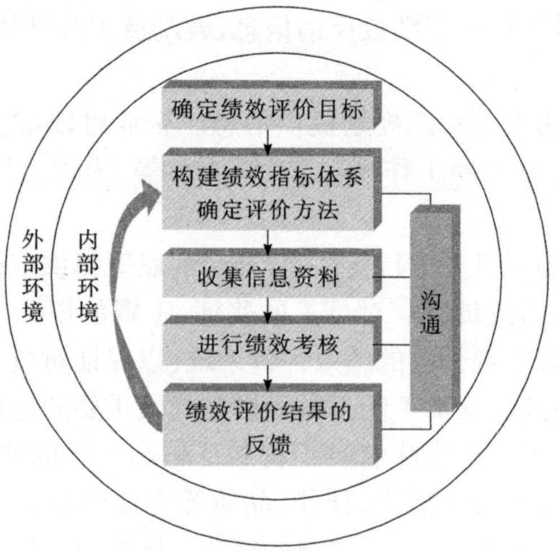

图5－1　绩效评价的过程

前面已经提到，绩效具有多维性、多因素的特点，绩效水平的高低受企业内外部因素、员工个人因素的影响。因此，绩效考核是在企业内外部环境因素的影响下进行的。确定绩效评价目标是绩效考核的起点，主要是确定组织对员工的绩效期望并得到员工的认可。这里要明确的是，绩效评价目标应与企业的总体战略目标相联系，是企业总体战略目标的分解。然后根据各个员工的绩效评价目标建立绩效考核指标体系，并根据情况选择合适的绩效考核方法。在建立起企业的绩效指标体系后，在员工的一个工作考核期内开始进行关于员工绩效目标完成情况的信息资料的收集，直到最后一个考核期结束，在这个过程中，要及时给予员工有关绩效完成情况的信息反馈，与员工一起对绩效评价进行回顾，然后进入下一个考评期。在这一过程中，沟通存在于各个环节之中。

四、绩效评价的关键问题

在进行绩效评价时，关键要明确以下问题：第一，为什么要进行员工绩效评价；第二，在绩效评价中我们应当评价什么，即确定绩效评价指标；第三，我们应当怎样实施绩效评价，即确定绩效评价的方法；第四，应当由谁来评估员工的工作绩效；第五,应当在什么时候或者间隔多长时间进行绩效评价。

第二节 绩效评价指标与绩效评价者

一、绩效评价指标

绩效评价指标或标准是企业绩效评价体系设计的重点和难点。在绩效评价过程中,首先要根据组织的战略、组织的目标和工作要求确定个人的工作行为和工作成果的标准;在选定了绩效评价标准后,就要建立绩效考评指标体系。绩效考评指标体系是用于评价和管理员工绩效的定量化指标体系。设定绩效评价指标以使管理者有衡量员工绩效的依据,也能使员工了解企业对其绩效所期待的目标。

(一)确定绩效评价指标的原则

在设计绩效评价指标体系时,大多数问题都可归结为选择什么样的绩效指标或标准。现实中,绩效评价不能发挥作用或者失败,其中很重要的原因在于,评价标准不能反映员工的绩效或者部门的绩效,或者是绩效指标过于繁杂难以操作造成的。

在确定绩效评价指标时,要遵循具体的、可度量的、可实现的、现实的和有时限的原则,即 SMART 原则。

第一,具体的(Specific),即所选择的绩效评价指标应该是切中企业目标的、具体的,而且是随着情境变化的。照搬现成的绩效指标体系是不符合企业实际需要的,也达不到绩效考核的目的,而模糊不清的指标则会使员工难以理解。

第二,可度量的(Measurable),即所选择的绩效评价指标应该是数量化的,其数据或信息具有可获得性。不可量化的指标往往是主观的、非行为化的描述,数据或信息的不完整等都会引起绩效考核结果的不公平。这一原则也不是绝对的,有些工作由于工作本身的性质和特点,绩效结果难以量化,在设计评价指标时,采取适当模糊的办法可能效果更好些。

第三,可实现的(Attainable),即在员工付出努力之后,这些绩效评价指标的要求应该是可以实现的,而且在适当的时限内能够实现。过高或过低、时期过长的考核指标都会使员工的积极性受挫。

第四,现实的(Realistic),即绩效评价指标应该是客观的、可观察的。不可用假设的指标或者不可观察的指标作为考核指标,这会使被考核者怀疑绩效结果的公平性。

第五,有时限的(Time - bound),即所设计的指标应该包含时间变量,以体现出该指标体系的效率性，所设计的绩效评价指标是在限定的时间内对员工或部门业绩的考核，无时限的考核是难以操作的。

（二）确定绩效评价指标的类型

企业在进行个人绩效评价时，应从 3 个方面确定绩效评价指标，即员工的特征、员工的行为和员工的工作结果（如表 5 – 1 所示）。

表 5 – 1　绩效评价标准的类型

员工特征	员工行为	工作结果
工作知识	完成任务	销售额
力气	服从指令	生产水平
眼—手协调能力	报告难题	生产质量
证书	维护设备	浪费
商业知识	维护记录	事故
成就欲	遵守规则	设备修理
社会需要	按时出勤	服务的客户数量
可靠性	提交建议	客户的满意程度
忠诚	不吸烟	
诚实	不吸毒	
创造性		
领导能力		

资料来源：G. T. Milkovice，J. W. Boudreau：*Human Resource Management*. Richard D. Irwin，1994，p. 170. 转引自张一弛编著：《人力资源管理》，北京大学出版社 1999 年版，第 175 页。

1. 员工的特征

企业往往根据一定的个人特征对员工进行评价，如个人知识、能力、潜能、态度和积极性等因素。但这些特征表现出很大的主观性，在评价时容易出现判断失误，并且有些特征可能与绩效无关。由于员工的潜能对企业未来的发展至关重要，企业应该建立针对员工潜能的评价指标。

2. 员工的行为

当工作任务是模糊的、难以界定或者工作结果难以量化时，以员工的行为作为评价指标则是最好的选择。在以行为做评价指标时，要选择企业期望和赞成的行为，并且这种行为应是可模仿和重复的。

3. 员工的工作结果

以工作结果作为评价指标时，要考虑工作的结果是否在员工或团队的控制范围内。如果工作的结果是员工或团队无法控制的，则不宜作为评价指标，结果导向可能使个人或团队为达目的而不择手段。

（三）关键绩效指标

关键绩效指标是基于企业战略而设计的一套衡量企业绩效的指标体系，它是企业建立绩效评价指标的重要方法和技术。所谓关键绩效指标（Key Performance Indicators，KPI），是指通过对组织内部流程的关键参数进行设置、提取、计算和分析，把企业战略目标分解成具体的、可量化的工作目标。

关键绩效指标体系由3个层次构成，即企业关键绩效指标、部门关键绩效指标和个人关键绩效指标。企业关键绩效指标的设计是根据企业的战略目标而确定的。企业关键绩效指标确定后，各部门依据企业关键绩效指标以及本部门的职责确定本部门的关键绩效指标。最后，各部门的主管和有关人员在企业级和部门级关键绩效指标确定之后，根据部门的关键绩效指标和业务流程等，将部门关键绩效指标进一步细分，分解出个人的关键绩效指标。

在关键绩效指标设计中找出影响企业成功的关键绩效因素是非常重要的。企业成功的关键绩效因素是指影响企业成功的关键要素和经营活动。在确定影响企业战略目标的关键绩效因素前，首先要明确企业的战略和战略目标；然后找出影响战略目标的关键绩效领域，例如，对于实行市场领先战略的企业而言，新产品开发可能是其关键绩效因素之一，而对实行成本战略的企业而言，控制生产成本则是其关键绩效活动，等等。确定了关键的绩效因素后，再对每一关键绩效领域的关键绩效因素进行分析，即可得到关键绩效指标。

（四）平衡计分卡

从20世纪80年代后期开始，美国的一些企业开始改革公司绩效考核模式，探索如何从单一的财务指标转向多指标对公司绩效进行考核，克服单一财务指标带来的负面影响。单一的财务指标模式诱导人们追求短期收益，忽视企业的长远发展，因此，必须改进评价组织绩效的指标结构。20世纪90年代，卡普兰等（Kaplan，Norton）学者在总结相关企业绩效管理改革的基础上提出了平衡计分卡（Balanced Score card）的概念，他们认为平衡计分卡不仅是公司绩效考核的工具，更重要的是它还是一个公司战略管理的工具。

平衡计分卡是将组织的战略落实为可操作的衡量指标和目标值的一种绩效管理体系，它包含4项评价指标，即财务、客户、内部运营、学习与成长。财务目标通常与获利能力有关，其衡量指标有营业收入、资本报酬率、经济增加值等，也可能是销售额的迅速提高或创造现金流量。客户指标通常包括客户满意度、客户保持率、客户获得率、客户盈利率，以及在目标市场中所占的份额，这些指标使公司或部门管理者能够阐明客户和市场战略。内部运营指标考察公司关键的内部业务流程是否科学和有效,客户和股东对内部业务流程是否满意等。学习与成长指标考察公司或部门的学习和成长能力,这是企业未来成功的关键因素。

财务指标是对过去业绩的考核,而客户、内部运营、学习与成长指标更多的是关注企业未来的发展,其中学习与成长指标有利于促使公司或部门管理者重视人才的培养。这4项指标反映了财务与非财务衡量方法之间的平衡、短期目标与长期发展的平衡、组织内部与外部的平衡、结果和过程的平衡,使绩效评价趋于平衡和完善,有利于组织的长远发展。

作为一种绩效管理工具,平衡计分卡主要适用于组织绩效评价或团队绩效评价,不适于对员工个人的绩效评价,但可以借鉴平衡计分卡的思想用于员工绩效评价与管理。

二、绩效评价者

绩效评价者,或称绩效评价的主体,一般包括被评价者的上级、下属、同事及被评价者自己,有时还包括顾客。对绩效评价者的要求主要有以下几点:第一,他要了解被考核者所从事工作的目的和目标,以便识别完成工作所必需的关键行为;第二,他应该有足够长的时间和足够多的机会去观察处于工作状态的被考核者,以确保其考核建立在被考核者有代表性的行为之上;第三,他们应有能力识别某种行为是否有效,以便对被考核者做出正确的考核;第四,他们还应有动力提供真实的员工业绩考核结果。

(一)员工的直接上级

在所有的考评者中,员工的直接上级在观察及判断员工行为与工作目标、组织目标的相关性方面处于最优位置。大多数组织的管理等级制度都强调上级对下属的考核和开发的决策权,而且由于主管通常掌握着对下属进行奖励和惩罚的程度及时间,如果这一奖惩权移交到其他人手中,上级的威信就很有可能被削弱。

但由上级进行的考核往往受到其个人感情和主观偏见的影响,这可能会损害考核结果的客观性和公正性。此外,在现行的或矩阵式的组织结构中,一位员工可能同时向多个主管报告工作,职能领域的基层主管可能没有足够观察业绩的机会来对业绩进行考核。随着组织变革的发生及考核结果应用范围的拓宽,组织应当选择更多的考核主体。

(二)员工的下属

员工的下属作为考核主体,主要是基于以下3方面的原因:第一,下属所处的位置使其能与大多数主管从不同的角度对管理绩效进行观察。第二,有助于减少单一考核的偏见。第三,下属参加考核能使管理者意识到工作小组的需要,从而将经营管理工作做得很好。

一般而言,下属较少单独作为考核主体出现,因为下属的考核有可能削弱管理者的权力。另外,员工也可能担心遭到报复而不敢对上级做出客观的考核。因此,在把下属作为考核主体时要注意保密,但在人数较少的部门中,保密是很难做到的。

(三)员工的同事

同级考核是指由被考核者所在的团队或部门的其他成员,甚至是与被考核者不在同一部门但在组织中处于相同层次并与被考核者有经常联系的人员,后者有时也被称为被考核者的内部顾客。如人力资源部门的经理由销售部门、财务部门等其他部门的经理来进行考核。一般认为,同事考核的信度和效度系数较其他各个考核主体要高,因为同事能更直接地观察到上级无法观察到的某些方面。在采用工作团队的组织中,同事考核更为重要。根据特定的行为(如行为评定等级法)对员工进行考核时,同事考核在绩效反馈及设定绩效改进计划方面是最有效的。由于涉及同事之间在奖金分配和职位晋升上的竞争关系,同事考核结果作为奖金分配和职位晋升的依据并不是很合适。

(四)员工的自我评价

自我评价通常是考核者在正式的上级考核之前对自己的工作进行回顾,以使员工对考核的面谈有所准备。有些企业是让员工和上级完成同样的考核量表,在考核面谈时对其进行讨论,得出一个包含双方差异的考核结果。自我考核的优点在于:首先,有利于提高自我意识,使被考核者了解自己的优点和不足;其次,有助于促进员工对绩效考核过程的支持;再次,有助于主管发现员工在自我认识和对绩效考核认识上的问题;最后,有利于识别员工自身的培训和发展需求。

由于员工往往把好的业绩归于自己的努力,而把差的业绩归于其他人,使自我考核的结果与其他人考核的结果不一致,因此,自我考核比较适合作为个人发展用途的考核,而不适合作为考核和比较的依据。自我考核是其他考核主体的补充,通常与其他考核方法结合起来使用。

(五)客户的评价

在某些情况下,客户也可以为个人与组织提供重要的工作情况反馈信息。虽然客户考核的目的与组织的目标可能不完全一致,但客户考核结果能为工作调动和培训等人事决策提供依据。特别是当顾客满意度成为决定企业管理成败的最重要指标时,组织就会认识到客户考核的重要性。一般来说,与顾客有关的目标通常都具有广泛性和战略性。

一项对采用不同信息来源测评员工活动的频率的调查证实了不同评价主体各自的优势和不足(如表5-2所示)。

表 5-2 采用不同信息来源测评员工活动的频率

	考核主体				
	上级	同事	下级	自我	客户
与任务有关的					
行为	偶尔	经常	很少	总是	经常
结果	经常	经常	偶尔	经常	经常
与人际关系有关的					
行为	偶尔	经常	经常	总是	经常
结果	偶尔	经常	经常	经常	经常

资源来源：M. Murphy K, J. Cleveland J: *Performance Appraisal: An Organizational Perspective*, Simon & Schuster Inc. 1991, p. 98.

由于上级、下级、同事、自我和客户对被考核者的绩效拥有不同的信息，并且他们对信息的加工过程也不大相同，所以要求他们对被考核者做出高度一致的评估是不切实际的；同时，也正是由于这5种考核源在不同的绩效侧面所拥有信息的丰富程度存在较大的差异，每种考核源在他们拥有较多信息时所做出的绩效考核具有较高的信度和效度，所以考核源的选择、考核源考核范围的确定对绩效考核的信度和效度都有着直接的影响。

三、绩效考评周期

正式的绩效评价通常被用于特殊的时期，例如，一个重要的项目或者任务结束之后，或在关键的结果应该出现的时候。在该时期没有任何异常的事情发生时，企业一般是每年进行一次考核，但在高新技术企业中，变革的速度要求考核期要短一些，如考核期可能是3个月或4个月，必须把业绩记录联系到实际工作周期中，考核绩效就能够跟上新变化和优先目标。在变革发生非常迅速的背景下，对所有的公司来说，考虑经常监控业绩也许更好。赫维特协会（Hewitt Associates）的一项研究发现，那些实行多个绩效评价的公司，在股东回报、净资产回报、销售增长以及现金流量方面都表现较好。①

有些企业使用员工雇用日期来决定考核期，而在另外一些企业，如果管理人员负责考核的员工数量较多，那么，在每次绩效考核的时期，对这些管理人员来说工作负担就比较重，甚至可能影响业绩考核的质量。因此，我们也可以采取离散的形式进行员工绩效考核，即每位员工在本部门工作满一个考核周期（如半年或一年）时，对这位员工实施绩效考核，这样就可以把员工绩效考核工作的负担分散到平时的工作中，如惠普公司就采取这种做法。要注意的是，如果考核没有同时进行，员工之间的绩效结果是否还具有可比性。

① M. N. Martinez: *Rewards Given the Right Way*, Human Resource Magazine, 1997(5), p. 52.

第三节　绩效评价的方法

绩效评价方法直接影响着考核计划的成效和评价结果。一个好的绩效评价方法应具有普遍性，较高的信度和效度，可鉴别出高绩效员工和低绩效员工。绩效评价的方法很多，大致可分为比较考核法、员工特征评价法、员工行为评价法、工作结果评价法和其他一些评价方法。

一、比较考核法

比较考核法是通过对员工进行相互比较而对员工进行评价和排序的方法，主要有：简单排序法、交错排序法、配对比较法和强制分布法。

（一）简单排序法

简单排序法是指考核者把一组中的所有被考核者按照其绩效水平从高到低进行排列的方法。这种方法一般只适合于员工较少的企业。其优点在于，简单易行，时间成本少。但其缺点在于，当员工个人的业绩水平相近时，难以进行排序。

（二）交错排序法

交错排序法是简单排序法的一个变形，考核者从所有被考核者中选出绩效水平最高的员工，然后再选出绩效最差的员工，把他们分别列为第一名和最后一名，然后在余下的被考核者中选出最好的作为整个序列的第二名，最差的则为倒数第二名，以此类推，直到将所有被考核者排列完毕。这个方法是依据心理学的观点，即人们比较容易发现极端的情况，而不容易发现中间的情况，因此通过交错排序得到的结果被认为更具有说服力。

（三）配对比较法

配对比较法也是简单排序的一个变形，通常是基于某一单一的标准对被考核者进行两两比较，依据比较结果中获得有利对比结果的次数来对其绩效进行排序（如表 5－3 所示）。这种方法适合于员工较多的企业。

表 5－3　配对比较法

姓名	A	B	C	D	E	分数	排序
A		+	－	+	+	3	C
B	－		－	+	－	1	A
C	+	+		+	+	4	E
D	－	－	－		－	0	B
E	－	+	－	+		2	D

(四)强制分布法

强制分布法实际上也是将被考核者进行相互比较的一种考核方法,只不过它是将被考核者按照组别进行排序,而不是对被考核者个人进行排序。这一方法的理论依据是数理统计中的正态分布概念,即认为员工的绩效水平服从正态分布。例如,通用的活力曲线就是通过强迫分布法对其员工的绩效进行区分。他们把公司员工区分为 3 类:最好的,占总人数的 20%;中间的,占 70%;最差的,占 10%。再如现在出现的末位淘汰,也是强制性要求对员工进行排序,之后淘汰绩效最差的员工。

强制公布法可以克服考核者过分宽容或过分严厉的结果,考核结果能区分出员工绩效水平的差异。但其缺点是,绩效水平不一定总是服从所设定的分布样式,有时按考核者的设想对员工进行强制区分容易引起员工的不满。一般而言,强制分布法适用于被考核者人数比较多,而考核者又不只一人的情况。

总的来说,比较考核法相对简单,但由于它考核的基础是整体印象,而不是具体的比较因素,因此很难发现问题存在的领域,不适合用来对员工提供反馈和辅导。

二、员工特征评价法

员工特征评价法衡量的是员工的个人特征,如能力、合作精神、创造性、进取心等。常用的方法是图解式评定量表法(Graphic Rating Scale,GRS)。

图解式评定量表是通过列举一系列被认为是成功工作绩效所必需的个人特征,如合作性、适应性、成熟性、动机等,并伴有一个 5 ~ 7 分的评定量表,量表上的分数用数目和/或描述性的词或短评加以规定,用以指示不同的绩效水平。绩效考核的等级一般从不满意到非常出色(如表 5 - 4 所示)。

表 5 - 4　图解式评定量表

用下列评定量表按每一品质考核该员工:
5 = 优秀;你所知道的最好的工人。
4 = 良好;达到所有的工作标准,并超过一些标准。
3 = 中等;达到所有的工作标准。
2 = 需要改进;某些方面需要改进。
1 = 不令人满意;不可接受。

A. 衣着和仪表　1 ________　2 ________　3 ________　4 ________　5 ________
B. 自信心　1 ________　2 ________　3 ________　4 ________　5 ________
C. 可靠程度　1 ________　2 ________　3 ________　4 ________　5 ________
D. 机智和圆滑　1 ________　2 ________　3 ________　4 ________　5 ________
E. 态度　1 ________　2 ________　3 ________　4 ________　5 ________
F. 合作　1 ________　2 ________　3 ________　4 ________　5 ________
G. 热情　1 ________　2 ________　3 ________　4 ________　5 ________
H. 知识　1 ________　2 ________　3 ________　4 ________　5 ________

资料来源:劳伦斯·S. 克雷曼:《人力资源管理:获取竞争优势的工具》,机械工业出版社 1999 年版,第 197 页。

员工特征评价法较实用且开发成本低,是最简单和最常使用的绩效考核方法之一。但这种方法不能有效地指导行为,也就是说,图解式评定量表并不能清楚地指明员工必须做什么才能得到某个确定的评分,因而员工对自己被期望做什么一无所知。例如,在“态度”这一项上,员工被评为“2”这个等级,就很难找到如何改进的办法。另外,评定量表缺乏评定结果的依据,难以让员工接受考核结果。

由于评定量表上的分数未被明确规定,所以很可能得不到准确的评定。例如,两位考核者可能用非常不同的方式来解释“平均”标准。未被明确规定的绩效标准将导致考核失误的增加,并且还可能产生较多的偏见。

三、员工行为评价法

员工行为评价法是针对员工的行为进行评价的方法,主要有关键事件法、行为观察量表、等级评定法和行为锚定等级评价法。

(一)关键事件法

关键事件法要求评价者对发生的事件做书面记录。所记录的事件应该是说明被考核员工令人满意和令人不满意的工作行为。在考核后期,考核者运用这些记录和其他资料对员工绩效进行考核。用这种方法进行的考核有可能贯穿整个考核阶段,而不仅仅是集中在最后几周或几个月里。由于有具体事例做基础,这种方法最大的优点在于,考核的结果容易被认同。其缺点在于,要求考核者定期记录关键事件,这种记录工作既烦琐又耗时,特别是对基层管理者而言。此外,如果员工认为管理者在记录关键事件时使用这种方法,还可能引起管理者与员工之间的摩擦。

(二)行为观察量表

行为观察量表是反映员工与工作绩效有关的各种行为发生频度的考核量表。一般采用从“从不”或“几乎没有”(0)到“经常”或“几乎总是”(5)量表来刻度被考核者的行为频度,然后分不同的行为维度进行考核,最后加总等分,高分表示该员工经常表现出组织所期望的行为。行为观察量表的优点是,设计和实现成本较低,便于主管人员指导员工的行为,因此在实际考核工作中,很多管理人员都乐于使用此种方法。这种考核方法的缺点是,考核易受考核者主观观察的影响,从而导致考核的稳定性和准确性较差。

(三)等级评定法

等级评定法(Rating Scale Method)是通过给出不同等级的定义和描述,针对每一个考核要素或绩效指标按照给定的等级进行考核,最后再给出总的考核。等级评定法通常有5~7类等级,常常采用诸如优秀、一般或较差来表示。这是一种传统的绩效考核方法,由于操作简单并能迅速地考核许多员工而被广泛采用。另外,当等级被量化时,这种方法也有利于员工绩效的对比。

但等级评定法也有其不足之处。第一,在员工对绩效评定结果有异议时,考核者很难为自己的结论提供有力的依据,因此在把绩效考核结果作为奖金分配依据时有局限。第二,较多的主管人员和员工习惯于评定为比较高的等级,从而出现了大量绩效被评定为优秀的员工,这样的结果并没有反映出员工的差异,挫伤了员工的积极性。另外,有时对等级考核的指标描述得比较抽象和含糊,也可能带来考核的误差。

(四)行为锚定等级评价法

行为锚定等级评价法(Behaviorally Anchored Rating Scale,BARS)是用来评价成功地完成某项工作所要求的行为的一种绩效评价方法,它是把与完成工作相关的典型行为的描述性说明词与量表上的一定刻度相对应来表示每种行为标准的程度差异,从而为考核者提供具体行为等级与考核标准,有效降低主观随意性,使工作绩效考核的标准更明确,计量也更准确,使被考核者对考核结果有较大的认同和信服,从而为改善绩效行为提供具体指导。行为锚定等级评价法评价的重点是员工在工作中表现出来的职能性行为,而不是员工个人的绩效结果。

行为锚定等级评价法实际上是传统绩效评定表和关键事件法的结合,其编制步骤如下:

第一,用工作分析的关键事件技术得出一系列有效和无效的工作行为。

第二,工作分析者首先将这些行为分类为个人行为能表征的工作维度或工作者特征,然后这些特征被分析者归类和加以定义。

第三,在不知道所分配的维度的情况下,与主题有关的专家们评论行为清单。也就是说,把每一维度的名称和定义告知这些人,要求他们将所有的行为按正确的维度加以分类,这一步被称为"反译",作为对分析者最初对行为所做分类的一次核查,如果大部分专家(通常80%或更多)分配给同一行为的维度与工作分析者分配给它的维度相同,则该行为被保留下来。

第四,"保留"下来的行为由第二组与主题有关的专家加以评审。这些人依照工作绩效去评定每种行为的有效性。例如,如果使用一个7分量表,"7"将标志着该行为代表一个极有效的绩效水平;"1"则标志极无效的绩效。

第五,分析者们计算出被给予每一行为的有效性评分的标准偏差,如果该标准偏差反映评分有较大的可变性(专家们在该行为多么有效的意见上不一致),那么该行为就会被舍弃,然后为剩下的每一行为计算出评定的平均有效性。

第六,分析者为每个工作特征构建一个评定量表,量表中列出该工作特征的名称和定义。对行为的描述被放置在量表上一个与它们的平均有效性评分相对应的位置上。

表5-5是行为锚定等级评价法的范例,它是为评价某工作维度而编写的行为

锚定等级评价量表。表 5 – 5 的左边是分值，表示行为的等级；表 5 – 5 的右边是对员工在工作中实际行为（或关键事件）的描述，这些行为（或事件）能够反映员工的绩效水平。

表 5 – 5　某工作维度的行为锚定等级评价法

7[　]优秀	制订综合的工作计划，编制好文件，获得必要的批准，并将计划分发给所有相关人员
6[　]很好	计划、沟通并观察得大事件，每星期陈述有关计划的执行情况。编制最新的工作计划完成图及累计待办的工作，采用这些方法使任何要求修改的计划最优化
5[　]好	列出每项工作的所有组成部分，对每一部分的工作做出时间安排。努力提早完成计划，以留出富余时间。满足客户的时间要求，超时和超支现象很少发生
4[　]一般	制定了到期日一览表，并随工作进展的情况修改日期，经常增加不可预见事件，经常激起客户的抱怨 可能制订了一个不错的计划，但没有记载工作进展的重大事件，也不报告时间安排上的疏漏或发生的其他问题
3[　]低于平均水平	计划制订得不好，编制的时间进度表通常是不现实的 不能提前一、两天制订计划，根本就不知道实际的工作到期日
2[　]很差	对所承担的工作没有计划或安排，对分配的任务很少制订计划或不做计划
1[　]不能接受	因为缺少计划，且对计划漠不关心，所以很少完成工作 由于缺少计划且不清楚如何改进，所以总是失败

资料来源：C. E. Schneier，R. W. Beatty. *Personnel Administrator*，1979（8），p. 60. 转引自劳埃德・拜厄斯、莱斯利・鲁：《人力资源管理》，人民邮电出版社 2004 年版，第 193 页。

行为锚定等级评价法有许多优点，①绩效考核的标准明确，等级尺度所附带的关键事件或行为能够明确说明工作绩效的差别；②在设计过程中，众多关键事件或工作行为被归纳为 5 ~ 6 种绩效要素，使各绩效评价要素之间的相对独立性较强；③具有良好的反馈功能，能够为员工的绩效改进提供比较明确的行为标准。行为锚定等级评价法的缺点主要是设计和实施的工作量大，成本高。例如，不同工作的工作维度不同，而且每种工作都有几个维度，管理者要为每个工作维度编写行为锚定，其工作量之大是可想而知的。

四、工作结果评价法

在基于结果的绩效考核中，往往是上级和下级对下一考核期的目标达成一致意见,双方规定了在某一个具体的时间内实现某一个特定的目标,届时员工的绩效水平就根据这一目标的实现程度来评定。由此可见,这一方法与目标管理(Management By Objective,MBO)的核心思想有着相似之处,都是强调员工绩效目标的实现以及员工对组织目标所做的具体承诺。因此,这种基于结果的考核法也称为目标考核法。如果员工与企业签订了绩效合同,这种方法又称为个人绩效合约法。

工作结果评价法的关键是目标的制定,即将组织绩效目标层层分解到各个部门,包括各个部门的主管人员直至每一位员工,据此设定相应的绩效目标并确定具体的考核指标。在这个过程中,上级要与下级进行沟通以达成对绩效目标的一致认同,然后员工会与上级签订个人绩效合约,员工的上级负责监督绩效合约的完成。如在每周的例会上向员工通报合约的完成情况,并根据绩效合约的具体要求对员工进行绩效考核。

显然,工作结果评价法能提供一种衡量预先确定目标实现程度的方法,有利于把个人绩效目标与组织绩效目标统一起来。但这种方法也有缺点。首先,由于这种考核方法注重的是结果,没有考虑外部因素对员工绩效结果的影响。其次,这种考核方法没有为管理人员提供在员工之间进行相互比较的依据,未能找到员工工作中存在的问题,绩效考核的结果对员工的发展帮助可能较少。再次,如果员工在本期完成了设定的目标,那么管理人员就倾向于在下一期提高目标水平,反之,如果没有完成,管理人员则倾向于将目标设定在原来的水平上,即产生了“棘轮效应”。最后,设计目标管理考核体系需要花费很多金钱和时间,因此成本相对较高。但这种方法仍是一种较受欢迎的考核方法,特别是在对管理人员进行考核时。

五、其他评价方法

(一)主管考核法

主管考核法是指主管凭个人的判断来评定下属人员的一种考核方法。这种方法的优点是,简便易行;缺点是,缺乏客观标准,考核结果很难达到公平合理。

(二)民意测验法

民意测验法是把考核内容分为若干项,制成考核表,每项后面列出 5 格:优、良、中、及格、差,然后将考核表发至相当范围。考核前也可先请被考核者汇报工作,做自我考核,然后由参加考核的人填写评估表,最后算出每个被考核者的平均得分,借以确定被考核者的工作档次。民意测验的参加范围一般是被考核者的同事、直属下属以及与其发生工作联系的其他人员。

这种方法的优点是,群众性和民主性较好;缺点是,从上至下地考察干部,缺乏由上而下的考察,由于群众素质的局限,会在掌握考核标准上带来偏差或非科学因素。一般将此方法用作辅助和参考的手段。

(三)360 度反馈法

360 度反馈法也称多方位评价法,是指由员工自己、上级、同事、下属和客户对员工的绩效进行评价的方法。

与传统的考核方法相比,360 度反馈法从多个角度反映了员工的工作,使结果更加客观、全面和可靠,特别是对反馈过程的重视,使考核起到了"镜子"的作用,并提供了相互交流和学习的机会。这种评价方法对企业人力资源管理工作者的能力也提出了更高的要求。一是收集和整理的信息数量将大大增加;二是管理人员,尤其是人力资源管理人员的反馈能力直接关系到绩效考核反馈系统的效能;三是绩效考核的内容和形式设计比较复杂。目前,美国一些最成功的公司,包括美国联合包裹运送服务公司、美国电报电话公司、宝洁公司等都采用这种方法来评价个人绩效。

实践证明,360 度反馈法只有在那些开发性高、员工参与气氛浓厚、具备活跃的员工职业发展体系的组织中才能取得理想的效果。

六、影响绩效评价方法选择的因素

(一)企业的主导目标

企业绩效考核的主导目标类型决定了它会选择何种绩效评价方法。例如,有的企业追求的是如何快速实现企业绩效目标,非常看重员工"干出了什么",员工的留用与淘汰、奖励与惩罚的依据完全在于员工完成预定目标的情况,即凡是达到预定目标的员工都留用或提薪,未达到预定目标的员工则辞退,而对由此导致的员工的频繁流动并不十分在意,因此,目标考核法比较适合这类企业。然而,有的企业追求的是建设一支高素质的、稳定的员工队伍,至于企业短期绩效目标的完成情况并不是首先考虑的问题,因此,这类企业多采用强制分布法进行末位淘汰,即假如规定 5% 的淘汰率,那么,不管末尾 5% 的员工是否都已达到预定的目标,也不管前 95% 的员工是否都达到了预定目标,只要是居于末尾 5% 的员工都予以辞退,以此促进员工队伍在合理范围内进行新陈代谢,提升员工队伍的素质。

(二)员工的工作特征

员工的工作可以从不同的角度划分出许多的特征,如图 5-2 所示。

在图 5-2 中,横轴代表工作内容的程序化,纵轴代表工作的独立性,第三轴代表工作环境的稳定性。从工作的程序化来看,工作有从程序化程度很高的事务性工作一直到程序化很低的工作;从员工工作的独立性来看,可以有非常低的独立性要求到非常高的独立性要求;从工作环境来看,可以有非常稳定的工作环境一直到变动性很强的工作环境。实际上,每个员工的工作都是这三种因素的某种组合,相应地,对员工工作绩效的考核就需要有不同的方法。例如,图 5-2 的下方反映的是工作环境稳定、工作内容程序性强和员工工作独立性低的情形。在这种情况下,工作绩效标准的客观性很强,就应该选择将员工的行为与工作绩效标准进行对照的考核方法,如等级鉴定法等。图5－2的上方反映的是工作环境不稳定、工作内容的程序性弱和员工工作的独立性高的情形。在这种情况下,工作绩效的客观性很弱,因此应该选择非结构化的比较方法,如书面报告方法等。图5－2的正中心反映的是3种因素的程度都居中的情形,在这种情况下,工作业绩的客观性也就居中,因此对员工工作结果的考察要比对员工工作过程的考察重要,因此可以选择目标管理考核法。

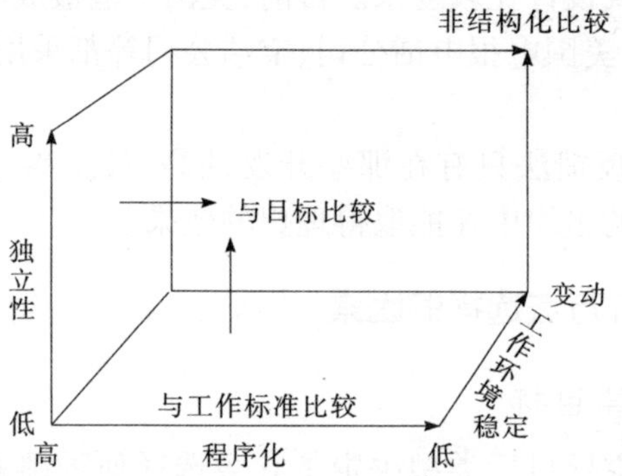

图5－2　影响业绩考核方法选择的工作特征因素

(三)考核结果的用途

考核结果可以用于很多目的,例如,可为招聘与选拔提供反馈信息,或作为确立员工合理劳动报酬的依据,员工提薪、晋升和奖励的重要参照标准和员工岗位调配的依据,也可据此确定培训、开发的对象与内容等。员工绩效考核方法的选择也要考虑考核结果的用途。有的考核方法可能非常适合员工奖金的分配,却不适合为员工提供反馈和指导;有的考核方法可能很适合员工的培训和开发,却不适合员工提薪、晋升和奖励等激励性人事政策的执行。例如,员工比较考核法,由于它考核的基础是整体的印象,而不是具体的比较因素,所以较难发现问题存在的领域,因此,不适合用来对员工提供反馈信息和辅导,而且在为奖金的分配提供依据方面的作用也是有限的,但是如果企业进行业绩考核的目的是为了进行重大的人事决策(如晋升和提薪等),那么考核者就必须对员工进行相互比较,这时,比较考核法就是不可或缺的了。又如,目标管理考核法,由于不同的岗位、不同的部门所设立的目标有所不同,因此,员工之间、部门之间的可比性就不强,使用这种方法的考核结果不便为奖金的分配提供依据,也不便为日后的晋升决策提供支持,但是这种方法能够发现具体的问题和差距,便于制订下一步的工作计划,因此非常适合用来对员工提供反馈信息和辅导。

(四)企业内部人际关系和组织氛围

企业内部融洽和谐的人际关系和积极健康的组织氛围是选择考核方法的前提。例如,360 度反馈法的使用对组织内部环境有较严格的要求,只有在企业内部员工之间人际关系和谐、上下级之间互相支持、部门之间的交往模式非常健康的情况下,使用这种考核方法得出的结果才是公正客观的。如果企业内部人员之间、部门之间缺乏信任,关系紧张或出现恶性竞争,那么,就不应使用 360 度反馈法,而应该使用强制选择系统,因为这种方法能够避免考核中的蓄意夸张。

(五)企业承担考核费用的能力

公司承担考核费用的能力也是选择考核方法时的重要因素。复杂的考核方法需要花费大量的时间和精力,例如,要请专家专门开发考核工具;要在考核中运用大量的统计分析;在运用计算机储存员工管理资料的情况下,还要考虑考核信息与计算机相匹配的问题,等等,因此成本较高。出于降低管理成本的考虑,很多公司可能更愿意选择一些便于操作、简单易行的方法,以减少考核时间、费用和精力。

第四节 绩效反馈与绩效改进

一、绩效反馈

绩效评价的目的是改进和提高员工的工作绩效,因此,在对员工进行考核完毕后,应将考评结果及时反馈给员工,使员工了解自己的优势和不足,以便明确哪些方面需要改进。绩效反馈就是员工的主管就绩效考核结果与员工进行面对面的沟通与交流,指出员工在工作方面的优点和不足,并一起制订绩效改进计划的过程。现实中,绩效反馈往往被忽略或者没有给予足够的重视,使绩效评价没有发挥应有的作用。绩效反馈最常用的技术就是绩效面谈。

(一)绩效面谈的功能

一般而言,绩效面谈主要有 5 方面的功能:

1. 使双方对绩效考评形成一致看法

对同样的行为表现,不同的人往往会有不同的看法。由于绩效理解的不同而带来的不一致是常有的事情,因此,必须进行沟通以达成一致的看法。

2. 使员工认识到自己的成就和优点

每个人都有被他人认可的需要,当一个人做出成绩时,他需要得到其他人的承认或肯定。因此，绩效面谈的一个很重要的作用就是，使员工认识到自己的成就和优点，从而对员工起到积极的激励作用。

3. 指出员工有待改进的方面

员工的绩效中可能存在一些不足，或者员工目前的绩效表现比较优秀，但今后想要做得更好仍然有一些需要改进的地方，这些都是在绩效面谈的过程中应该指出的。通常员工想要听到的不只是肯定和表扬的话，他们也需要有人中肯地指出其有待改进的地方。

4. 提出改进计划并对改进计划形成一致的看法

在双方对绩效考核的结果达成一致意见后，员工和主管可以在绩效面谈的过程中一同就改进绩效的计划进行讨论。通过考核面谈，对有关如何改进绩效及拟定具体的计划双方可以充分地沟通。员工可以提出自己的绩效改进计划，向主管提出自己需要什么样的支持，以及如何让主管得知自己绩效改进方面的信息。主管人员则可对员工如何改进绩效提出自己的建议。

5. 对下一个绩效考核周期的目标和绩效标准达成协议

绩效考核是一个系统的过程，一个绩效考核周期结束另一个绩效考核周期也将开始。因此，上一个绩效考核周期的考核面谈也可以与制定下一个绩效考核周期的目标和绩效标准结合起来进行。

（二）绩效面谈的准备

绩效面谈是一个双向沟通的过程，主管人员和员工都应该为绩效面谈做好准备。

1. 主管人员在绩效面谈前应做的准备工作

第一，选择适宜的时间。主管人员与员工协商好一个双方都合适的时间，并安排足够绩效面谈的时间，如果是与较低层次的员工（如文职人员）进行面谈，不宜超过一个小时，而与管理层的员工进行面谈，一般为两到三个小时。

第二，准备适宜的场地。一般是在办公室进行绩效面谈，因为办公室给人的感觉比较正式。但在办公室进行绩效面谈也容易受到干扰，而且办公室的情境会给人明显的上下级的感觉，不易于双方平等的沟通。因此，也可选择如咖啡厅、小型会议室等较为轻松的环境，使员工能放松下来，充分表达其真实的感受。

第三，收集面谈的资料。研究员工的工作描述，比较员工在工作标准上的绩效，对员工过去的考核文档进行回顾。

第四，对待面谈的对象要有所准备。主管人员应了解面谈对象的个性特征以及本结果对其的影响，考虑其可能的反应，对可能出现的不一致意见做出解释。

第五，计划面谈程序。对面谈要讨论内容的先后顺序进行排序，并对各部分内容所花的时间有所掌握。

2. 员工在绩效面谈前要做的准备工作

第一，准备表明自己绩效的资料或证据。员工需要准备好表明自己绩效的一些事实依据，对于完成较好的任务需要以事实为依据来加以说明。

第二，准备好个人的发展计划。面谈如果是基于令人满意的绩效，员工很有可能得到晋升时，应准备好自己制订的发展计划。

第三，准备好向主管人员提出的问题，提醒主管人员可能没有察觉的信息，这样有助于形成更客观、更准确的考核。

(三)绩效面谈应注意的问题

在与员工进行沟通时，应尽量让员工保持自尊并尊重其价值观。在讨论绩效问题时，应对事不对人，这一点是很重要的。另外，面谈的重点是提出建设性的意见和建议，尽量减少批评。具体而言，面谈时要注意以下几点：①强调员工的积极方面；②要针对问题，而不要针对人，避免任何破坏性的批评；③提出的问题要具体，在指出问题的同时，还要指出问题的原因；④要建立融洽的谈话气氛，注意说话的技巧，语气要平和，说话不要过火；⑤尽量把面谈变成一个双赢的过程，以便各方的愿望都能实现。

要使绩效面谈起到改进绩效的作用，还应该整理出与工作相关的具体问题，提出绩效改进的目标及达到目标的时间，表5－6是一个绩效反馈面谈表的范例。

表5－6 绩效反馈面谈表

<table>
<tr><td colspan="2">面谈对象</td><td colspan="2"></td><td>职位编号</td><td></td></tr>
<tr><td colspan="2">面谈者</td><td colspan="2"></td><td>面谈时间</td><td></td></tr>
<tr><td colspan="2">面谈地点</td><td colspan="4"></td></tr>
<tr><td colspan="6">绩效评价结果：</td></tr>
<tr><td>工作成绩</td><td></td><td>工作能力</td><td></td><td>工作态度</td><td></td></tr>
<tr><td colspan="6">绩效优良方面的表现：</td></tr>
<tr><td colspan="6">绩效不良方面的表现：</td></tr>
<tr><td colspan="6">导致绩效不良的原因：</td></tr>
<tr><td colspan="6">绩效改进计划：</td></tr>
<tr><td colspan="2">面谈对象签字</td><td colspan="2"></td><td>面谈者签字</td><td></td></tr>
</table>

研究者发现,员工对他们的考核面谈是否满意主要取决于以下3个因素①:①在面谈过程中没有感到受威胁;②有机会陈述他们的观点并能影响面谈的过程;③有一位乐于帮助他们并能给他们提供建设性意见的主管实施面谈。面谈后,应使员工满怀积极的态度,而不是抱有不满的情绪。

二、绩效改进计划

绩效反馈的最终目标是为了使员工能改进他们下一阶段的绩效。制订绩效改进计划是绩效评价工作的最终落脚点。绩效改进(performance Improvement)是运用人力绩效技术,发现和分析个人与组织的绩效差距,设计和开发组织绩效系统,以提高个人和组织绩效的过程。绩效评价过程也是一个绩效分析过程,通过对员工绩效的评价和分析,找出影响绩效的原因,制订绩效改进计划。员工个人绩效改进计划包括以下要点。

(一)计划要切合实际

为了使绩效改进计划确实能够执行,在制订绩效改进计划的时候要本着这样3项原则:容易改进的优先列入计划,不易改进的列入长期计划,不急于改进的暂时不要列入计划。也就是说,容易改进的先改,不易改进的后改,循序渐进,由易至难,以免使员工产生抵制心理。

(二)计划要有明确的时间性

绩效改进计划应有时间约束,避免流于形式,也有利于管理者的指导、监督和控制,同时给员工造成一定的心理压力,使其认真对待。

(三)计划要具体

列入绩效改进计划中的每一项内容都要十分具体。绩效改进计划要标明期望达到的绩效改进结果。

(四)计划要获得认同

绩效改进计划必须得到双方的一致认同方为有效,才能确保计划的实现。在制订计划时,不能把主管的意志强加于员工个人,应当让绩效改进者感觉到这是他自己的事,而不是上级强加给自己的任务,这一点务必在面谈时达成。

在现代绩效评价中,应把改进工作绩效作为绩效评价工作的重点。主管人员要经常带头与下属讨论工作,以有效地完成工作作为讨论的核心,并时常对下属的工作和绩效改进予以指导。对绩效改进计划的指导要一直持续到下次考核为止。主管人员应把下属的绩效当成自己的绩效,要对下属的失误负责,如果不

---

① J. Pearce, L. Porter: *Employee Response to Formal Performance Appraisal Feedback*, Journal of Applied Psychology, 1996, 714(2), pp. 211 ~ 218.

能有效地指导下属改进工作就是主管的失职。表 5 – 7 即为绩效改进计划的范例。

表 5 – 7 绩效改进计划

绩效改进计划 时间:2005 年 5 月 执行者:王浩,工厂的经理助理 问题:零部件的存货水平太高 目标:在 7 月份把工作的零部件存货水平降低到 10%		
步骤	时间	期望的结果
决定每月的平均库存水平	6/2	建立起测量进步的基础
回顾定单数及零部件的使用情况	6/15	确认超过库存水平的项目
把超出需求的零部件运到指定的仓库并处理淘汰了的零部件	6/20	清出仓库的空间
设定所有的零部件的新定单数	6/25	避免将来的库存过多
检查记录以测量现在的绩效水平	7/1	看是否达到了绩效标准

【思考题】

1. 什么是绩效？你认为影响员工绩效水平的因素有哪些？
2. 什么是绩效评价？绩效评价有什么作用？
3. 如何理解绩效管理？
4. 什么是关键绩效指标？
5. 绩效评价有哪些方法？各有什么特点？
6. 为什么要进行绩效面谈？绩效面谈与绩效改进是什么关系？

【案例分析】

案例 1:360 度考核方法失效？①

在姚纯的案前摆着一摞的绩效考核表格，但姚纯却高兴不起来。他认为这些考核结果并不是真实的，完全扭曲了他推行绩效考核方案的初衷。事实上，他主推的是 360 度考核方法，“但却在落实中层层受阻，考核结果在这一受阻过程中逐步失真。连我自己都打了一个大问号：难道 360 度考核失效了？”

① 本案例选自《管理@人》,2005 年 12 月刊，第 70 ~ 71 页。

1. 变更考核方案

姚纯在广州某互联网公司的行政与人事部门工作。2002年成立人力资源部后，他主导建立了公司的绩效考核及以此为基础的薪酬体系。单向的绩效考核虽然与员工的薪酬挂钩，但执行一年之后，他发现效果慢慢地不再像开始那样理想了。

最明显的例子是，个别部门的员工完成自我评估后，未等上级主管进行评估及绩效面谈，先签上了自己的名字，再交给上级主管签字。这种状况让姚纯有点哭笑不得，他也私下了解到，这些员工并不是不理解绩效考核应该如何做，而是他们本身就不重视考核结果，在评估自己绩效不会很差的情况下，就不会再关注考核的结果了。

他发现单向的考核最为常见的问题是，上级主管的单向考核并不能真实地反映员工的真实绩效，极容易受主管个人感情等人为因素的影响。比如，某位员工的绩效得分非常高，但其他部门却反应收到几次客户对他的投诉。

经过一番周密的调查分析，姚纯决定改变由上级给下级单向评分的考核方案，转而实施360度考核方法。

他的这一建议得到了总经理的大力支持，要求他在3个月内落实考核方案。

姚纯即刻着手编制了一份360度考核制度及推行方案。按照新的考核制度，被考核人的上级、同级、下级和服务的客户都对他进行打分，通过这种多方评价的方式让被考核员工了解各方对自己工作的满意度。一方面，被考核人更清楚自己的优点与不足，更好地提高自己；另一方面，公司及上级主管也能更为准确地把握员工的真实情况。

2. 初战告捷

经验丰富的姚纯明白，制定考核制度容易，难在执行。"所以，我对考核方案的实施做了非常周密的准备工作。"姚纯说。

在每周一的例行会议上，人力资源部提出准备实施新的考核方案时，总经理马上表态认同了这个方案，各部门经理也都表示改变原有方案的必要性。看到中高层都如此支持考核方案的变革，姚纯对顺利实施新方案充满了信心，马上建议召集部门经理开专题会议，开始着手实施考核方案。这个建议也得到了总经理的赞同。"我的思路是，由人力资源部针对中层管理人员进行培训，再由各部门经理将360度考核的制度与思想对本部门员工进行讲解。这样就可以避免将制度仅仅停留在各部门主管，而让基层员工都明白为什么要变更考核方案？新的考核方案会有什么样的特点与优势？对员工会有哪些方面的影响。"姚纯说。

于是，姚纯召集公司的7个部门经理开会，并请总经理出席。姚纯首先对新考核方法做了介绍和说明。他花了整整2个小时的时间，讲得口干舌燥，但让他感到开心的是，各个部门经理都非常认真，把执行新方法的流程记了下来。

接着，姚纯把自己讲解时演示用的PPT发给了各部门经理，要求他们在一周内完成对本部门员工的培训，并提醒人力资源部列席，以提供必要的解释说明。

“从开始的实施情况来看，是非常顺利的”。姚纯说，“我个人也出席了一些部门的内部培训，从表面上看，基层员工也理解和接受了考核方案的变革，给了我非常大的信心。”

一切似乎都在按姚纯的预定轨道中进行。

然而，姚纯很快就发现，他过于乐观了！

3. 执行遇困

在实施的准备会上，姚纯做了又一次讲解和演示，把操作步骤非常细致地做了分解。这次让他失望的是，各部门经理似听非听、似懂非懂地看着他。技术部经理一边听，一边与身边的财务经理讨论服务器的购置问题。

待姚纯讲解完毕，希望各部门经理提出疑问或建议时，大家的回答都很含糊，有的说“行，就这样吧，我们知道了！”有的说“差不多了，我们知道了就行了。”会议就这样结束了。

按计划，姚纯向各部门收取要求填写的最新的职务说明书时，新的问题出现了。技术部提交的职务说明书填写的内容和以前一模一样，几乎就找不到任何变化。而姚纯一再强调的是，这些职务的职责必须要重新细化。市场部经理则推说自己这两天一直在做一个市场方案，实在太忙，还来不及完成，但答应会尽快提交过来。

非常无奈的姚纯只好要求技术部重新填写，市场部则尽早完成。在整个过程中，他安排了人力资源部的员工持续加班，协助各个部门经理完成。

好不容易完成了新的职务说明书，在总经理的主导下，开始进行目标分解。由于涉及各部门的利益，各部门经理非常积极，很顺利就完成了从公司目标到部门目标的分解。然后，姚纯交代各部门尽快将目标落实到个人。

到了月初，姚纯督促各部门完成对本部门员工的考核，形成部门绩效后，开始讨论各个部门的真实绩效。

但让姚纯失望的是，回收的绩效考核结果与考核方案变革前，并没有明显差异。各个部门之间的打分都非常中庸，市场部对技术部的工作配合程度打分是80的话，技术部也是还之以80分。双方好似事前有约定。而员工的同级打分、上下级的彼此打分也有此痕迹。

这意味着，改变原有方案的考核过程中人为因素的目的落空了。

更让姚纯泄气的是，部门经理普遍抱怨360度考核大大增加了他们的管理工作量，从目标分解到进行考核打分，所耗费的时间是之前的2倍多，给他们原本就近于超负荷的工作增加了不必要的负担。

讨论题：

1. 360度考核方法为什么失效？问题出在什么地方？

2. 如何解决考核方法执行难的问题？

案例2:一项“令人满意的”评定令人满意吗?①

安德鲁·希尔顿(Andrew Hilton)过去26年里一直在“汉密尔顿化学公司”(Hamilton Chemicals)受雇做一名电气科学工程师,最近被提拔到管理层,他的新职位是工程设计服务机构的经理,有20名来自所有学科的工程师向他报告。

这个单位工作状况一直不好,士气和绩效一直比较低。在过去的两年中,该单位的生产率已降低了25%,缺勤率上升了10%,与工作有关的人身伤害上升了12%。

安德鲁认为,问题是由于以前的经理——特德·辛普森(Ted Simpson)错误地使用绩效评估系统而引起的。工人们每年依据一个5分图解式评定量表按以下的工作维度进行评定:

1. 安全;
2. 与他人协作的能力;
3. 对公司长期成长的贡献;
4. 对生产率的贡献;
5. 成本控制;
6. 出勤。

在过去两年中,辛普森在所有6个维度上给每个雇员一个“令人满意的”评分——3分。经过安德鲁最初两个月的观察,他相信辛普森对他们的评分是错误的。6个工程师很快突出成为绩效优异者,而3个工程师则明显让人不满意。

讨论题:

1. 为什么你认为特德·辛普森给了每个人一个令人满意的评定?
2. 你同意安德鲁关于绩效评估可能导致绩效较低的意见吗?请予以解释。
3. 如果安德鲁选择给每个雇员应得的评分,你认为会产生一种强烈反应甚至使很多工人更加不满意吗?
4. 你认为安德鲁是如何使6名工程师成为绩效优异者?
5. 安德鲁将如何处理这种局面?

---

① 本案例选自劳伦斯·S.克雷曼:《人力资源管理:获取竞争优势的工具》,机械工业出版社1999年版。

第六章

人员培训与开发

★ 本章要点 ★

通过本章的学习，应掌握以下内容：

- 人员培训与开发的含义与作用
- 人员培训与开发的过程模型
- 人员培训与开发的需求分析
- 人员培训与开发的目标、方案及效果评估
- 人员培训与开发的技术和方法
- 新员工的引导和教育
- 管理开发

第一节　人员培训与开发的作用

一、人力资源开发的含义

在谈到人员培训与开发时，我们自然会想到人力资源开发，人员培训开发与人力资源开发是什么关系呢？下面首先对这一问题进行分析。

人力资源开发（Human Resource Development，HRD）概念的提出是在 20 世纪 60 年代。而“培训”一词出现得非常早，在工业革命之前，手工作坊主就为其雇员提供培训，主要采取的是师傅带徒弟的形式。到了 19 世纪，由于工业革命和科技

的发展,引发了企业对员工的培训需求。在工业化初期,由于大量现代企业的出现,需要大批的熟练工人来操作机器,以及大量的工程师、机械师来设计、制造和维修机器,而当时的职业技术教育无法满足企业的需要,一些企业就自己开展各种教育和培训活动。

随着科学技术和社会的发展以及企业竞争的加剧,企业对培训越来越重视,培训的内容和形式也不断地变化和革新,一些企业不但成立了专门的培训部门,甚至有的还成立了企业大学,如通用电气公司和福特公司早在20世纪初就成立了自己的企业大学,专门培训自己的员工。据调查,美国1988年大约有400个企业大学,到2000年,企业大学的数目超过了1 600个。[①] 近年来,我国也出现了许多企业大学,如海尔大学等,据统计,截至2012年,国内企业开办的企业大学达到1 186所。[②] 企业大学的培训对象也从最初的非熟练工人扩展到企业的所有员工,包括管理人员和高层管理人员,例如,1956年,IBM公司在纽约建立了高层管理开发中心。许多国家开始关注企业的培训活动,对其进行研究或在立法上给予规范。例如,1942年,美国成立了培训指导者协会(American Society for Training Directors,ASTD),并在1962年颁布了人力开发与培训法案。我国在《劳动法》中也规定用人单位要有计划地对劳动者进行职业培训。1996年,我国劳动行政管理部门还颁布了《企业职工培训规定》。

由于企业的培训内容、形式和对象都在不断地发展变化,企业对员工的培训不仅关注技能培训,更重视员工的能力、态度以及员工未来的发展,而且把企业的培训与战略联系起来,因此,“培训”一词已经难以反映企业培训活动的内涵。20世纪60年代初,美国培训指导者协会更名为美国培训与开发协会(American Society for Training and Development, ASTD),认为员工开发比培训更重要。1967年,美国学者纳德勒(Leonard Nadler)将人力资源开发概念引入到企业的人力资源培养中,培训与开发成为人力资源开发的一个领域。目前,人力资源开发的概念和思想已被广泛接受,并得到了一定的发展。

但是,人们对什么是人力资源开发有不同的解释,代表性的观点有:纳德勒认为,[③]人力资源开发是在一段特定的时间内由雇主提供的有组织的学习体验,其目的是改进员工绩效并为个人发展提供可能性。吉雷和埃格兰德认为,[④]人力资源开发是为了改善工作条件、提升个人和组织的绩效而进行的有组织的内部学习活动。美国培训与开发协会认为,人力资源开发是综合利用培训与开发、职业生涯开

---

① R.韦恩·蒙迪等:《人力资源管理》,经济科学出版社2003年版,第247页。

② 第二届中国企业大学发展论坛,《东方财富网》,http://topic.eastmoney.com/qydx/,2012-11-16。

③ L. Nadler,Z. Nadler:*Developing Human Resources*,Jossey-Bass Inc.,1989,p.4.

④ J. Gilley,S. Eggland:*Principles of Human Resource Development*, Perseus Books,p.5.

发、组织开发等手段来改进个人的、群体的和组织的效率。[①] 德西蒙(R. Desimone)等则认为,[②]人力资源开发是由组织为其员工提供的一系列系统的、有计划的活动,使员工有机会学习必要的技能以满足当前和未来工作的需要。我国学者萧鸣政认为,[③]人力资源开发是开发者通过学习、教育、培训、管理等有效方式,为实现一定的经济目标与发展战略,对既定的人力资源进行利用、塑造、改造与发展的活动。

从以上定义可以看出,人力资源开发是一个宽泛的概念,但它核心的思想是关注个人和组织的发展、个人与组织绩效的提升,以及个人与组织的学习等。培训与开发是人力资源开发的重要组成部分,它与职业生涯开发、组织开发一起构成了人力资源开发体系。

二、人员培训与开发的含义

培训与开发(Training and Development,T&D)是两个不同的概念,有时这两个概念可以互换使用或者连在一起使用。培训是企业为员工提供目前工作所需的知识、技能和行为的活动,它是以满足当前工作需要为目的,是一个短期过程。开发也是企业为提高员工的知识和技能所设计的活动,但它所关注的是企业未来发展的需要,目的是能使员工胜任未来的工作要求,与企业的发展保持同步,因此,开发是一个长期的过程。例如,企业引进了一条新的生产线,由于员工不熟悉新机器的操作,企业就要设计一些课程来教会员工如何操作新机器,这就属于培训。如果企业要做战略调整,制定了新的发展目标,而员工目前的观念、能力等难以满足企业未来发展的需要,企业为改变员工的观念、提高员工的能力所采取的各种教育培训活动就属于开发。

虽然培训与开发有一定的区别,但它们本质上是相同的,都是为了帮助员工提高工作能力,都是为了使员工的能力产生持久的变化,以此来改善和提高员工和组织的绩效。需要注意的是,这里的员工指的是企业的所有员工,包括管理者,对管理者的培训与开发一般称为管理开发。这里的能力要从广义上理解,它包括知识、技能、能力、态度和价值观,以及对工作绩效具有关键作用的行为。

近年来,随着人力资源开发理论的发展,人们对培训与开发有了更深的认识,主要表现为:

第一,从"投资"的角度来看待培训与开发,将对人的投资看作一种人力资本投资,并把培训与开发看成是实现企业目标的战略工具。一些公司认为,投资于培

① 转引自谢晋宇:《人力资源开发概论》,清华大学出版社 2005 年版,第 14 页。

② R. Desimone, J. Winner, D. Harris: *Human Resource Development* (3rd ed.), Thomson Learning, 2002, p. 3.

③ 萧鸣政:《人力资源开发的理论与方法》,高等教育出版社 2004 年版,第 9 页。

训与开发对未来的战略和竞争优势是必要的，它是与企业的长期利益相关联的。世界知名公司都非常重视对员工的培训，如飞利浦、通用电气、三星、壳牌、宝洁、奔驰和摩托罗拉等，每年都投入大量的经费用于员工的教育培训。如在丰田公司，丰田生产方式的核心理念是，对人的投资是最主要的投资，这种价值观体现为丰田公司的终生雇用制。

第二，关注员工的发展。培训与开发不仅是实现企业目标的战略工具，也是实现员工目标的重要手段。传统上，对员工的培训主要是满足工作的需要，而不考虑员工自身的需要和员工的发展。由于传统雇佣关系的终止，企业要想吸引和留住优秀员工，保持员工对企业的忠诚度，就必须关注员工的成长和发展，通过培训开发提高员工的受雇能力或就业能力(Employability)。布鲁斯·艾利格认为，雇主有责任为员工提供适当的培训方案，对员工进行教育和咨询，提供改进现有技能和获得新技能的机会，改进员工的可受雇能力。①

第三，学习已成为培训与开发的核心观念。现在许多企业都意识到学习对一个企业的重要意义，都期望把自己的企业建成学习型组织，以应对全球化的趋势、市场和技术的竞争、劳动力的变化等。组织和员工的学习能力被看作企业获得竞争优势的一个重要途径，是企业核心竞争力的源泉。

第四，把培训开发看作创造智力资本的途径。现在，培训已不仅仅局限于基本技能的开发，而是被看作创造智力资本的途径。智力资本包括基本技能(完成本职工作的技术)、高级技能(如何运用科技与其他雇员共享信息的技术)、对客户和生产系统的了解以及自我激发创造力等。

第五，管理开发成为培训与开发的重要领域。目前，管理开发已成为培训与开发中最受重视的活动。据一项调查估计②，2000 年，美国有 96% 的企业提供了不同形式的中初级主管和中层管理者的开发项目，开展高层管理者开发项目的企业高达 87%。

三、培训与开发的作用

培训与开发是人力资源管理的一项重要职能活动，越来越受企业的重视。例如，2002 年，美国企业用于正式培训的预算超过 620 亿美元，这里还不包括在职培训所发生的费用。通用电气公司、美国机器人公司、联邦运输公司等将其工资总额的 3% ~5% 都用于培训，而日本和德国企业用于员工培训的支出远远大于美国。丰田公司领导人认为，丰田公司唯一的竞争差异化来源就是他们所培养出来的杰

---

① B. R. Ellig: *Employment and Employability: Foundation of the New Social Contract*, Human Resource Management. 1998, 37(2), pp. 173 ~ 175.

② *Industrial Report 2000*, Training, 2000(10), p. 55.

出人才，培养人才是他们的第一要务。[①] 在丰田公司，教导和培养下属是每位经理人员的核心工作之一。培训与开发的作用主要体现在以下几个方面。

（一）培训与开发是企业实现战略目标的工具

传统上，制约企业战略目标实现的关键是资本和技术。而现在，资本已不再是稀缺的、制约企业发展的瓶颈，人力资源成为制约企业发展的关键因素。企业战略目标的实现要以合格的人力资源做保障，通过培训与开发活动，可以提高员工的工作能力，使之能够胜任企业交付的工作。

（二）培训与开发是企业吸引和留住人才的重要手段

美国《财富》杂志在每年“100 家最受欢迎的美国公司”评选中发现，培训与开发是除股权之外最能吸引和保留员工的工具，其中一些企业已经将培训与开发计划作为招聘的筹码。我国高校毕业生也把企业是否能够提供良好的培训作为选择企业的重要因素之一。培训与开发之所以是吸引和留住人才的重要手段，是因为在传统的雇用模式下，员工与企业的关系是比较稳定的，员工未来的职业发展是可预见，只要员工对企业忠诚，努力工作，企业就会为员工提供稳定的工作、良好的工资待遇等。由于竞争的加剧，这种旧的关系难以保持，在新的雇用模式下，员工与企业的关系是不稳定的，任何企业都难以保证不解雇员工，员工只有不断提高自己的能力，才能把握自己未来的职业发展。因此，企业为员工提供良好的培训和职业发展道路有利于吸引和留住员工。

（三）培训与开发能够提高员工的知识和技能，防止知识老化和技能过时

由于技术变革速度的加快，员工掌握的许多知识和技能都老化或者过时了，如电子工程学和计算机科学中的知识半衰期为五年和两年半。此外，其他的专业人员和经理们也面临着技能过时的风险。因此，企业必须不断地对员工进行培训，以应对技术的变革。例如，惠普公司为保持其工程队伍的竞争力，与大学建立合作项目，仅在一年中，就有 1 000 名员工在斯坦福大学听课，还有 200 名员工在加州州立大学听课。[②]

（四）培训与开发能够提高员工的工作绩效

通过培训提高员工的技能，还可以改进员工的工作绩效，从而提高组织绩效。例如，对新招录员工而言，很难期望他们不经培训就能很快掌握职位所需的技能，通过培训，可以缩短新员工适应企业和职位要求的过程，减少因低效率造成的损失。所有新雇员包括那些拥有适当技术和技能的人，都需要通过某种培训来熟悉

---

① 杰弗瑞·莱克，大卫·梅尔：《丰田人才精益模式》，机械工业出版社 2016 年版，第 3 页。

② 查尔斯·R. 格里尔：《战略人力资源管理》，机械工业出版社 2004 年版，第 11 页。

他们企业的文化、政策、工作程序等。对老员工而言，由于技术的进步、岗位的变化、职务的升迁等，使原来的技能难以适应新的要求，企业需要对他们不断地进行培训，以跟上技术进步和组织发展的步伐。

第二节　人员培训与开发过程

一、人员培训与开发过程模型

为了保证培训与开发的有效性，企业必须对培训与开发过程进行分析和设计。由于培训与开发是为企业战略服务的，因此，培训与开发必须要满足企业的需要，并以此来确定培训与开发的目标和方法等。培训与开发过程大致分为4个阶段：①进行培训与开发需求分析，这是培训与开发工作的第一步。只有通过需求分析，才能确定企业是否需要培训、谁需要接受培训以及需要什么培训等。②培训与开发项目的设计，包括确定培训与开发目标、培训方法、培训者、准备培训材料等，其中，制定的目标要清晰、简明。③实施培训开发项目。在实施项目时，要注意对整个过程的控制。④培训与开发效果评估。培训项目实施后，必须对培训结果进行评估，以确定是否达到培训目标的要求。图6－1是培训与开发流程图。

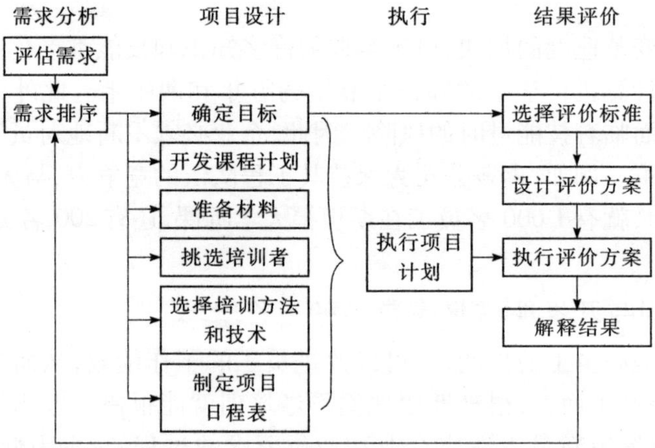

图6－1　培训与开发过程模型

资料来源：Desimone，Harris. *Human Resource Development*，Harcourt College Publishers，2002，p. 24.

二、培训与开发的需求分析

人们在进行培训与开发活动之前，要对培训需求进行分析，找出实际工作绩效与工作绩效标准之间的差距，然后确定具体的培训目标，并根据目标设计培训方案，实施培训方案，评估培训成果。因此，培训需求分析是培训开发活动的基础，如果培训需求分析不准确，或出现偏差，那么，培训工作就达不到预期的目的。我国一些企业在设计培训方案时常常跳过了这一步，不进行需求分析评估，结果使培训达不到企业的要求，使企业领导认为培训是浪费时间和金钱。

（一）培训与开发需求分析的含义

培训与开发需求分析是由企业有关人员收集有关组织和个人的各种信息，找出实际工作绩效与绩效标准之间的差距，分析产生差距的原因，以确定是否需要培训、谁需要培训等。培训需求分析的焦点不是学习本身、培训计划本身或培训部门必须提供什么，而是根据绩效的标准，关注员工学习的需求，即员工需要学习的知识、技术、能力、态度等方面。通过培训需求分析，我们可以确认：①

- 组织的目标和实现这些目标的效率；
- 员工现有技能和有效地完成当前工作所需技能之间的差距；
- 员工现有技能和为能够成功地完成未来工作所需技能之间的差距；
- 未来人力资源开发活动的条件。

需要注意的是，造成员工绩效低下的原因很多。例如，如果是由于员工知识、技能、能力或态度等方面的问题，可以通过对员工的培训来解决；如果是由于管理者的工作作风、管理方式等的影响造成的，则需要管理者改变领导方式或对领导者进行培训；如果是由于工作设计或管理制度方面的问题，就需要对工作进行重新设计或者改进管理制度，这时，对员工进行培训是没有意义的。

为确定培训与开发的需要，企业必须从3个层次进行分析，即组织水平、工作（任务）水平及个体水平。组织水平分析是从组织的角度考虑，如企业的战略使命、目标等，决定是否需要培训以及为培训提供可利用的资源等，它是任务分析和人员分析的前提。第二个层次即工作水平分析，是对完成企业目标所需要执行的任务的分析，它要确定关键任务及需要在培训中加以强调的知识、技能和行为方式。人员分析主要是分析员工的现状，确定谁需要接受培训、接受什么类型的培训等。

通过培训与开发需求分析，我们可以确定是否需要培训、谁需要培训和受训者需要学习哪方面的信息，包括他们通过培训要完成的任务及知识、技能、行为方式

① R. Desimone, J. Winner, D. Harris: *Human Resource Development* (3rd ed.), Thomson Learning, 2002, p. 128.

的提高等（如图 6－2 所示）。

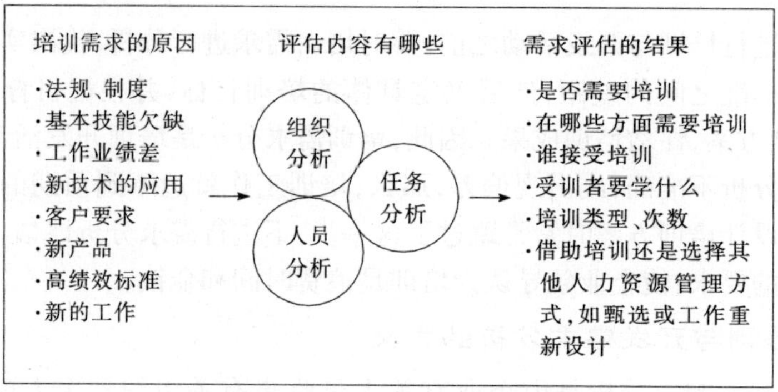

图 6－2　培训需求分析模型

资料来源：雷蒙德·A. 诺伊：《雇员培训与开发》，中国人民大学出版社 2001 年版，第 43 页。

（二）组织分析

组织分析是一种战略分析，它重点考察组织战略、组织中的资源及资源配置状况、组织的培训氛围和组织内外的环境限制条件以及工作设计与流程等因素，凡是会影响员工工作能力与工作业绩的因素，都应该归入组织分析的范畴。

组织分析首先要考虑企业的战略和未来发展方向，以确定企业的培训重点和培训方向。企业的战略影响培训的类型。例如，实行紧缩经营战略的公司比实行其他战略的公司更看重诸如重新寻找工作技能方面的培训以及跨专业培训等，以使员工承担更大的责任；而实行集中战略的企业更重视团队培训和专业化培训等。

组织分析还要对培训资源的可获得性、管理者和同事对培训活动的支持等进行分析。组织已有的各种培训资源，可投入的人、财、物都会影响培训活动的开展。

大量研究表明，管理者对培训的支持具有十分重要的作用。培训能否成功的关键在于，同事和管理者对培训活动的参与是否抱有正确的态度，他们是否愿意向受训者提供有关如何在工作中有效利用培训中学到的知识、技能、行为方式的信息，并为受训者提供在实际工作当中应用培训所学内容的机会。

（三）任务分析

任务分析主要是分析工作岗位（职务）中的关键任务以及员工为履行这些任务所必须具备的知识、技能、能力、态度和关键绩效行为等。需要注意的是，任务分析与工作分析或职务分析有关联，但分析的重点不同，工作分析是对企业中所有职务以及职务的所有方面都要进行分析，以确定每个职务的工作职责、任务以及人员任职资格条件（如完成这些任务所必须具备的知识、技能、能力等），而任务分析则是对履行职务的关键任务进行分析,以确定哪些任务是重要的、经常执行的、难度较大的,需要培训;哪些任务不重要或难度小,不需要培训。任务分析是进行培训设计、确定培训内容的重要依据。任务分析包括4个步骤:

第一步:选择待分析的工作岗位。

第二步:列出工作岗位所要履行的工作任务的基本清单。

第三步:确保任务清单的可靠性和有效性,并对以下几个问题做出回答:执行该任务的频率、完成各项任务需多长时间、该任务对取得良好的工作业绩有多重要、学习各项任务的难度有多大、该任务对新员工的要求是什么。

第四步:工作任务确定之后,就要明确胜任一项任务所需的知识、技能、能力和态度,即KSAs[知识(Knowledge)、技能(Skiu)、能力(Ability)和态度(Attitude)]。

获取有关工作的基本技能和认知能力的信息是非常重要的,它决定了培训计划的目标和标准。因此,任务分析的最终结果就是对员工完成任务所需的知识、技能、能力和关键绩效行为的描述。

随着科技的发展、组织机构和职位的不断调整,掌握某种知识或技能已远远不能满足时代的要求。因此,工作任务的分析不能简单地进行知识、技能和能力的分析,而是要找出"核心能力"或"胜任力"(Competency)。胜任力是指员工胜任某一工作或任务所需的个人才能,包括知识、技能、能力、态度、价值观或个体特征等。或者说,胜任力是与工作的高绩效相联系的知识、技能、能力或特征。胜任力是可以测量的,并且可以通过培训与开发加以改善。由于胜任力和高绩效是密切相关的,现在企业已经开始注重员工胜任力的培养。

根据当前发展的需要,培训需求分析的重点应放在胜任力水平上,并以此建立胜任力模型(Competency Model,也称素质模型)。胜任力模型(或素质模型)是指为高效完成一定工作所需的一组素质的组合。这组素质包括完成工作所需的关键知识、技能与个性特征以及对工作绩效最具影响力的行为。一般胜任力模型是由4~6项素质要素构成的,例如,一个有关系统工程师的技术方面的素质模型包括3项,即系统构建、数据转移和拟定文件。

在培训开发系统中,胜任力模型可以用来确定培训需求,还可以用来进行员工开发,如通过对工作所需的知识、技能、能力、个性特征和行为表现的描述,确定员工培训的重点;用来对谋求某职位的员工进行开发规划,通过对员工现有素质和工作需要的素质进行比较,可以使员工知道需要开发哪些素质并采取相应的行动。现在,一些企业在制定培训战略时都提出了以胜任力为导向的培训或基于素质的培训开发等。

开发胜任力模型大致有5个步骤:①

---

① 雷蒙德·A.诺伊:《雇员培训与开发》,中国人民大学出版社2015年版,第124页。

第一步:明确被分析的工作或职位;

第二步:找出经营战略的变化。经营战略的转变会产生新的素质要求或改变原有的素质要求;

第三步:区分有效与无效的工作者;

第四步:确定导致有效或无效行为的素质;

第五步:确定模型中所包含的素质是否与有效的工作表现有关。

(四)人员分析

人员分析就是分析员工的现状,主要目的是确定谁需要接受培训、接受什么培训。它包括4个方面的内容:

第一,对员工个人绩效进行评价,分析工作绩效不佳的原因是否是员工知识、技术、能力的欠缺。影响员工工作绩效低的因素有很多,如员工的知识、技能、能力、工作态度、动机、领导因素、绩效评价体系、反馈、薪酬、工作设计等。不能因为员工工作绩效不好,就简单地归因于员工能力不够、不胜任工作等。员工工作效率低,有时是可以通过培训来解决的,有时是通过培训无法解决的。如果是员工的工作行为或者他们的知识、技能水平低于工作要求,就需要通过培训来加以解决。如果是工作设计的问题,则需要对工作进行重新设计。

第二,由于员工职位的变动,分析员工是否具备新职位所要求的素质,确定培训需求。现代企业不断进行改组、兼并、合并或者调整内部结构,使职位处于不断的变动之中,或者由于员工本身发展的需要,也希望企业提供培训,以提升自己的能力等,因此,企业也要分析不同员工的发展需要,制定培训方案。

第三,分析、预测员工能否应对未来新技术的挑战,以确定培训与开发需求。

第四,分析员工受训准备情况。分析员工是否具备接受培训的个体特征(如能力、态度和价值观、个人动机等),估计培训的内容是否能够对员工的工作产生有效的影响,同时,分析工作环境是否有利于学习和培训,同时又不会对当前工作产生太大的影响。

三、培训与开发方案的设计与实施

培训目标确定之后,就要根据培训目标设计具体的培训方案,实施培训方案,主要内容包括培训内容、培训对象、培训者、培训方法、培训场地等。

(一)确定培训与开发目标

在明确了培训需要之后,培训方案的设计者还必须制定培训目标。培训目标是受训者经过培训后应该达到的结果,培训目标是根据培训需求建立的。例如,某企业正计划安装计算机辅助生产设备,但根据需求分析,发现大部分员工属于计算机盲,无法操作新机器,需要对这部分员工进行培训。培训目标就应该以员工能够操作新机器为标准来设计,并确立员工应该了解计算机的哪方面知识和操作内容等。

培训目标应该清晰、简明,要能明确阐述受训者在经过培训后能掌握哪些新知识,技能能提高多少,态度或行为有什么改变等,否则就无法设计培训方案。培训目标的明确有利于日后对培训效果的评估。

培训目标一般包括 3 方面的内容:①说明应该做什么(绩效);②阐明可被接受的绩效质量或水平(标准);③说明受训者完成指定学习成果的条件(条件)。[①] 例如,售货员顾客服务培训项目的目标是,员工受训后,能够通过简短的(不超过 10 个词)道歉向愤怒的顾客表达自己的关心(绩效),而且必须是在顾客停止抱怨后进行(标准),同时不管顾客采取什么态度和行为(条件)。

(二)确定培训与开发内容

培训内容应根据培训目标来确定。培训内容就是向受训者传授哪些知识、技能、技巧和观念等,这些培训内容应该与工作有关。培训内容确定之后,就要根据培训内容开发和设计课程,准备培训教材和培训资料。培训教材对培训成功与否非常关键。许多企业培训所用的教材是从市场上购买的,这类教材是通用的,不是针对某个企业编写的,受训者在学习中会发现,教材中的许多内容与自己的工作无关,从而影响培训效果。培训教材必须与培训目标保持一致。

(三)确定被培训者和培训者

培训对象,即被培训者,是根据需求分析确定的。在进行培训方案设计时,必须考虑培训对象的特点(如经历、体力、能力等),保证培训要求与被培训者的学习能力相匹配。

培训者,即培训师,它直接影响培训活动的效果和质量,因此培训师的选择非常重要。培训师一般有两个来源,即从企业内部选聘和从企业外部选聘。选聘培训师应按照一定的程序进行,要进行资格认证、试讲、培训、评价等环节。

(四)选择培训形式和方法

企业对员工进行培训的形式和方法很多,每种方法都各有特点。在大多数培训活动中,往往是多种方法结合起来使用的。在选择培训形式和方法时,一般要考虑培训目标、培训内容和培训对象等因素。在下一节,我们将对培训形式和方法进行详细的介绍。

(五)选择培训场所

选择合适的培训场所也是非常重要的。好的培训场所应当是交通便利、安静、

---

① 雷蒙德·A. 诺伊:《雇员培训与开发》,中国人民大学出版社 2001 年版,第 74 ~ 75 页。

舒适、温度和湿度适宜，各种教学设备齐全，还要便于培训者与受训者之间的交流等。

培训过程实际上就是员工的学习过程。因此，在设计培训方案和进行培训活动时，必须遵循学习规律，考虑成人的学习特点。要想使学习效果达到最大化，在教学过程中应注意以下 3 点：

第一，获得并保持受训者的专注。培训者必须以适当的方式设计和介绍教学方案，以获得并保持学员的专注。为使受训者专注，必须让他们认识到培训的重要性和相关性，变动所介绍材料的种类和速度以及鼓励学员参与等。

第二，向受训者提供学会技能的实践机会，有了实践机会，受训者就能学得更好。

第三，向受训者提供其绩效的反馈。培训者应该在受训者正确地执行任务时，及时地给予积极的反馈。这种反馈对受训者具有极大的鼓舞作用，因此是一项激励因素。如果受训者的行为不正确，他们就需要纠正反馈信息。这种反馈应该提供相应的信息，使受训者了解自己做错了什么，以及如何加以改正。

四、培训成果的转化

受训者能否将学到的知识、技能运用到工作中，涉及培训成果转化问题。培训成果转化也称培训迁移，是指受训者将培训中获得的知识、技能和态度等有效地应用到工作中的程度。研究表明，在培训中，有大量的技能被获得之后，只有很少的技能能够保持和应用。有些学习者有非常多的机会使用新获得的技能，从而保持技能不被遗忘，而获得较少应用机会的学习者则很快遗忘。在这里，各部门的主管是关键性的人物，他们决定受训者获得什么机会以及以什么频率在工作中使用培训中学习的东西。只有 40% 的培训内容在培训后的短时间内能立刻被迁移到工作情境中，25% 的内容在 6 个月以后还能应用，15% 的内容能支持到一年年末，如果以货币形式来衡量，大约只有 10% 的培训投入能够转化为受训者日后的工作行为。①

受训者能否将所学知识、技能有效地运用于工作中，实现积极的转化效果，受许多因素的影响。图 6－3 是一个影响学习成果转化过程的框架模型，该模型说明了受训者因素、培训设计、工作环境特点与学习结果和学习迁移之间的联系。

在模型中，培训结果和培训输入因素对迁移的条件有直接和间接的影响，其中，工作情境、培训中的学习结果对迁移结果有直接的作用。也就是说，为了使培

① J. W. Newstrom: *Leveraging Management Development Through the Management of Transfer*. Journal of Management Development, 1986, 5(5): pp. 33～45.

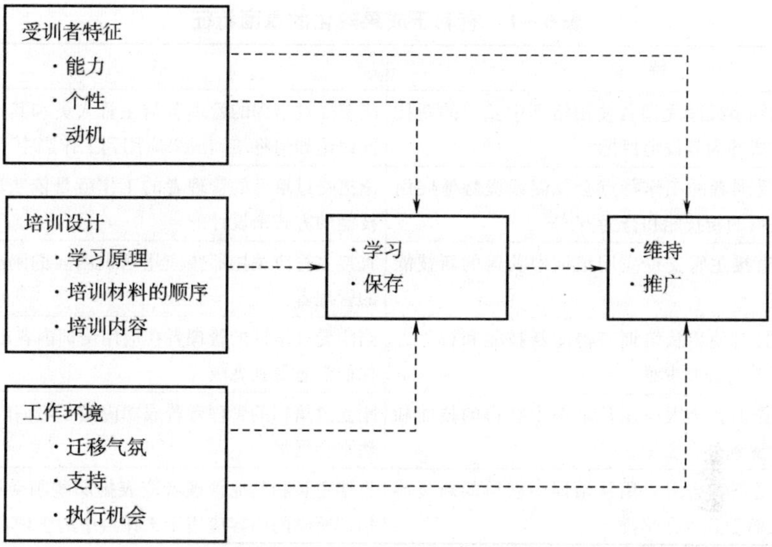

图 6-3 学习成果转化过程模型

资料来源:T. T. Baldwin, J. K. Ford *Transfer of Training: A Review and Directions for Future Research*, Personnel Psychology, 1988(41), pp:64~66.

训的知识和技能能够得到迁移,学习者必须学会和记住培训内容。学习者特征和工作环境特征对迁移也有直接影响,比如,一个在培训中已经掌握得很好的技能可能会因缺乏动机或缺乏主管的支持而不能应用到工作中。学习者特征对培训的影响不仅发生在培训过程中,还发生在培训迁移的过程中。学习者特征包括影响学习的能力、动机和自我效能等。如果学习者不具备掌握所学能力的基本技能(如认知能力、阅读技能),缺乏学习动机,自我效能程度低,不相信自己能掌握所学能力,学习行为与培训转换则很难发生。

由于培训迁移或者说培训成果是发生在工作场所和工作情景中,因此,工作环境是影响培训迁移的最重要因素。许多培训项目不理想,可能是工作环境的原因,而不是最初培训项目的设计与实施问题。工作环境是指能够影响培训迁移的所有工作上的因素,包括管理者支持、同事支持、转化氛围、在工作中应用新技能的机会以及组织特征等。

培训成果迁移氛围(climate for transfer)是指各种各样的能够促进或阻碍学习者将培训中所学知识、技能或行为方式应用到工作中去的环境因素,包括管理者和同事的支持、应用技能的机会、技术支持和组织特征等。表 6-1 给出了有利于学习成果转化或迁移的工作氛围的特征。

表 6 - 1　有利于成果转化的氛围特征

特　征	举　例
直接主管和同事鼓励受训者使用培训中获得的新技能和行为方式并为其设定目标	刚接受过培训的管理者与主管人员和其他管理者共同讨论如何将培训成果应用到工作当中
任务线索:受训者的工作特点会督促或提醒他应用在培训中获得的新技能和行为方式	刚接受过培训的管理者的工作就是依照让他使用新技能的方式来设计的
反馈结果:直接主管支持应用培训中获得的新技能和行为方式	直接主管应关注那些应用培训内容的刚刚受过培训的管理者
不轻易惩罚:对使用从培训获得的新技能和行为方式的受训者不会公开责难	当刚受过培训的管理者在应用培训内容出现失误时,他们没有受到惩戒
外部强化:受训者会因应用从培训中获得的技能和行为方式而受到外在奖励	刚受过培训的管理者若成功应用了培训内容,他们的薪水会增加
内部强化:受训者会因应用从培训中获得的新技能和行为方式而受到内在奖励	直接主管和其他管理者应表扬那些刚受过培训就将培训所学的内容应用于工作当中的管理者

资料来源:J. B. Tracy, S. I. Tannenbaum, M. J. Kavanagh: *Applying Trained Skills On the Job: The Importance of the Work Environment*, Journal of Applied Psychology, 1995, (80), pp: 235 ~ 252.

(一)管理者支持

管理者支持是指受训者的主管对参与培训项目的重视程度,以及对培训内容在工作中的应用的重视程度。管理者的支持对受训者的学习和知识技能的迁移有相当的影响,管理者支持程度越高,越有可能发生培训成果的转换。现实情况是,许多管理者不能尽力促进下属的学习和技能的发展,这主要是他们不理解支持的重要性,如果他们理解支持和指导对员工学习的重要性,就可能对下属提供更多的帮助。

管理者支持的形式是多样的。如在培训之前向员工告知培训的机会,允许员工参加培训;向员工解释培训的重要性;改变工作安排,使员工更容易参加培训;要求受训者汇报他们的学习情况。在培训过程中,管理者能够作为培训师参与培训项目教学,与受训者讨论所学的内容和如何应用它们;定期举行评论会,监督受训者学习的进展。在培训后,为受训者提供实践机会;与受训者共同制订行动计划,使用所学的知识;表扬把学到的技能应用于实践的受训者;当受训者在实践中遇到困难的时候,提供鼓励和教导;在绩效评价中包括新技能的应用等。

(二)应用所学技能的机会

应用所学技能的机会是指向受训者提供机会来应用培训中新学到的知识、技能和行为方式的情况。受训者应用所学技能不仅是在训练的过程中,而且应该应用到随后的工作实际中。执行机会包括适用范围、活动程度和任务类型。适用范围是指可用于工作当中的所培训内容的数量。活动程度是指在工作中运用被培训内容的次数或频率。任务类型是指在工作中执行的被培训内容的难度和重要性。

有实践机会的受训者要比没有实践机会的受训者更有可能保持住所获得的能力。

执行机会受工作环境和受训者学习动机的双重影响。首先,受训者的上司为受训者在实际工作安排当中需要使用新技能,如遇到难题、任务的机会。其次,受训者应该积极地寻求应用新技能的机会,将学习到的技能付诸实践,如在执行任务时运用所学技能等。当一个受训者必须重述所学原理,而不仅仅是辨认、回忆它们时,这些原理就能更大地得到保持和迁移。

(三)组织特征

组织因素在很大程度上也影响培训迁移效果。许多人认为,企业需要建立一个持续学习的组织气氛或学习氛围,以便让员工感觉到持续学习和发展的重要性。研究表明,具有持续学习特点的工作环境有利于受训者在工作中迁移培训所学。当个人认为组织重视培训活动,学习活动被认为对组织绩效有效时,个人会有积极动机将学习成果应用到工作中。

组织如果在制度上支持员工的培训学习,会将更多的资源用于培训活动,努力准确地评价和奖励学习,组织成员也会受到更多鼓励,寻求个人成长和获得技能的机会。例如,如果在绩效评价中,技能发展如同任务成功一样得到正面评价时,个人更可能接受困难的高风险指派。

五、培训效果评估

培训效果评估是对整个培训活动及其成果的评价和总结。培训效果评估包括两方面的内容,一是对整个培训活动的评估,即从培训需求分析、方案设计到培训活动的组织实施;二是检验培训活动的成果,即经过培训,受训者获得的知识、技能和能力及其应用于工作的程度和效果,或者培训导致了怎样的结果和产出。培训效果评估是培训工作的重要组成部分,往往被认为是培训过程的最后一个环节。实际上,评估活动贯穿于整个培训过程,收集评估信息要从培训活动着手。

进行培训效果评估是颇有价值的,它不但能够评价此次培训活动是否达到了预期目的,效果如何,而且还为日后的培训工作提供了经验或教训。培训效果评估可从4个层次进行,即反应、学习、行为和结果。

(一)反应

反应层面的评估主要是了解受训者对培训活动的感受,如他们是否喜欢该培训项目,培训内容是否实用,培训方式、方法是否得当,对教师的教学是否满意,培训是否有收获等。这一层面的评估是在培训教学过程中和培训教学结束后进行,评估方法有问卷调查法、座谈法以及对学员的观察等。

(二)学习

学习层面的评估是一种认知评估,主要评估受训者在培训中学到了什么知识、技能,能力和态度等有什么变化等。对学习的评估常常是在学习过程中或学习后进行,一般可以通过测试的方式确定受训者学到了什么。

(三)行为

行为层面的评估主要考察受训者在经过培训后行为有什么变化,是否出现了理想的行为变化。测试可以清楚地表明受训者学到了什么,但是否把学到的知识应用到实际工作中则是另一回事。

受训者将学到的知识、技能等有效地应用于工作中,被称为培训成果转化,简称培训转化(Transfer of Training)。影响受训者是否应用学到的知识或行为发生变化的原因很多,例如,是否完全理解所学到的知识和技能,受训者动机、能力和个性特征,转换氛围,管理者和同事的支持和鼓励、转换机会等。评估行为层面变化的方法主要有行为观察法、问卷调查法等。

(四)结果

结果层面的评估主要评价受训者的绩效改进情况。可测量的指标有生产率、生产成本、质量的改进、产量、事故率的降低、改进客户关系、离职率的降低、士气的提高等。

行为和结果层的评估是针对实际效果进行的。对许多培训项目而言,结果层的评估难度较大,需投入大量的时间和精力,但不一定会获得满意的结果。现实中,影响企业绩效变化的因素非常多,有时难以确定是否是培训的结果。例如,某公司发现它的市场份额在下降,需求评估表明,它的销售人员需要进行培训,以提高他们的销售技能,于是销售人员都参加了一项培训计划。为了评价该方案的有效性,公司比较了培训前和培训后的销售收入情况,发现在这期间,销售收入有了很大的提高。那么,该培训是否有效呢?这一问题难以确定。因为销量的增加可能由于市场的变化,也可能由于企业采用了新的广告战略等。这也是一些企业对前3个层次的评估较多,而不愿进行结果层次评估的原因。

第三节 培训开发的技术和方法

企业对员工进行培训可以采用许多形式,如脱产培训、在职培训,或者脱产培训与在职培训相结合。脱产培训一般以课堂教学为主,以其他技术为辅。虽然课堂教学有某些不足,但仍然受到许多企业的青睐。由于新技术和新设备的使用,课堂教学的效果得到了许多改进,一些不足也得到了克服。随着技术的发展,如计算机技术、网络技术等的发展,又出现了许多新的培训方法,下面我们将对一些主要的培训开发技术和方法加以介绍。

一、在职培训

在职培训是一种传统的培训形式和方法，在企业中应用很广。在职培训是指把受训者放到一个真正的工作岗位上，由有经验的人向他提供示范和指导，受训者需要仔细地观察和提问的一种培训形式。对新员工往往采用在职培训的方式进行培训。在职培训多采用师傅带徒弟的形式。

在职培训有许多优点，如真实、有效、成本低等。在职培训要与岗位紧密结合，培训中所学到的内容应是实际工作中所需要的。在在职培训中，管理人员和员工都可成为培训人，这不但有利于受训者的学习，也有利于增强培训人的技能，因为培训者在培训过程中要学习编写培训手册、准备教材等。在职培训也有其不足，与脱产培训相比，它较不正规，很少纳入正规培训活动的计划中，培训过程容易受到干扰，受训者可能感到完成生产任务的压力，影响学习。此外，培训期间还可能会出现各种风险，如弄坏机器、生产低质量产品、浪费原材料等。

为了保证在职培训的有效性，培训人员可按下面的步骤进行。①

（一）在职培训前的准备工作

（1）确定究竟要教受训者什么，使其有效、安全、经济且明智地从事该职业。

（2）准备好工具、设备和原材料。

（3）整理好工作场所，就像工人期望保持的那样。

（二）指导学员的4个基本步骤

1. 准备（对学习人员）

（1）使学习人员放松。

（2）弄清已知的职业知识。

（3）使学习人员对该职业感兴趣，并渴望学习。

2. 介绍（对培训人员）

（1）通过讲述、展示、阐述、提问引出新知识和操作技能。

（2）缓慢、清楚、全面、耐心、循序渐进地教学。

（3）反复检查、提问。

（4）确保学员真正掌握。

3. 实效测试

（1）通过学习让人员完成该职业的测试。

（2）用“为什么”“怎样”“什么时候”“在哪儿”来提问。

（3）注意观察实效，纠正错误，如需要，可进行重复教学。

---

① 乔治·米尔科维奇、约翰·布劳德：《人力资源管理》，机械工业出版社2002年版，第404页。

(4)继续下去直到你确信受训者已懂。

4. 巩固加强

(1)反复检查,确保指令的执行。

(2)直到学员能够在正常监督下胜任工作,才减少额外监督和封闭式强化效果行为的继续执行。

如果受训者没有学会,教师就没有完成教学任务。

二、讲授法

讲授法是培训者通过语言的形式向受训者传授知识的培训形式,它是人们非常熟悉、应用最普遍的一种培训方法。讲授法的优点是,成本低、信息传递量大等。讲授法一般以课堂教学的形式进行,一个培训者可以同时对一大批受训者进行培训,培训者事先准备好教学内容、教材、资料等,目的明确,能够有效控制教学过程。讲授法也有许多缺点,如学员被动听讲,单向沟通,参与程度低,有时使学员感到枯燥等。如果在教学过程中,培训者能够鼓励学员提问并增加讨论,就可以克服讲授法的一些不足。随着技术的发展,在使用讲授法进行培训时,可利用一些视听技术,如幻灯片、录像、录音等来增强讲授内容的直观效果,引起学员的兴趣。讲授法适合于以传授知识为目标的培训,而不太适合技能培训。

三、师徒制

师徒制(Apprenticeship)或学徒培训(Apprenticeship Training)是一种既有在职培训又有课堂培训并且兼顾工作与学习的培训方法。师徒制是一种古老的培训方法,没有固定的模式。师傅凭借经验把自己的知识和技能传递给徒弟。传统的师徒制主要是师傅给徒弟讲一些基本要点,然后自己示范,徒弟通过观察和模仿获得经验,这一培训形式周期很长,往往需要若干年的时间。新式的师徒制将课堂教学与在职培训结合起来,并根据要学习的技术程度制订学习计划,指定专人负责。师徒制培训项目一般被用于某些需要手工艺工作的行业中。如对管道工、理发师、机械师和印刷工的培训,采用师徒制是比较好的形式。对许多需要经验积累的职业,师徒制是非常好的一种培训方式。

在有的国家,新的师徒制是需要国家或者地方政府的相关机构认证的。例如,美国劳工部有国家学徒制系统,登记注册的学徒制项目能得到美国联邦政府和州政府提供的一些合同及其他方面的帮助。美国劳工部登记在册的学徒制项目涉及近1 000种职业,其中前几位的职业有熟练水手、木匠、厨师、儿童看护专家、熟练建筑工、牙医助理、电工等。① 在美国,通过认证的项目至少包括144小时的课堂学

① 加里·德斯勒:《人力资源管理》(第12版),中国人民大学出版社2012年版,第304页。

习时间和2 000小时或者一年的在职工作体验。在一些欧洲国家,如德国和丹麦,师徒制是国家教育体系的一部分。在德国,学徒体系被作为一种模式,向年轻人提供职业所需的技能和学历证明。德国的学徒体系确定了300多种职业,有2/3的高中毕业生参加师徒制的学习计划,每个职业都有自己的一整套标准和课程安排。政府、企业、劳动者和教育部门都参与到了这一制度的不同环节。

四、情境和体验类的培训方法

情境和体验类培训方法主要是设置一定的情境,再现现实生活中的某些基本要素,要求受训者积极参与。这类方法主要有:案例研究、角色扮演、商业游戏、情境模拟、行为模仿等。

(一)案例研究

案例研究方法要求受训者对描述现实工作情形的案例进行分析,根据案例提供的信息和某些具体情况做出决策。案例一般没有正确或错误答案,这种方法的目的不在于教给受训者"正确"的答案,而是教他们如何发现潜在的问题,分析问题,并提出切合实际的行动方案,教师的作用是引导学生。案例研究特别适合开发高级智力技能,如分析、综合及决策能力,适合管理人员和专业人员的培训。

(二)角色扮演

角色扮演是让受训者扮演分配给他们的角色,并给受训者提供有关背景信息。角色扮演主要用于开发涉及任何人际互动领域的技能,常用于教授人际技能和推销技巧。角色扮演能让受训者有机会实践所学到的技能。

为使角色扮演有效,培训者在角色扮演之前向受训者说明活动的目的,使他们感到活动有意义。角色扮演成功的关键是,受训者能够了解和把握角色,进入角色,培训者给予及时的指导和反馈。反馈过程中涉及的事项一般围绕以下问题:参加者的行为中,有哪些地方做得对,有哪些地方做得不对;参加者的行为给其他造成什么感受;受训者可以怎样更有效地处理该情况等。

(三)商业游戏

商业游戏要求受训者收集信息并对其进行分析,然后做出决策。商业游戏主要用于管理技能的开发。游戏可以刺激学习,因为参与者会积极参与游戏并仿照商业的竞争规则。参与者在游戏中所做的决策涉及各个方面的管理活动,如员工关系(谈判合同的签订)、市场营销(为新产品定价)及财务预算(支持购买新技术)等。游戏一般采用团队方式进行,有助于营造有凝聚力的团队。对有些群体(如高级执行人员)而言,游戏是一种更有意义的培训活动,因为游戏很真实。①

① 雷蒙德·A.诺伊:《雇员培训与开发》,中国人民大学出版社2015年版,第261页。

（四）情境模拟

情境模拟，也称仿真模拟，是模拟现实中真实情境的一种培训方法。由于在模拟情境中进行决策产生的结果与其在现实工作中进行类似决策产生的结果相同，通过这种训练，受训者可以看清他们所做决策的影响，从中学习有关生产和加工技能、操作技能等。这种方法需要向受训者提供模拟设备，即模拟器。模拟器是员工在工作中所使用的实际设备的复制品，它要具有与工作环境相同的因素。模拟培训特别适用于生理或物理反应等操作方面的培训，也可用于开发管理技能。

（五）行为示范

行为示范，也称行为塑造（Behavior Modeling）或行为模仿法，是向受训者示范演示关键行为（即完成一项任务所必需的一组行为），然后给他们实践这些关键行为的机会。行为示范的理论基础是社会学习理论，这一理论认为，我们的许多行为模式都是通过观察别人得来的，而我们的行为模式也可以通过看到别人使用这些行为得到强化。行为示范比较适合于学习某一种技能或行为，如人际技能、操作性技能等。

五、运用现代技术的培训方法

新技术对培训具有重要的影响，产生了一些新的培训技术，如多媒体、远程学习、应用软件、专家系统等。新的培训技术可以对分布在各地的员工同时进行培训，还可以简化培训管理，降低培训费用，为培训提供支持服务，使员工自主选择培训时间和地点，控制培训进度，选择培训媒体等。运用现代技术的培训方法主要有多媒体培训、计算机辅助教学、网络培训、虚拟现实培训、虚拟教室等。

（一）多媒体培训

多媒体培训（Multimedia Training）就是将各种视听辅助设备（或视听媒介，包括文本、图表、动画、录像等）与计算机结合起来进行培训的一种现代技术。这种培训方法将受训者置于“人机”互动的环境中，让受训者通过亲自参与发现问题，系统可以进行及时引导，提供帮助，这就大大加深了受训者对尚未掌握知识的理解，提高了受训者处理实际问题的能力。最典型的多媒体培训方式是交互式录像。

（二）计算机辅助教学

计算机辅助教学是以计算机为基础，首先由计算机给出培训要求，受训者必须做出回答，然后由计算机分析这些答案，将分析结果反馈给受训者并提出建议的一种互动培训方式。计算机辅助教学包括一系列的互动性录像、计算机硬件、计算机应用程序等设备。以计算机为基础设计的培训与传统的培训相比，最大的优势在于其互动性。而这种互动是学习者自己可以控制的，因为这不是学习者与培训者的互动，而是学习者与计算机的互动。智能化的计算机辅助教学(Intelligent Computer-Aided Instruction)还能对学习者回答问题的模式进行智能分析，根据学习者所犯错误的类型提出个性化的学习指导。

(三)网络学习

网络学习的形式很多，如E-学习、基于网络的培训、社交网络学校、在线学习或在线培训等。网络学习包括互联网学习和内部网学习或培训。互联网学习是由公众网或私人网进行传播，并由浏览器进行演示的培训方式。内部网学习是指通过公司内部网络开展的培训，它只面向公司内部员工。网络学习可以为虚拟现实、动感画面、人际互动、员工间的沟通以及实时视听提供支持。现在网络培训应用非常广泛，许多公司成立了网络学校或网络课堂，提供课程学习，还可进行在线指导等，如新东方在线网络课堂。我国的一些地方政府或组织也成立了网络学校，进行人员培训，如河南省公务员网络培训学院、全国高校教师网络培训中心等。

(四)虚拟现实培训

虚拟现实(Virtual Reality)培训是以计算机为基础开发的三维模拟。通过使用专业设备和观看计算机屏幕上的虚拟模型，受训者可以感受到模拟情境中的环境，可同虚拟要素进行沟通。由于这一技术可以使受训者有身临其境的感觉，因此，它能够刺激和吸引受训者，是一种有效的培训工具。

与一般的非计算机化的虚拟一样，虚拟现实培训的优点在于，它可以使学习者在没有危险的情况下进行可能有危险的操作。研究显示，在工作任务比较复杂或者需要广泛地运用视觉提示的情况下，虚拟现实培训是最有效的。[①] 其缺点在于，有可能给受训者带来错误的感觉，还可能会出现被称为模拟病的症状，包括恶心、晕眩等，也可能使学习者回到现实工作场景时把握不住真实世界的空间和时间。

第四节 新员工引导教育

一、员工引导的含义

员工引导(Employee Orientation)是指企业为新雇员提供有关企业和工作的基本信息的活动。新员工进入企业之后，希望能了解有关企业和工作各方面的信息，

① D. Steele-Johnson, B. Hyde: *Advanced Technologies in Training: Intelligence Tutoring and Virtual Reality*, Training for a Rapidly Changing Workplace, eds M. Quinones, A. Eherstein: American Psychological Association, 1997, p. 227.

如有关企业的经营目标、文化、价值观、行为方式、行为规范、工作环境、工作内容、工资、福利等，以便调整自己的行为方式或者价值观，尽快融入组织中。同样，企业也需要新员工能尽快熟悉组织，适应环境，改变其原有的某些价值观、理念或行为方式，形成企业期望的价值观和行为方式等。因此，企业必须开展各种培训教育活动，使新员工了解企业和岗位的情况，满足企业和员工的需要，尽快使新员工适应新的环境。

有人认为，员工引导活动是从新员工与企业签订劳动合同时就已经开始，因为企业在与新员工签订协议时，就向新员工传递了有关企业和工作的一些信息。一般认为，员工引导活动是从新员工工作的第一天开始的。许多企业都非常重视对新员工的培训教育活动，采取的形式多种多样，内容也各不相同。在我国，员工引导往往称为新员工入职培训或新员工入职教育，是指新员工在进入企业之后和上岗之前进行的教育培训活动，其重点是有关岗位知识和技能的培训。实际上，员工引导教育不是简单的职前培训和教育活动，而是使新雇员熟悉企业的目标和价值观，是员工目标与企业目标一体化过程的开端，是赢得员工对企业及其价值观和目标认同的一个重要步骤。实际上，员工引导过程是员工的组织社会化过程，也是组织对员工的同化过程。员工引导过程是一个长期的过程，员工入职教育之后，这个过程并没有完成，只有当员工认同了企业的目标和价值观，融入组织中，这个过程才算完成。

传统企业重视对员工的知识和技能培训，通过培训活动可以使员工更胜任职位的要求，达到人与职位的匹配。对工作岗位而言，人与职位的匹配，即人的知识和技能适应岗位需要是非常重要的，但人与组织的匹配更重要。一个人即使非常胜任岗位的要求，能力非常强，如果他的价值观、理念和行为方式等与企业的价值观和文化格格不入，其后果是可想而知的。现代企业非常重视人与组织的匹配，在招聘员工或用人时，非常重视人的价值观或理念是否与组织的价值观、文化相吻合。员工引导教育是实现人与组织匹配的重要手段，它可以帮助新员工学习组织的价值观、文化和行为规范等，以调整自己的行为方式，建立符合组织和工作团队期望的价值观、态度及行为等。

二、引导教育与员工的组织社会化

对任何人而言，加入一个新的组织都会感到紧张和压力。在一个新的环境中，自己的价值观是否与组织的价值观相吻合，行为是否符合组织和工作群体的行为规范等，直接影响到一个人能否被新的组织接纳，对其今后的发展影响很大。新员工为了适应新的环境，被新的组织接受，就要了解和学习组织的文化、价值、期望、办事程序和行为规范等，而这个过程就是新员工的组织社会化过程。

员工的组织社会化是指新员工获得和掌握适应组织需要的知识、技能、行为方式、行为规范、期望等的过程,这一过程同时也是员工适应组织为其安排的角色的过程。或者说,员工的组织社会化是组织向新员工灌输与实现组织目标密切相连的技能和文化的过程,其实质是新员工由外部人“变成内部人的过程”。[①] 在员工的组织社会化过程中,员工把握住自己在组织中的角色是非常关键的。

所谓角色,是指人们对在一个群体中占有某个职位的人所期望的一系列行为的总和。一个人在组织中承担某个职位,他的言行举止、态度等就要符合这个职位的要求,即所谓角色的一致性。新员工进入企业后,首先就要做好角色定位,知道他在组织中扮演什么角色,人们对他的期望是什么(角色期望)。在组织的社会化过程中,了解群体规范也是非常重要的。每个群体都有自己的规范,即群体成员共同接受的行为标准和准则。群体规范让群体成员知道自己在一定的环境条件下应该做什么,不应该做什么。从个体角度看,群体规范也意味着群体对一个人的行为方式的期待,每个群体都有自己的规范,都是独一无二的。正式的群体规范是写入组织手册的,规定了员工应遵守的规则和程序,但组织中的大多数规范都是非正式的,对新员工而言,了解和把握非正式群体规范难度更大。无论对新员工还是企业,成功的社会化都是非常重要的。成功的社会化意味着新员工接受了组织的价值观,对自己的角色有了准确的定位,了解了群体规范,并为其所在群体所接受,员工就会对组织感到满意、心情舒畅、表现出很高的生产效率。如果社会化不成功,员工就会感到失望不满、感到不适应、生产效率低,甚至跳槽。

员工的组织社会化过程是个漫长的过程,这个过程大致需要经历 3 个阶段[②]:

第一阶段,预期的社会化阶段(Anticipatory Socialization)。预期的社会化阶段开始于个体加入组织之前。在这个阶段,新员工对组织中的成员是什么样子有一个初步印象。有关组织的各种信息来自许多方面,例如,传闻、轶事、媒体、招聘广告、招聘人员等。这些印象影响着新员工的预期,而这些预期反过来又影响着新员工的行为,如是否加入该组织、与组织成员的交往方式、日后是否跳槽等。在这个阶段,管理者应该给新员工准确的信息,帮助其改正不正确的预期,以避免日后产生一些负面结果,如不满意、低绩效、离职等。

第二阶段,适应性阶段(Accommodation or Encounter)。适应性阶段一般是从员工决定正式加入组织开始,员工与组织签订了劳动合同或者员工接受工作。这意味着新员工跨越了组织边界,从外部进入了组织内部,开始了解真实的组织。在这个阶段,新员工以前的预期可能被证实或拒绝,但大多数新员工的预期与现实仍存在很大的差距。新员工要解决生活方式与工作之间的冲突,明确自己的角色,熟

① R. L. Desimone, J. M. Werner, D. M. Harris: *Human Resource Development*, Harcourt. Inc. 2002, p. 281.

② 三阶段模型是由美国心理学家费德曼提出的。有关介绍详见 R. L. Desimone, J. M. Werner, D. M. Harris: *Human Resource Development*, Harcourt. Inc. 2002, pp. 287 ~ 295.

悉工作环境和所在的工作群体,了解所要完成的工作任务等。在这一阶段,如果新员工以前的预期与组织的现实差距太大而难以接受现实,或者难以改变自己,员工有可能离职去寻找新的组织。企业的任务就是要减少现实对员工的冲击。

第三阶段,角色管理阶段(Role Management)。在角色管理阶段,新员工的主要任务是调整自己,接受组织的价值观和规范,明确组织的目标和任务,掌握工作技能,解决角色冲突等,这一阶段也称为调整和融合阶段(Change and Acquisition)。进入第三阶段,员工开始改变自己,接受组织文化,独立完成上级分配的各项任务,并逐渐融入组织。如果新员工无法完成角色转变,就很难融入组织。组织社会化的过程是双向的,在组织影响新员工的同时,新员工也对组织产生了影响。

员工的组织社会化过程理论为企业进行新员工引导教育提供了理论基础。在新员工组织社会化的不同阶段,企业应该采取不同的对策,选择不同的内容,以缩短员工组织社会化的过程。新员工进入企业后,能够完全融入新的群体中,大致需要一年左右的时间,其中前半年的时间是关键,企业应该给予重视。

三、员工引导教育的内容

不同企业,新员工引导教育的内容不同,有的简单,有的复杂。概括起来,一般包括以下几个方面:

第一,企业概况、工作环境和条件、规章制度和各种政策等,如工作时间、考勤制度、请假制度、晋升制度、薪酬制度、福利制度、财务制度,以及企业有关养老保险、医疗保险、失业保险、住房公积金等方面的政策。对这些内容,企业一般都印成小册子或印刷材料,在对员工进行引导教育时发给大家。

第二,有关企业文化、企业精神等方面的内容,包括公司所期望的态度、价值观和行为规范等。具体包括企业的传统和历史,企业的目标和宗旨,企业的经营哲学和价值观,企业的行为规范等。这些内容是新员工组织社会化过程中需要了解和学习的重要内容,也是新员工非常关心的内容。这部分内容对增进新员工对组织的认同具有重要作用。企业在新员工进入企业时,一般都花费几天的时间进行这方面的教育,但这远远不够,管理者应对新员工进行追踪,了解新员工的思想动态,并及时给予辅导。

第三,有关组织角色方面的内容,如企业的组织结构、员工的岗位职责、上下级关系、群体规范等。这部分内容有利于新员工较快进入角色。

第四,工作技术方面的内容,包括工作程序、工作要求、技能标准、安全知识等。这部分内容的培训由新员工进入的部门来承担,一般在集中进行引导教育之后进行。

四、员工引导教育的过程

员工引导教育应纳入企业的整体培训计划中,进行需求分析,制定目标,设计教育培训项目，对项目的实施结果进行评估等。由于新员工引导教育的目的是使新员工了解企业、进入角色、接受企业的价值观，因此，员工的引导教育要围绕这个目标来进行。员工引导教育一般采取集中与分散相结合的形式进行。集中教育一般用 1 ~2 周的时间，然后新员工正式承担工作任务，此时员工引导教育并没有结束，新员工的主管还要承担着教育培训任务，人力资源管理部门负责检查和指导，这个过程要大致持续一年左右。员工引导教育活动要由人力资源部门和用人部门合作进行，企业高层管理者也要参与。下面主要介绍引导教育的实施过程。

实施集中教育一般是引导教育开始时，由企业高层管理者向新员工致欢迎词，介绍企业的历史和文化、企业的信念、企业的发展前景、对员工的期望和要求等。然后由人力资源部门向新员工介绍和讨论共同关心的一些问题，包括介绍组织的概况、规范与标准、各种政策与规定、薪酬制度、工作时数和员工福利、加班制度、轮班制度、工作费用报销规定、节日工资标准、发薪方式、纳税方法等。此外，还要采取各种灵活的方式和活动与新员工进行沟通，对员工进行训练，如座谈会、游戏活动等。

新进员工所在部门的经理或主管负责向新员工介绍部门的情况、工作职责、安全规定、工作绩效考核标准和方法以及一起合作的同事等。有关技能方面的培训是在员工上岗后进行的。下面我们以美国丰田汽车制造公司的上岗引导计划为例。① 美国丰田汽车制造公司的上岗引导计划（同化计划）包括公司福利等一些传统的内容，但更主要的目的是潜移默化地使新员工接受该公司的质量意识、团队意识、个人发展意识、开放沟通意识以及相互尊重意识，这个计划为期 4 天：

第一天：上午 6:30 开始，由公司主管人力资源的副总裁介绍上岗引导计划的梗概、致欢迎辞、详细讲述公司的组织结构和人力资源部门的情况。用一个半小时介绍丰田公司的历史和文化，用将近两个小时介绍雇员福利，然后再用两小时介绍丰田公司质量和团队精神的重要性。

第二天：开始用两个小时进行“TMM 倾听方法——沟通技能训练”。在此过程中主要强调相互尊重、团队精神和开放交流的重要性。然后，将这天其余的时间都用于讲解上岗引导的一般性内容，包括安全、环境事务、丰田的生产体系以及公司的图书馆。

第三天：开始又用两个半至三个小时进行沟通训练，内容是“TMM 提问与反馈方法”。其余时间用于介绍丰田公司解决问题的方法、质量保证、事故通报与安全。

第四天：上午召开团队精神研讨会，主题包括团队训练、丰田的提案制度以及丰田的团队成员活动协会。还要介绍一些作为团队成员的基本知识和技巧，如工作小组负责些什么，怎样作为一个小组共同工作。下午专门进行防火及灭火训练。

---

① 加里·德斯勒：《人力资源管理》，中国人民大学出版社 1999 年版，第 236 页。

如期完成4天的上岗引导(同化)社会化活动后,参加活动的雇员便潜移默化地接受了丰田的意识,尤其是它的质量使命、团队价值观、不断改进和解决问题的方式,这是赢得新雇员对丰田公司及其目标和价值观认同的重大步骤。

【思考题】

1. 什么是培训与开发？培训开发与人力资源开发是什么关系？
2. 培训与开发的步骤有哪些？
3. 如何进行培训需求分析？培训需求分析有什么意义？
4. 培训开发的方法有哪些？各自有哪些优点和不足？
5. 什么是员工引导教育？员工引导教育有什么意义？

【案例分析】

案例1:与众不同的"土星"培训①

在美国,汽车经销商都这样对顾客说:"感谢各位的光临,我们商店出售市面上有的所有型号的汽车,并且,新的汽车很快就要到达,今天就订购你所要的汽车吧!"这是本田、丰田还是尼桑公司？都不是,是土星公司。它向人们展示了美国汽车销售培训方面的成功——一个销售革命化新路的成功典范。

20世纪80年代初,在美国汽车市场低迷、工厂倒闭以及消费者认为美国汽车质量远低于竞争对手日本的情况下,通用汽车公司成立了一家把重新建立顾客满意度作为新目标的汽车公司,力争重新占领小汽车市场,这就是土星公司。它成立的主旨是:"公司的目标是提供超出顾客满意度的产品:我们必须超出顾客的期望并且提供一种与众不同的买卖关系,最终达到顾客的满意。"新公司定下了5条标准:①对顾客热情的保证;②对更优质服务的保证;③团队协作;④对个人的尊重和信任;⑤不断进取。

把这些标准贯彻到制造过程中很困难,再把它们运用到销售环节上更是难上加难,甚至要求改变公司的"词汇表"——经销商变成了零售商,销售员成为销售顾问。它要求将传统的汽车销售方式通过土星的6个步骤转变为一种新的能激发顾客热情的汽车销售方式。①倾听顾客意见;②创造一个相互信任的环境;③超出顾客的期望;④创造双赢文化;⑤跟踪销售,确保顾客的要求得到满足;⑥不断升华用户对产品和服务质量要求的概念。

① 本案例选自乔治·米尔科维奇、约翰·布劳德:《人力资源管理》,机械工业出版社2002年版,第421~422页。

讨论题：

1. 你如何评估典型的汽车销售培训的需要？学习所必需的条件是什么？你如何借助培训设计创造它们？

2. 你将使用公司内部的培训教师还是外部的教师？

3. 你将使用什么特殊的培训方法？

4. 你将如何弥补培训与实际职业之间的差距？

5. 你如何计量和评价在培训过程中持续提高的效果？

案例 2：上海通用汽车经销商培训中心的 E－学习①

上海通用汽车经销商培训中心（以下简称"上海通用"）在 E－学习发展的进程中不断开拓培训新模式，帮助学员提升工作能力和学习效率。经过 5 年努力，目前 LMS② 的学习账户突破 6 万，VCT 网络直播培训每年平均覆盖 10 万人次，移动学习账户近 5 万，网络课程数量接近 400 门。

上海通用的培训主要覆盖全国三大品牌约 1 600 家经销商 4S 店，培训内容涉及销售、市场、售后服务和维修技术等模块，培训岗位包括销售顾问、销售经理、市场专员、市场经理、业务接待、服务经理、配件计划、配件经理、内训师、售后站长、总经理等近 30 余个。课程内容丰富，涵盖了产品培训、岗位培训、岗位等级认证、品牌文化、会议解读、名智讲坛、知识讲解、工作流程、市场营销、沟通技巧、压力管理、管理技巧、领导力等几乎所有的培训模块。课程形式丰富多样，不仅有传统的 Scrom 格式课件，还有视频、音频、游戏化课程、基于 HTML5 开发可互动点击的创新课程。课程基本上由上海通用汽车定制开发，这种方式保证了课件的内容完全贴合学员的培训需求，同时保证了课件的质量，而且一旦需求发生变化，能够及时进行调整和更新，每年也会定期更新课件的内容，以保证培训的质量。

上海通用还着力提升 LMS 的互动性和吸引力。为了解决 LMS 在线培训的互动性不够而导致学员参与度不高的问题，上海通用在 2011 年引入了网络直播培训来改变这一现状。培训中心建造了一间专业级的网络演播室，讲师在演播室内的授课内容通过网络向全国的经销商进行直播，让学员能够身临其境地参与"面授"。在直播过程中，学员和讲师之间可以进行实时互动，这大大增强了培训的互动性和吸引力。直播期间，讲师还可以对学员点名，学员也可以提问请老师回答；直播结束后可推送在线考试检验学员的学习情况；课后可以通过在线课件学习巩

① 本案例改编自宫玉玲：上海通用汽车经销商培训中心："移动学习：企业 E－Learning 与培训的新方向"，《中国远程教育》，2014（第 16 期），第 101～103 页。

② LMS 是 Learning Managed System 的缩写，即学习管理系统，或称在线学习系统、网络培训平台、在线教育系统等。学习管理系统是一些专门设计的软件包，能够帮助企业确定培训需求、培训方案设计、实施、评估和管理网络培训，支持公司的网络培训活动。

固知识。培训中心会定期举办在线考试,完全实现远程教育,学员或讲师都不再需要投入任何的差旅成本,这就极大地降低了培训成本。此外,网络直播培训还支持混合培训模式、线上线下培训报名管理,培训结束后统计相关数据,建立统一的培训档案。网络直播培训一经推出就受到学员们的广泛欢迎,2011 年全年覆盖约 10 万人次的在线培训。

为了提高培训覆盖面、培训到达率和培训效率,上海通用将移动学习引入培训领域。智能手机、平板电脑等移动终端已经渗入到人们生活的每一个角落。据统计,人们平均每 6 分钟就会看一下手机。人们对移动终端的黏着度和依赖性成为上海通用引进员工培训的有效凭借。移动学习迎合了移动化的潮流,吸引更多有移动化偏好的学员参与学习;它创造了前所未有的学习便捷性,学员只要有智能手机,就可以走到哪学到哪,摆脱电脑设备的禁锢;它可以极大地提高培训的达到率和传播速度。上海通用利用白金会手机 APP 中的主动推送功能,将最新的课程直接推送到学员的智能手机,提醒和推动他们进行学习;它可以作为线下集中培训的辅助手段,如在课堂中通过白金会手机 APP 进行培训签到、随堂考试并即时计分、学员可以查询已报名课程的课程表和培训地点等,移动学习在一定程度上可以减轻培训后勤行政工作量,同时提升学员的课堂体验。它还带来一场课件的革命,移动学习要求将培训内容尽可能碎片化以便于学员进行学习。另外,移动设备上的技术已经相当成熟,人们可以利用移动设备可触摸操作的特性,开发和制作能够让学员点击互动操作的移动课件,使课件形象生动,更有趣味性,在形式上超越传统 PC 端的 Scorm 课件。

上海通用大力开发移动学习模式,并借助微信的广泛影响力全面推广这一模式。借助微信,不仅能够让课程拥有非常高的用户黏度,由于学员们对微信的操作和使用都非常熟悉,上海通用还可以节省大量宣传和推广的精力;而且微信是全免费的,运营成本也相对较低。2013 年,上海通用建立了“经销商微动课堂”微信公众号,每天推送碎片化的学习内容。此公众号一经上线就受到学员的广泛欢迎,目前关注人数已攀升近 4 万人。鉴于“微动课堂”居高不下的关注度,上海通用还借助其影响力宣传培训业务,报道培训项目,开展在线调研和互动讨论,并随之开发了可以安装于 IOS 和 Android 两大主流系统的移动学习白金会手机 APP“SGM 移动课堂”。上海通用通过技术创新丰富了培训形式,将原本被动的 LMS 白金会棋牌转变成为更为主动的直播加移动学习模式,打破 LMS 学习枯燥乏味的定式,将一切学习资源变得触手可及和生动有趣,通过便捷性,将学员不断地吸引到培训学习中来,使学习转变成他们生活的一部分。

上海通用还对社区化学习和游戏化学习进行了探索。在社区化学习中,把社交网络中的关系和互动引入学习中,对学习模式的变革是非常巨大的,在这种发展趋势的影响下,上海通用于 2013 年着手打造了属于自己的社区,为学员提供相应的主题学习运营服务。社区化学习包含了课程评论打分、好友点赞转发、积分排行、好友送礼、话术对抗赛、课程完成率大比拼、话题广场、热帖集锦微信转发等功能。社区化学习以学员为中心，成为一种新型的学习模式，它能让大家在一种较为自由的环境中互相帮助，交流心得；引导一部分意见领袖，并产生有益的内容，有利于社区另一部分被动群体的阅读；通过积分排名、活动奖品来激励学员积极参与，从而产生草根明星效应，增强学习的效果。在游戏化学习的道路上，上海通用本着寓教于乐、吸引更多学员的原则，凭借手机平台和HTML5技术，定制开发了各类游戏化课程，将原本枯燥乏味的知识点转化成游戏的形式，吸引学员学习，提高学习效率。

总体而言，上海通用的E－学习平台满足了大量学员访问和学习的需求。在具体的实施推广过程中，不仅通过培训需求的明确制订出标准化、规范化的培训计划，还从最初的完成培训任务到打造课程体系至最终完善综合性的培训体系，制订以创新为驱动的培训发展计划，成就SGM创领培训行业的目标，并通过对培训效果的评估和学员意见的反馈，调整培训方案以及适应学员的培训内容。引入了E－学习系统后，上海通用汽车原有的培训体系发生了结构性的变化。面授、E－学习白金会棋牌、混合式培训成为培训计划的重要组成部分。此外，内容丰富的培训课程既满足了学员对专业知识的需求，又让管理类课程深入人心。

在未来的培训模式中，上海通用计划建设以创新为驱动的汽车经销商培训大学，打造科学的培训体系，提升经销商网络综合素质，那时，E－学习会更加体系化，成为企业大学的重要组成部分——网络学院。同时，在经销商的培训上，依托先进的培训理念与创新的培训技术手段，基于高效、专业的经销商管理团队建立覆盖经销商全业务链、全生命周期的系统性培训体系，提升经销商人员的岗位能力和单店运营能力，打造可持续健康发展的经销商网络体系和团队。

讨论题：

1. 移动互联技术对企业培训和员工的学习产生了哪些影响？

2. 企业如何运用互联网和数字化技术进行培训与开发活动？

3. 社交网络是否适合公司的培训活动？

4. 在线学习有哪些优点和缺点？结合本案例，讨论管理者怎样才能确保在线学习的有效性？

第七章

职业生涯开发与管理

★ 本章要点 ★

通过本章的学习，应掌握以下内容：

- 职业生涯与职业生涯开发的含义
- 组织和个人在职业生涯中的角色
- 职业生涯发展理论
- 职业锚
- 员工个人职业生涯计划
- 组织的职业生涯通道设计
- 职业生涯的咨询和指导

第一节　职业生涯开发与管理概述

一、职业生涯的含义

在英文中，“职业”与“职业生涯”是用两个不同的词表示的，即 Occupation（职业）和 Career（职业生涯）。在人力资源管理中，职业规划、职业管理或职业开发等指的是职业生涯规划、职业生涯管理或职业生涯开发。在我国，人们日常生活或工作中谈论有关人的职业规划、职业发展、职业管理时，这里的“职业”是指“职业生涯”；而谈论职业选择时，这里的“职业”是指英文中的 Occupation（职业）。

职业(Occupation)是一些人长期从事的工作类别,如工匠、汽车修理工、秘书、翻译、律师、教师等。当我们谈到现代社会最热门的工作时,这里的工作指的就是职业。职业是社会分工的产物。随着科技的发展、社会分工的深化,职业结构也会发生变化,一些传统的职业种类发生变化或消亡,如钢笔修理工、寻呼机服务员等;而一些新的职业种类不断涌现,如信用管理师、网络编辑师、房地产策划师、企业文化师、家用纺织品设计师等一些新兴职业都是现代社会的产物。

职业是社会与个人的结合点,通过这一结合点形成了人类社会共同生活的基本结构,体现了人们之间的社会关系,标志着一个人的社会身份。职业具有经济性、社会性、规范性和群体性等特点。经济性是指职业是人们赖以谋生的手段,家庭主妇不是一种职业,而家政服务员则是一种职业,因为他们可以以此获得收入;社会性是指职业要为他人提供产品或服务,同时还体现出社会地位的不同;规范性是指一定的职业具有相应的操作规范、道德规范及职业规范;群体性是指一般要有相对稳定数量的人从事该职业。当一种新的职业成熟并被社会接受时,国家相关部门会通过一定的方式向社会公布。人们在选择职业时,不但要考虑经济收入、是否喜欢和具有从事这一职业的知识和技能,还要考虑它的社会地位。

人们对职业生涯(Career)有不同的理解。传统意义上,一般将职业生涯理解为一种职业或某种职业中的一系列职位,或者是组织内各种工作的历程。① 例如,一名教师在大学中可以担任助教、副教授和教授等几种职位;一名工程师的职业生涯之初是助理工程师,随着其专业知识和经验的日益丰富及工作成绩的取得,其职位可能逐渐晋升为顾问工程师、高级工程师、高级技术师等,这些都属于职业生涯发展。另外,也有将职业生涯描述成个人的一个生涯特征,每个员工的职业生涯由不同的工作、职位和工作经验构成。以上对职业生涯的理解是以传统的雇佣关系为基础的。在传统的雇佣关系下,员工与企业的关系是相对稳定的,企业为员工提供了相对稳定的就业机会,为员工设计在企业内的发展路径等,员工也很少转换职业或单位,在企业内的发展目标是加薪、职位晋升和稳定的工作。

随着竞争的日益激烈和科技的发展,企业的组织结构趋于"扁平化",如减少管理层次、分权,而且企业也处在不断变化的状态中,如合并、兼并、收购等,使企业无法为员工提供永久工作保障的承诺,旧的雇佣关系被打破。在新的雇用模式下,员工已不期望企业能终身雇用自己,其职业生涯的目标是追求心理成就感。心理成就感(Psychological Success)是指由于达到了人生目标(而不是仅仅取得工作上的成功,如养家、身体健康等)而带来的一种自豪感和成就感。② 员工开始设计和管理自己的职业生涯,一生中可能转换几种职业或者单位等。智联招聘的一项调

① 雷蒙德·A. 诺伊:《雇员培训与开发》,中国人民大学出版社 2015 年版,第 331 页。
② 雷蒙德·A. 诺伊:《雇员培训与开发》,中国人民大学出版社 2015 年版,第 331 页。

查证实，职场人士转换职业方向已成为普遍现象。在对全国30个省级行政区的9 986名职场人士进行调查后，智联招聘的报告显示，72%的职场员工想在5年内转换职业发展方向（包括转换行业、专业及公司）。[①] 20世纪90年代后期出现了有关职业生涯的新理念，提出了无边界职业生涯（Boundaryless Career）和易变性职业生涯（Protean Career）的概念。

无边界职业生涯概念是由Arthur[②]在1994年最先提出来的，而易变性职业生涯概念则是由霍尔（Hall）[③]于1996年提出的。无边界职业生涯是指“超越单个就业环境边界的一系列就业机会”。员工的职业生涯不仅仅局限于一个企业内，而是超越了企业或职业的边界，在不同的企业或职业间流动。易变性职业生涯是指由于个人的兴趣、能力、价值观及工作环境的变化而经常发生改变的职业生涯。易变性职业生涯强调员工要对自己的职业生涯管理负主要责任，强调员工要不断学习，以增强自己的适应能力。例如，员工不但要具备和运用提供产品和服务的知识与技能，还要了解企业的业务和文化，在企业内部和外部都建立良好的人际关系，与企业共同发展。易变性职业生涯与无边界职业生涯从不同的角度对职业生涯进行分析，但它们在本质上是相同的，即职业生涯的“无界性”。

根据传统的职业生涯定义和新的职业生涯理念，我们可以把职业生涯定义为，“贯穿于个人整个生命周期的、与工作相关的经历的组合。”[④]这个定义既强调职业生涯的客观内涵，如工作职位、工作职责、工作活动以及与工作相关的决策，也强调职业生涯的主观内涵，如工作志向、期望、需要、价值观以及对有关工作经历的感受等。在一个人的职业生涯发展中，人们更重视个人的因素，如根据个人的知识、技能、能力、态度和价值观来选择职业，重视个人对职业的感受、体验和评价等。组织在个人的职业生涯发展中起着重要的作用，但其角色已经发生变化，由传统的“包办”转变为为个人提供工作机会和相关信息、提供咨询和培训等。

二、职业生涯开发与管理的含义

对企业而言，要有效地管理和使用它的人力资源，就必须了解员工的职业生涯需求，帮助员工进行职业生涯管理和开发，为员工的职业生涯发展提供条件。

根据霍尔（Hall）的观点，职业生涯开发由职业生涯规划和职业生涯管理两部分构成，其中，职业生涯规划是以雇员为中心进行的活动，而职业生涯管理是以组

---

① 中国新闻网：“调查显示职场年轻人转换职业方向已成普遍现象”，《中国青年报》，2017年2月22日。

② M. B. Arthur: *The Boundaryless Career: A New Perspective for Organizational Inquiry*, Journal of Organizational Behavior, 15(4), pp. 295 ~ 306.

③ D. T. Hall: *Protean Careers of the 21st Century*, Academy of Management Executive, 1996(10), pp. 8 ~ 16.

④ J. H. Greenhaus, G. A. Callanan, V. M. Godshalk: *Career Management*, 3rd ed. Harcount, Inc. 2000, p. 9.

织为中心进行的活动,这两者不是截然分开的,而是一个连续体(如图 7－1 所示)。① 在组织的职业生涯开发与管理中,企业要围绕员工和企业的需要开展,员工也要参与其中。

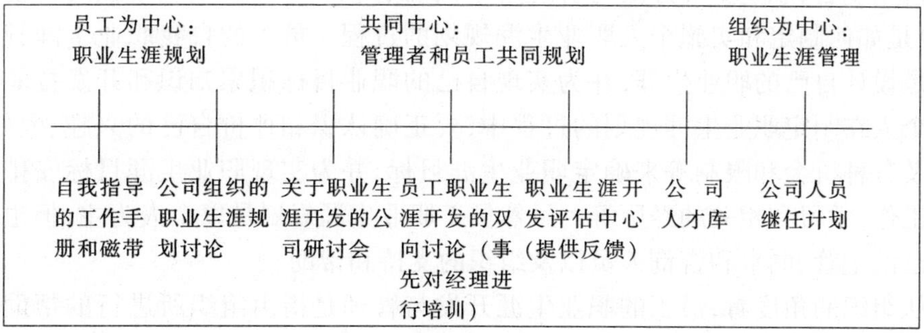

图 7－1　职业开发系列活动

资料来源:兰迪 L. 德西蒙等:《人力资源开发》(英文版),清华出版社 2003 年版,第 459 页。

职业生涯规划是个人确定职业目标以及应采取的行动的过程。个人在制定职业生涯规划的过程中,要认识到自己的兴趣、爱好、能力以及各种机会和限制等,以确定职业生涯目标,并为实现职业生涯目标安排好自己的工作、学习和相关的经历等。虽然职业生涯规划是以个人为主,但也离不开自己的主管、同事和咨询人员以及组织的支持和帮助。

在职业生涯开发连续体的另外一端是职业生涯管理活动,它是由组织所进行的帮助员工实现与组织一致的职业生涯目标的管理活动,如帮助员工设计和实施职业生涯发展计划等。组织进行职业生涯管理的目的是更好地实现组织的人力资源管理目标。

有的学者从更广的意义上理解职业生涯管理,如格林豪斯将职业生涯管理看成是职业生涯所有阶段的各种开发活动,从形成职业意识、开发职业生涯目标、职业生涯规划到实施规划等,其中,职业生涯规划是职业生涯管理的重要组成部分,不但个人要做职业发展规划,组织也要为员工做职业发展规划。组织职业生涯规划是指组织为员工的职业生涯确定发展道路和应采取的各种行动的过程。

人们对职业生涯开发的理解各不相同,如上面谈到的,霍尔是从广义上来理解职业生涯开发或发展;也有学者从狭义上来理解职业生涯开发,认为职业生涯开发是一套正规的方法,组织用它来帮助员工获取目前及将来所需的技

① D. T. Hall: *An Overview of Current Career Development Theory, Research, and Practice*, In D. T. Hall and Associates (eds.): Career Development in Organization (4), Jossey-Bass, 1986.

能和经验,[①]包括使员工做好准备以满足企业当前和未来的需要而进行的任何活动。

职业生涯开发与管理可以分别从员工的个人角度和组织角度来理解。从员工的个人角度看,职业生涯开发与管理是个人确定职业目标以及应采取的行动的过程,也是如何制定和实施个人职业生涯规划的过程。员工的自我职业生涯管理的核心是设计自己的职业生涯,并为实现自己的职业目标积累知识和开发技能的活动。个人在制定职业生涯规划的过程中,要正确认识和评价自己的兴趣、爱好、能力以及各种机会和限制等来确定职业生涯目标,并为实现职业生涯目标安排好自己的工作、学习和相关的经历等。虽然员工职业生涯规划是以个人为主,但也离不开自己的主管、同事和咨询人员以及组织的支持和帮助。

从组织的角度看,员工的职业生涯开发与管理是指由组织所进行的帮助员工实现与组织一致的职业生涯目标的管理活动,包括为员工发展设计通道,帮助员工设计和实施职业生涯发展计划,对员工进行人力资源开发,帮助员工获取目前及将来工作所需的技能和经验等。组织进行职业生涯开发管理的目的是为了更好地实现组织的人力资源管理目标。

职业生涯管理和开发对员工和企业都是至关重要的。对员工而言,通过职业生涯管理,员工可以认识到自身的兴趣、价值、优势和不足;获取公司内部有关工作机会的信息;确定职业发展目标;制订行动计划,以实现职业发展目标等。[②]对企业而言,通过职业生涯管理,可以吸引和留住更多的人才;帮助员工管理好职业生涯,并激发其最大的职业动机;[③]有助于企业了解员工各方面的信息,如员工的特长、发展需求和目标等,更好地使用人力资源。组织是个人职业生涯目标得以实现的重要载体,如果个人的职业目标在一个组织中不能实现,他就可能离开这个组织去寻找其他途径,因此,组织的职业生涯开发管理要兼顾组织和员工双方的需要。

三、组织和个人在职业生涯开发中的责任

在职业生涯开发和管理中,组织与个人都承担着相应的责任,并扮演着一定的角色,表 7-1 列出了员工、经理和公司在职业生涯管理中各自的责任。

---

① R. 韦恩 · 蒙迪等:《人力资源管理》,经济科学出版社 2003 年版,第 268 页。

② D. C. Feldman: *Managing Careers in Organizations*, Glenviev, IL: Scott-Foresman, 1988. 转引自雷蒙德 · A. 诺伊:《雇员培训与开发》,中国人民大学出版社 2001 年版,第 233 页。

③ 职业动机是根据不同的工作目的和能力的自我定义,这种自我定义指导、稳定一个人的工作经历,并使其与工作经历融合成一个整体。职业动机包括 3 个方面:职业弹性、职业洞察力和职业认同感。职业弹性是指员工处理某些影响工作问题的能力大小;职业洞察力是指员工对自己的兴趣、优势和不足有多大程度的认识,以及这些认识如何与职业目标相联系;职业认同感是指员工对其工作中个人价值的认可程度。

表7-1 职业生涯管理中组织与个人的职责

职业计划活动
雇员的责任： · 自我能力评估、兴趣及价值 · 分析职业选择 · 决定发展目标和需要 · 与经理交流优先发展问题 · 制订双方满意的行动计划 · 实施制订的计划 经理的责任： · 发挥促进作用，使雇员对发展计划过程敏感起来 · 评估雇员的理想目标和发展需要是否实际 · 为雇员提供建议，制定双方都满意的计划 · 跟踪并不断修订雇员的计划，使其更合理 公司的责任： · 提供职业计划模型、资源、咨询以及制订个性化的职业计划所需的信息 · 对经理和雇员进行职业计划的培训，并对经理进行职业咨询的培训 · 提供技能培训项目和增加在职发展经验的机会
职业管理活动
雇员的责任： · 提供管理所需的技能、工作经验、兴趣及职业生涯愿望的真实信息 经理的责任： · 证实雇员提供的信息 · 提供有关该经理负责的职位空缺的信息 · 利用该过程提供的所有信息(1)确定空缺职位合适的人选并进行选择；(2)确定职业生涯机会(职位空缺、培训项目、轮流分派任务)，并根据情况对雇员做出合理安排 公司的责任： · 提供信息体系和过程，满足经理作决定的需要 · 组织并不断修订信息 · 保证信息的有效利用，要通过(1)设计、分析、收集、解释及使用信息的适当方法；(2)监督和评价整个过程的有效性

资料来源：F. J. Minor: *Computer Applications in Career Development Planning*, in Career Development in Organizations, ed. Douglas T. Hall and Associates, Jossey-Bass, 1986, pp. 205 ~ 206. 转引自乔治·米尔科维奇、约翰·布罗德：《人力资源管理》，机械工业出版社2002年版，第341页。

(一) 员工的角色

在新的雇用条件下，员工自己应该对职业生涯管理特别是职业生涯的设计负主要责任。具有成功的职业生涯管理体系的公司都希望员工能负责管理好自己的职业生涯。员工要善于利用组织的发展机会来发展自己的职业生涯。员工可以采

取以下几种职业生涯管理活动:

(1)主动从经理和同事那儿获取有关自身优势及不足的信息反馈。

(2)明确自身的职业生涯发展阶段和开发需求,确定个人的职业生涯目标。

(3)了解存在哪些学习机会,如与销售、产品设计和行政管理相关的学习活动。

(4)与来自公司内外不同工作群体的员工进行接触,如专业协会、项目小组。

(二)管理者的角色

管理者在职业生涯管理过程中扮演着重要的角色。管理者应该积极帮助下属解决职业生涯发展中出现的问题,为员工的职业生涯发展提出建议。许多研究都指出,管理者在职业生涯中所扮演的角色是最重要的,关系到组织职业生涯活动的成败。为了帮助员工处理好职业发展问题,管理者需要有效地承担4种角色,即教练、评估者、顾问和推荐人。①

(1)教练:发现问题、倾听、确定需求、详细界定这些需求。

(2)评估者:给出反馈、明确公司标准、确定工作职责、确定公司需求。

(3)顾问:提供选择、协助设置目标、提出建议。

(4)推荐人:与职业管理资源联系、追踪职业生涯管理计划的执行情况。

(三)企业的角色

企业应为其员工提供成功的职业生涯规划所必需的资源,这些资源包括专门的项目和职业生涯管理流程:②

(1)举办职业生涯研讨会,其主题是职业生涯管理系统的运作方式、自我评估、目标设置以及帮助经理理解和承担其在职业生涯管理中的角色。

(2)提供关于职业和工作机会的信息,建立职业管理中心或创办通信系统,让员工能找到关于职位空缺和培训计划的信息、组织的战略信息、组织的规划信息、组织的继任计划和技能清单等。

(3)利用职业生涯规划工作手册,通过一系列的练习、讨论及与职业生涯规划相关的说明来对员工进行指导。

(4)由受过专业培训的顾问提供职业生涯咨询,与员工一起解决职业生涯问题。

(5)职业生涯发展路径。规划工作序列,明确在工作领域内部和跨领域发展所需的技能等。

(6)为员工提供其职业生涯开发所需要的资源,包括在岗工作经验、培训和开发机会。

---

① R. L. Desimone, J. M. Werner, D. M. Harris: *Human Resource Development* (3rd ed.), Harcourt, Inc., 2002, p. 477.

② 雷蒙德·A. 诺伊:《雇员培训与开发》,中国人民大学出版社2001年版,第245页。

(7)对职业生涯规划系统进行监督。

第二节 职业生涯发展理论与自我职业生涯规划

一、职业生涯发展阶段理论

在人的一生中,由于生理和心理等因素的变化,其职业生涯会表现出一定的阶段性,虽然每个人的情况不同,但在每个阶段都会有大致相同的表现。正确认识职业生涯发展规律,对个人设计和管理自己的职业生涯具有重要的意义。企业可以根据员工职业生涯发展的不同阶段,采取不同的管理措施,提供不同的帮助。国外学者对职业生涯发展阶段进行了深入的研究,提出了一些理论。下面简要介绍几种具有代表性的理论。

(一)埃里克森的人生发展阶段理论

美国心理学家埃里克森对人生发展阶段的划分是普遍被人们接受的,他将人生划分为8个阶段(如表7-2所示),每个阶段都有一个需要完成的主要任务,如果没有完成这个任务,就会出现问题。例如,在青春期,我们需要完成身份确认的任务,如果这个任务没有完成,就会产生角色混乱的问题。

表7-2 埃里克森的人生发展阶段

发展阶段及其主要问题	年龄范围(年)
1. 基本信任/不信任	婴儿期
2. 自主/耻辱和怀疑	1~3岁
3. 进取/罪恶感	4~5岁
4. 勤奋/自卑	6~11岁
5. 身份确认/角色混乱	青春期
6. 亲密/隔离	青年
7. 生育/停滞	中年
8. 自我完善/失望	成熟

(二)利文森的成人发展理论

利文森根据人的年龄变化,将人的生命分为4个阶段,即未成年期、成年早期、中年期和成年晚期(如图7-2所示)。利文森认为,虽然不同人在年龄范围内会有一些变动,也表现出某些规律性,如职业变动基本上在成年早期和成年中期之间。

下面主要介绍成年早期、成年中期和成年晚期 3 个阶段的特点。①

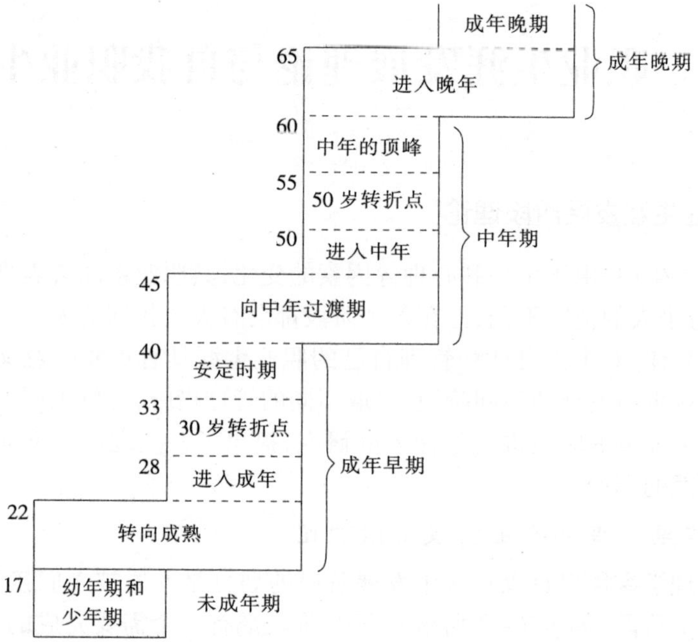

图 7－2　利文森的职业生涯开发阶段图

1. 成年早期(17～40 岁)

成年早期包括 4 个时期:转化期(17～22 岁)、世界期(22～28 岁)、30 岁转化期(28～33 岁)和安定期(33～40 岁)。一般而言,成年早期是一个拥有巨大能量和巨大压力的时期,在此期间,个人将达到生理高峰,并努力实现年轻时制定的目标和期望,找到自己的社会定位,获得有意义的工作,表现自己的生活风格,建立有意义的关系(包括婚姻)和供养一个家庭。许多人在此期间会被提升,然而压力也很大。在处理个人抱负和激情时,家庭和社会对个人也提出了相关要求。利文森认为,特别值得指出的是,在 30 岁转化期中,大多数人会质疑和再评估自己以前所选择的职业是否足以帮助自己实现生活目标。利文森将员工设计的生活目标视为"梦想",如果"梦想"在 30 岁转化期内得以实现,那么个人将会经历一个稳定期,在此期间,个人会因为所追求的梦想得以实现而感到满足,并会继续朝着形成"自我风格的人"而奋斗。

① D. J. Levinson, et al. : *Seasons of a Man' s Life*, Knopf(57), 1978. D. J. Levinson: A Conception of Adult Development, *American Psychologist*, 1986(41) pp: 2～13,参见萧鸣政:《人力资源开发的理论与方法》,高等教育出版社 2004 年版,第 231 页。

2. 成年中期(40 ~ 45 岁)

生命中期的转化阶段(40 ~ 45 岁)是从成年早期至成年中期的过渡。一个人的生活在成年早期和中期之间会发生显著变化。在这一时期,人对自己的职业目标、抱负和所追求的梦想会有很多质疑,经常反问的问题包括:“我在这一生中做了些什么? 在我死前想完成什么? 我要留给家人和他人一些什么?”事实表明,生命中期的转化阶段对个人的职业发展会产生强有力的影响。在这一阶段,个人面临着体能下降、孩子成人、父母身体状况下降或者死亡、朋友和同事的死亡等一系列问题。对上述问题的思考会使个人变得更接受自己和他人、更为明智、更富同情心。然而,这一转化期如果不成功,就会导致痛苦和不振。

3. 成年晚期(60 ~ 死亡)

成年晚期面临着其他一些主要生活事件,包括退休、身体状况进一步下降、家人或爱人的去世等。面临的主要挑战是如何与生命达成妥协,并接受既定事实,而不是遐想与假设还会发生什么。

利文森的模型是基于经验研究,与成年开发的早期观点一致,与埃里克森的研究相比有所拓展。尽管利文森承认该模型必须接受进一步的检验和提炼,但是其他研究支持了该模型所划分阶段的顺序和设定的年龄界限。

(三)格林豪斯的职业生涯阶段

格林豪斯借鉴利文森和其他人的理论将职业生涯划分为以下 5 个阶段。①

1. 职业选择:为工作做准备

职业选择阶段是从 0 ~ 25 岁,其主要任务有:发展职业想象力,对职业进行评估和选择,接受必需的职业教育。一个人在此阶段所做的职业选择是最初的选择而不是最后的选择,主要目的是建立起个人职业的最初方向。

2. 进入组织

18 ~ 25 岁为进入组织阶段,其主要任务是,在一个理想的组织中获得一份工作,在获取足量信息的基础上尽量选择一种合适的、较为满意的职业。在这个阶段,个人所获得的信息数量和质量将影响个人的职业选择。

3. 职业生涯初期

职业生涯初期典型年龄范围是 25 ~ 40 岁,其主要任务是,了解工作和组织的规范,适应并融入组织,提高胜任工作的能力,为实现未来的梦想做好准备。

4. 职业生涯中期

职业生涯中期年龄范围是 40 ~ 55 岁,其主要任务是,对早期职业生涯重新评估,强化或改变自己的职业理想,选定职业,努力工作,有所成就。

① 杰弗里·H. 格林豪斯等:《职业生涯管理》(第 3 版),清华大学出版社 2003 年版(英文版),第 117 ~ 123 页。

5. 职业生涯后期

职业生涯后期的年龄范围是从 55 岁到退休，其主要任务是，继续保持较高的生产率，维持自尊，准备引退。

二、职业生涯发展循环模型

以上介绍的职业生涯发展阶段理论基本上是从生物学的角度来划分和认识职业生涯的，如一个年轻人以开拓起步，逐步定位在某个组织和某项职业上，接下来就进入了稳定和富有成果的稳定阶段，最后进入了下滑阶段或离开工作环境转入退休。但年龄和工作年限并不能完全描述现代的职业道路，现代观点认为，职业是随时间流逝呈循环运动的，每个人都可能在一生的职业生涯道路上几次经历这些阶段，研究表明，人们对其职业生涯可能存在多层次的决定和选择。这些阶段更可能是在多个组织中的多个职业角色上体现出来。据此，霍尔提出了职业生涯发展和变动的循环模式（如图 7－3 所示）。图 7－3 所示的各个阶段可能会加速发展或多次重复，下面对模型进行解释。①

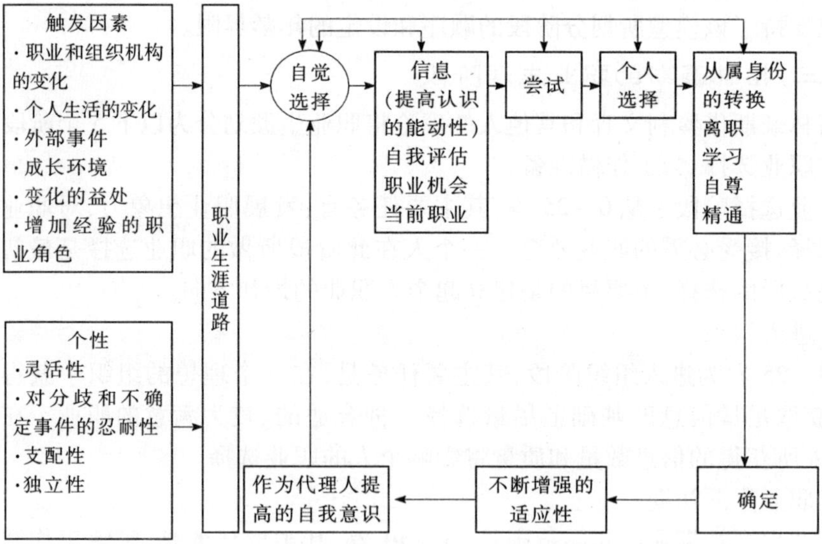

图 7－3　职业生涯发展和变动循环模式

资料来源：D. T. Hall: *Unplanned Executive Transitions and the Dance of the Subidentities*, Human Resource Management Sprina ,1995, p. 75.

① 乔治 · 米尔科维奇、约翰 · 布罗德：《人力资源管理》，机械工业出版社 2002 年版，第 345～350 页。

(一)决定进行职业开拓

图7－3模式中的自觉选择、信息和尝试阶段属于职业开拓过程。我们正处于信息时代,人们不断开拓、尝试不同的职业角色,逐步认清自己的兴趣和技能,通过受教育和培训培养自己的技能,并(对年轻人而言)逐步减少对家庭和学校的依赖。受教育水平和类型、早期的职业经验、甚至是父亲所从事的职业等因素都可能与最后的职业选择和职业成功有关。

(二)社会化:认知新身份

一个人一旦开始了一份新工作、新职业,进入了一个新角色、新公司,他就开始进入了社会化和定位的阶段。社会化涉及逐步理解和认识新环境,并确定如何融入既定的社会关系之中。定位则是指逐步意识到社会和组织的规则和期望。图7－3模式中从属身份的转换即属于此过程,个人正在逐步确定他在新环境中的身份。

(三)掌握和确立:建功立业

一旦进入了一个新的职业角色,人们逐步安定下来,掌握了担任该角色所需的技能,进而获得一个有影响、能胜任的职位。研究发现,那些具有较强认知能力和较大动力的人往往容易获得较高的工资和迅速的晋升。未来,这一阶段更可能出现在担任几个不同的组织或单位的一系列不同职位的过程中。在这一阶段,进入每个新职位不会再代表进入了新的开拓阶段,而是表现为在某一行业、专业或领域确立一个职位过程中的有计划的步骤。

(四)不断增强的适应性

如图7－3所示,不断增强适应性对职业的发展和重新选择非常重要。随着确立阶段的不断向前发展,个人成为公司中重要的成员,他们已经积累了经验并可能成为其他员工的良师。当家庭发生重大变化需要承担经济责任,或者认识到自身的不足,或者技能过时,都会促使其对职业选择的再评价。许多员工在这个阶段事业可能下滑,重新回到开拓阶段。今天,即使在某个公司中已经晋升到较高层次,也很难保持职位的稳定。

(五)重新进行职业开拓

图7－3中循环的最后一部分描述了职业开拓过程的重新开始,该阶段并非只限于达到退休年龄的员工。如果那些超过55岁的雇员要开拓新的发展机会,该过程通常还会重新开始。不论开始于职业生涯的开始、中间还是结束阶段,这都是员工个人和人力资源经理需要密切合作以实现共同目标的阶段。

三、职业锚理论

人们在选择职业和制定职业发展规划时,要受到自己的兴趣、动机、态度和价值观的影响。虽然人们的兴趣、动机、态度和价值观受环境的影响会发生一些改变,但某些基本的东西却很难改变,它影响着人们的职业定位。埃德加 · 沙因(Edger Schein)通过对麻省理工斯隆商学院 44 名男性毕业生的纵向追踪研究,历经10 ~ 12 年,发现许多毕业生在一个职业领域中干了几年后,才意识到自己的某些需求、价值观和才能。而他们中的一些人经历了许多种不同的工作、组织甚至不同的职业才获得明确的自我形象。自我形象是围绕着需求和动机、才能和价值观逐渐明晰的过程,可以概括为寻找"职业锚"的过程。① 据此,沙因提出了"职业锚"(Career Anchors)这一概念,用以说明职业动机和价值观等对人们选择职业的影响,解释人们如何选择职业及如何为职业做准备等。

所谓职业锚,是指在工作过程中依循个人的需求、价值观和才能等经过搜索所确定的长期职业定位,它反映了一个人的职业动机和追求。每个人的职业动机都是不同的,企业可以以一定的方式来了解一个人的职业动机(即职业锚),并以此判断员工的职业偏好,对员工的职业发展提供指导和帮助。人们在工作之前或工作的最初几年对自己的职业锚的认识并不是很清晰的,往往需要经过一定的职业经历才能认清自己的职业兴趣和动机,最终确定职业发展目标。

沙因经过研究,提出了 5 种类型的职业锚:②

(1)技术/职能能力型。具有这种职业锚类型的人是围绕着一套特定个人所擅长的技术或职能性机能以及价值观来组织职业生涯,这些价值观能引起使他们留住某一职业领域中的自我概念的形成。这一类人通常从事着从技术性职责到职能管理的各种工作。

(2)管理能力型。管理能力型的人围绕着某一组织的权力阶梯不断攀升,直至获得一个承担全面管理职责的职位,以此来组织整个职业生涯。这一类人的职业目标具有很强的权力动机;具有人际交往、分析和情感能力;愿意承担管理责任。

(3)创业型。创业型的人是围绕着某种创业努力来组织整个职业生涯,这种创业努力使这些人创造出新的服务或产品,或发明了什么东西,或创建起他自己的事业。这一类人有强烈的创新欲望和创造力,具有企业家风范,他们想创造或建立完全属于自己的东西。

(4)安全或稳定型。安全或稳定型的人是围绕着某一组织中获得一个适当的职位来组织整个职业生涯,这一职位能保障连续的就业、稳定的前途以及能通过达到一定范围的经济独立以保障为家庭提供舒适的供养能力。这一类人对组织的依赖性很强,很容易融入组织中,接受组织的价值观和行为规范。

(5)自主型。自主型的人试图寻找到像教书、咨询、写作、经营一个店铺或其他

---

① 埃德加 · 沙因:《沙因组织心理学》,中国人民大学出版社 2009 年版,第 86 页。

② 埃德加 · 沙因:《沙因组织心理学》,中国人民大学出版社,2009 年版,第 86 ~ 87 页。

类似的工作。这些工作能允许自己决定自己的时间、生活方式和工作方式。

四、员工个人职业生涯规划

(一)个人职业生涯管理模型

职业生涯管理专家格林豪斯和他的同事提出了职业生涯管理模型(Model of Career Management)(如图7-4所示),这个模型是针对个人职业生涯规划和管理提出的。他认为,当个体需要进行职业生涯决策时,职业生涯管理活动就开始了。个人的职业生涯管理活动包括:①职业生涯调查,收集有关自己和环境的信息;②认识自我和环境,对自己做出客观的评价,对周围的世界有更充分地认识;③目标设定;④制定战略,包括具体的行动计划;⑤实施战略;⑥接近目标;⑦从工作渠道和非工作渠道获得反馈,对自己的目标和战略进行调整;⑧职业生涯评估。

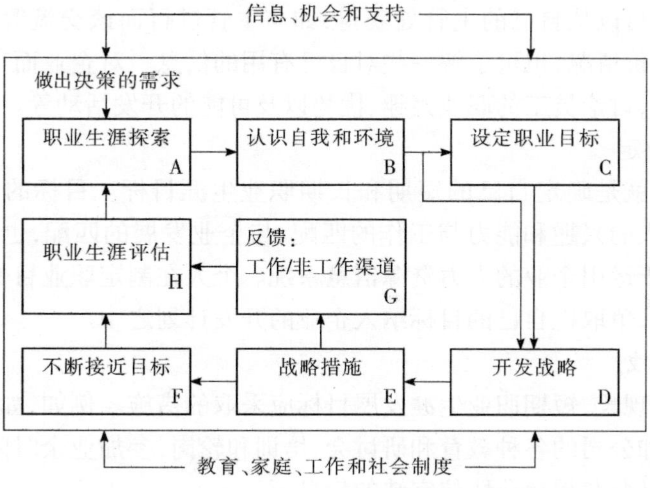

图7-4 职业生涯管理模型

资料来源:J. H. Greenhaus, G. A. Callanan, V. M. Godshak: *Career Management* (3rd ed.), Eort Worth TX, Drvdan Press, 2000.

职业生涯管理是一个不断循环、不断发展的过程,是一个解决问题和进行决策的循环过程。格林豪斯认为,这个模型代表了理想的职业生涯管理程序,即个体在进行职业生涯规划时应该按此过程进行规划和管理。

(二)个人职业生涯规划

个人职业生涯规划是个人根据自身因素和环境因素确立自己的职业生涯发展目标及选择实现目标的方法的过程。根据格林豪斯的职业生涯管理模型,我们把个人在组织中的职业生涯规划过程概括为自我评估与他人评估、目标设定、制订行动计划及反馈 4 个阶段。

1. 自我评估和他人评估

个人职业生涯规划必须从自我认识和自我评估开始,然后才能确立符合实际的目标和实现目标的方法。自我评估是通过各种信息来确定自己的职业兴趣、职业动机、价值观、能力和行为倾向等。自我评估是了解自己或自己的职业锚。人们对自己的认识经常会出现偏差,即所谓认识他人比较容易,而认识自己则比较难。经常发生的情况是,人们对某项工作是否符合自己的兴趣和能力缺少考虑就草率接受,往往导致失败。目前,有许多测量工具帮助人们测量自己的职业兴趣、职业动机、能力、对不同类型的工作环境的偏好等,此外,还可以通过职业生涯顾问来进行自我评估。

在企业中,员工除了自我评估外,还要了解企业或管理者对自己的知识和技能是如何评价的,以及自己的知识和技能能否适应企业的发展、企业的潜在晋升机会等。这些信息可以从自己的主管处获得,如与主管进行面谈交流等。通过企业对自己的绩效评价情况,也可了解一些对自己有用的信息。对企业而言,经理也要与员工进行面谈,讨论员工的职业兴趣、优势以及可能的开发活动等。

2. 目标设定

目标设定就是确定自己的短期和长期职业生涯目标。目标的设定要符合实际,要考虑个人的兴趣和能力与工作的匹配、与企业发展的匹配,也要考虑企业的资源状况,善于运用企业的人力资源信息系统。个人在制定职业目标时,要与经理讨论这些目标,争取把自己的目标纳入企业的开发计划之中。

3. 行动计划

确定为实现长、短期职业生涯发展目标应采取的措施。例如,如何提高自己的职业能力,参加公司的各种教育和研讨会、培训和轮岗,参加业余时间的课程学习,建立人际关系网,获得企业职位空缺的信息等。

4. 反馈与修正

职业生涯规划是个动态的过程,要根据自身、组织和环境的变化调整职业目标或行动计划。企业也应跟踪并帮助员工不断修订其职业生涯计划,使其更合理。

第三节 组织职业生涯开发与管理

虽然在新的雇佣条件下,员工自己应该对职业生涯发展负主要责任,但企业在员工的职业生涯发展中也扮演着重要的角色。如果企业要留住优秀的员工并发挥其才能，就必须让员工看到其个人的职业生涯目标能够在企业内实现。因此，企业应该为员工提供职业咨询，帮助员工设计职业生涯规划，为员工设计职业发展通道等，以实现其职业发展目标。

一、组织的职业生涯通道设计

组织是员工实现其职业生涯目标的重要载体。如果企业不为员工设计合理的发展通道，员工的职业目标就很难在企业中实现，从而影响员工工作的积极性，工作效率下降，甚至可能离开公司，另谋发展。所谓职业生涯通道（Career Path，或称职业生涯路径），是指员工受雇于一家公司期间所经历的纵向发展轨迹。传统上，员工在企业内的发展路径表现为阶梯，即一条可以预测的、狭窄的、由下层通往上层的阶梯。而现在，员工和企业的职业发展观念都发生了变化，员工的职业发展路径难以用阶梯来表述了，员工的职业发展可能是纵向的，也可能是横向的或网状的。在企业内部，职业生涯通道实际上是企业为员工提供的各种发展机会，包括职务的晋升、责任的增大、新工作的挑战、知识技能的提高等。

（一）传统的职业道路

传统的职业道路（Traditional Career Path）即纵向职业道路，是指员工在组织里从一个特定的职务到下一个职务纵向向上发展的途径。其中的假定是，每一个当前的职务是下一个较高层次职务的必要准备。因此，员工必须一个台阶一个台阶地从一个职务换到另一个高一级的职务，以获得所需的经历和准备。传统职业道路的最大优点是简单明了，这条道路清晰地摆在那里，员工知道自己必须经历的一系列特定的职务或职位。如今，由于组织扁平化，中间管理层减少，这种升迁道路对绝大多数员工来说都是困难的。

（二）横向技术道路

横向技术道路（Lateral Skill Path）允许在公司中进行横向调动，使员工焕发新的活力并发现新的挑战。虽然没有加薪或晋升，但员工通过熟悉一项不同的工作可以增加自己对组织的价值，也使自己重新焕发活力。尽管职位和薪水可能保持不变，但是公司给员工提供了发展新技能的机会。鼓励横向调动的公司可能选择采用以技术为基础的薪酬制度，根据员工个人所掌握的技术类型和数量发薪。另一种方法是充实工作内容，即工作丰富化，这种方法通过增加工作的挑战性，布置更有意义的工作，给予员工更大的成就感来奖励员工。

（三）网络职业道路

网络职业道路（Network Career Path）既包括纵向的工作序列，也包括横向的一系列机会。网络职业道路认识到在某一特定层次上经验的可交换性，以及在晋升到更高层次之前在本层次上扩充经验的必要性。通常，这种道路比传统职业道路更能代表员工在组织中的发展机会。例如,一个人可能作为库存经理工作了几年,然后在被考虑晋升之前横向调动到值班经理的职位。纵向和横向的选择减少了在一个工作中堵塞的可能性。这种类型的职业途径的缺点是,更难就某一已知的工作路线向员工解释其职业可能采取的特定道路。

(四)双重职业道路

双重职业道路(Dual Career Path)是指分别为从事管理性职业的人和专业技术职业的人设立两条并行的职业发展路线。升迁到管理职位的人会拥有更大的决策权,但相应地也负有更大的责任;升迁到更高技术岗位的人会拥有更大的自主权,并且会拥有更多可以在发展中利用的资源。

双重职业道路最初被开发出来就是用于解决那些受过技术培训的员工的问题,他们不希望在组织中通过正常晋升程序调到管理部门。在许多公司里,一些专业技术人员的职业生涯会面临进退两难的局面,他们都很希望在自己的领域中有所建树,但公司内的纯技术职位很快就会达到上限,除非进入管理层,否则其职业发展将处于停滞状态,但并非所有的技术人员都渴望成为管理者。对公司而言,将最优秀的技术人员从技术岗位调离,不仅失掉了优秀的技术人员,而且可能产生不称职的管理者。双重职业生涯可以有效地解决这个问题,以减少高级技术人员的流失。双重职业道路在一些公司中越来越受欢迎,如微软、波音、IBM 等都采用这种职业生涯道路设计。

道·科宁(Dow Corning)创造了被称为"多重阶梯"的概念。所谓"多重阶梯",即多重职业道路是双重职业道路的扩展,为员工设计了多条不同的职业发展路线(如表 7-3 所示)。多重职业道路使员工能够在研究、技术服务与开发以及工艺设计等不同领域中获得发展,而不必被迫担任管理职务。

表 7-3 科宁公司的多重职业阶梯表

层次	管理	研究	技术服务与开发(TS&D)	工艺工程
	副总裁,R&D 总监			
8	经理	高级研究科学家	高级开发科学家	高级工艺工程科学家
7	经理	研究科学家	开发科学家	工艺工程科学家
6	部门经理	副研究科学家	副开发科学家	副工艺工程科学家
5	基层领导	高级研究专家	高级 TS&D 专家	高级工程专家
4		研究专家	TS&D 专家	高级项目工程师
3		项目化学家	TS&D 代表	项目工程师
2		副项目化学家	TS&D 工程师	开发工程师
1		化学家	工程师	工程师

资料来源:R. 韦恩·蒙迪等:《人力资源管理》,经济科学出版社 2003 年版,第 281 页。

(五)降级

现实中,人们很少将降级纳入员工职业生涯管理视角。在人们的观念中,组织中只有犯了错误的人才降级,并且降级意味着工资减少、地位降低、失去权力和发展机会,因此,一般很难接受降级。但是未来有限的晋升机会和技术变革的飞快步伐可能使它成为更为合理的职业选择。如果消除了降级的羞辱感,那么,更多的员工——尤其是老员工——可能会选择这样的调整。为了得到有限的晋升机会而长时间工作会失去对一些人的吸引力,尤其是当员工能够在经济上承受降级的时候。一些员工也不想随科技的改变而改变,因此需要较少技术知识的低层次工作也许更适合他们。在一些情况下,这种方式可能会打开一条堵塞的晋升之路,同时也可以使高级员工摆脱他不想承受的压力。丹麦企业的一个经验是①:经理人员年过50岁就不再晋升,而且到60岁以后就把他们轮换到比较低的职位上,这样,管理人员可以工作很长时间,直至退休。

二、职业开发工具

员工所具有的知识、技能和经验是其职业发展的基础和条件,企业应提供各种机会和途径帮助员工获得职业发展所需的技能和经验。职业开发工具(Career Development Tools)是指能增进员工技能、能力、经验和有效行为的各种技术和手段,包括工作评价、技能清单、培训、岗位轮换、继任计划等(详见上一章有关员工培训和开发具体方法的介绍)。

三、组织内部职位信息通报

组织应为员工提供组织内部工作机会的信息,将组织内部职位空缺的信息定期向员工通报,一般采用工作公告的方式。工作公告是一个最常见的职业信息交流媒体,在组织对外公布空缺之前,先在组织内部予以公示,让组织内部员工先对此有所了解。这种方法在西方公司比较普遍,目前我国企业也广泛采取这种方法。这种方式的好处在于强化企业内部晋升的理念,这种理念不仅能够降低员工的离职率,而且有助于激励员工维持和改善绩效。

四、职业生涯咨询和指导

职业生涯咨询是由企业人力资源管理人员、主管或从外部聘请的专业咨询人员与员工之间就员工的职业兴趣、职业目标等进行讨论、交流,对员工的职业规划、职业发展中面临的问题等进行指导并提出建议等。研究表明②,企业一般由人事

---

① 张一弛编著:《人力资源管理教程》,北京大学出版社1999年版,第259页。

② 萧鸣政编著:《人力资源开发的理论与方法》,高等教育出版社2004年版,第255页。

专员、主管或一线经理作为职业咨询顾问,咨询形式包括从简便的、非正式交谈到年度绩效评估讨论以及与经理或咨询专业人员的一系列讨论等。

主管人员在利用年度绩效面谈的机会为员工职业生涯发展提供咨询意见时,应该注意3个方面的具体问题:

首先,在开始面谈和咨询的时候,应营造一种平和、随意的气氛,让员工真正感觉到组织在为自己的职业发展提供帮助,从而找出员工现实工作与职业发展中存在的问题。

其次,面谈和咨询的重点应该基于员工职业生涯发展目标和现实的绩效与能力状况,找出问题和改进要点。在这一阶段,主管人员应该和员工一起,帮助员工发现这些问题,就存在的问题与员工达成共识。

最后,有效的绩效面谈和职业生涯咨询应该针对员工现存的种种问题,制定相应的、切合实际的、有效的解决方案,就这些措施、方案的具体执行情况与员工达成一致意见,并签署员工职业生涯发展计划书,员工和主管都应签名。主管人员在整个过程中应该让员工感知和树立起一种信念,即员工自己是职业生涯发展的主体,组织、领导只是个人职业生涯发展的助推器。①

五、解决员工职业高原问题

职业高原(Career Plateaus)是指员工在职业生涯发展过程中,当职业发展达到一定高度后就进入了一个相对停滞的时期。如果员工不能突破职业高原期,其职业生涯就很难再进一步发展。任何人在职业生涯发展中都会面临职业高原问题,特别是进入中年后,也就是我们经常说的中年危机。如果处理不好职业高原问题,员工就会消沉、失望、情绪不安等,影响工作效率或者辞职。导致职业高原的原因既有员工个人方面的原因,也有组织方面的原因。菲德曼等详细描述了引发职业高原的原因,以及职业高原对绩效和态度的影响,还提供了解决这些问题的措施(如表7-4所示)。随着组织的扁平化,职业高原更是不可避免的现象。对组织来说,重要的是要找到维持员工工作动机和效率的方式,探索进行职业高原管理的人力资源管理实践。

表7-4 职业高原的原因和管理干预建议

职业高原来源	对绩效和态度的影响	管理干预
1. 个人技术和能力 甄选体系无效 缺乏培训 对反馈错误的理解	低工作绩效 较差的工作态度	重新设计甄选体系 进行培训 促进绩效评估和反馈体系的建立

① 徐芳主编:《培训与开发理论及技术》,复旦大学出版社2005年版,第361页。

续表

职业高原来源	对绩效和态度的影响	管理干预
2. 个人需求和价值观 低的成长需求 安全和自主的职业定位 自我强加约束	稳定的工作绩效 较好的工作态度	继续进行奖励,临时对没有下降的绩效进行奖励 职业生涯信息系统
3. 缺乏内部激励 缺乏技术多样性 低的任务特征 低的任务重要性	最低限度可接受的工作绩效 下滑的工作态度	联合任务 建立正规工作组 建立顾客关系 打开反馈通道
4. 缺乏外部报酬 较少的培训,很少提升 报酬体系的不公平性 非临时报酬	低工作绩效 较差的工作态度	重新设计薪酬体系 重新设计晋升政策 鼓励高度不满意的员工离开
5. 压力与精疲力竭 工作中的人际关系 组织氛围 角色冲突	低工作绩效 较差的工作态度	工作轮换 预防性压力管理
6. 组织低速成长 外部商业环境 "防护"的公司战略 错误的人事预测	短期内持续较好的工作绩效 工作态度变差	间歇休息;远距离培训 为"明星员工"提供更多的资源 劝说低绩效者离开或退休

资料来源:D. C. Feldman, B. A. Weitz:. *Career Plateaus Reconsidered*, Journal of Management, 1988(14), p. 71. 转引自徐芳:《培训与开发理论及技术》,复旦大学出版社 2005 年版,第 361 页。

【思考题】

1. 什么是职业生涯?职业生涯开发的含义是什么?

2. 无边界职业生涯与易变性职业生涯的含义?无边界职业生涯与易变性职业生涯概念的提出对企业的职业管理有何意义?

3. 什么是职业锚?试着确定自己的职业锚。

4. 以职业生涯发展理论和职业锚理论为指导,试着做个人职业发展规划。

5. 在当今变化的环境中,组织应该如何为员工的职业发展提供帮助?

6. 解释什么是职业高原?企业如何帮助员工克服职业高原期?

【案例分析】

案例1:3M公司的职业生涯体系①

3M公司的管理层始终尽力满足员工职业生涯发展方面的需求。从20世纪80年代中期开始,公司的员工职业生涯咨询小组一直向个人提供职业生涯问题咨询、测试和评估,并举办个人职业生涯问题公开研讨班。通过人力资源分析过程,各级主管对自己的下属进行评估。公司采集有关职位稳定性和个人职业生涯潜力的数据,通过电脑进行处理,然后用于内部人选的提拔。

公司的人力资源部门可对员工职业生涯发展中的各种关系进行协调。公司以往的重点更多地放在评价和人力资源规划上,而不是员工职业生涯发展的具体内容。新的方法强调公司需求与员工需求之间的平衡,为此,3M公司设计了员工职业生涯管理体系。

1. 职位信息系统。根据员工民意调查的结果,3M公司于1989年年底开始试行职位信息系统。员工们的反应非常积极,人力资源部、一线部门及员工组成了专题工作小组,进行为期数月的规划工作。

2. 绩效评估与发展过程。该过程涉及各个级别(月薪和日薪员工)和所有职能的员工。每一位员工都会收到一份供明年使用的员工意见表。员工填入自己对工作内容的看法,指出主要进取方向和期待值。然后员工们与自己的主管一起对这份工作表进行分析,就工作内容、主要进取领域和期待值以及明年的发展过程达成一致。第二年,这份工作表可以根据需要进行修改。到年底时,主管根据以前确定和讨论的业绩内容及进取方向完成业绩表彰工作。绩效评估与发展过程促进了3M公司主管与员工之间的交流。

3. 个人职业生涯管理手册。公司向每一位员工发放一本个人职业生涯管理手册,它概述了员工、领导和公司在员工职业生涯发展方面的责任,明确提出了公司现有的员工职业生涯发展资源,同时提供了一份员工职业生涯关注问题的表格。

4. 主管公开研讨班。为期一天的公开研讨班有助于主管们了解自己所处的复杂的员工职业生涯管理环境,同时提高他们的领导技巧及对自己所担任的各类角色的理解。

5. 员工公开研讨班。提供个人职业生涯指导,强调自我评估、目标和行动计划,以及平级调动的好处和职位晋升的经验。

6. 一致性分析过程及人员接替规划。集团副总裁会见各个部门的副总经理,讨论其手下管理人员的业绩情况和潜能,然后管理层召开类似会议,与此同时,开

① 本案例选自《中国人事报》,2006年1月18日,第4版。

展人员接替规划项目。

7. 职业生涯咨询。公司鼓励员工主动去找自己的主管商谈个人职业生涯问题，也为员工提供专业的个人职业生涯咨询。

8. 职业生涯项目。作为内部顾问，员工职业生涯管理人员根据员工兴趣印发出一些项目，并将它们在全公司推出。

9. 学费补偿。这个项目已实行多年，它报销学费和与员工当前岗位相关的费用，以及与某一工作或个人职业生涯相关的学位项目的全部学费和费用。

10. 调职。职位撤销的员工自动进入个人职业生涯过渡公开研讨班，同时还接受具体的过渡咨询。根据管理层的要求，为解除聘用的员工提供外部职位介绍。

讨论题：

1. 如何评价3M公司的职业生涯系统？

2. 你认为3M公司的职业生涯系统需要进一步改进吗？你会提出什么样的建议？

案例2：玻璃天花板：不只是一个美国话题①

玻璃天花板是指影响特定群体晋升到拥有更高权力和影响力职位的障碍。尽管这个词有时用来指任意群体在发展过程中遇到的障碍，不过最初的意思以及后来通常都是指女性晋升中遇到的障碍。美国公司在性别平等方面已经取得了一些进步，但女性在高层管理者中的人数仍然很少。不过，美国并不是唯一在与玻璃天花板做抗争的国家。

我们看看日本女性晋升高管职位的情况。近年来，在一周之内，三洋电子和Daiei公司（一家日本零售商）都雇用女性担任他们的CEO。这似乎标志着一种趋势，但只不过是两个女性在日本公司处于领导核心地位的偶然例子，因为两家公司都深陷财务危机，都在寻找新的和不同的领导风格来扭转局面。

与美国一样，日本公司也都意识到玻璃天花板的存在，并希望尽可能通过自己的努力打破它。例如，尼桑公司的目标是将女性经理的数量增加两倍，至120人。这个数字是其所有管理岗位的5%，而在日本，女性在管理岗位中所占的比例为2.8%。

瑞典一直是众所周知在性别平等方面较为进步的国家。不幸的是，瑞典同样也存在玻璃天花板问题。女性在瑞典的劳动力中占79%，然而仅有3%的女性从事管理岗位。一项由瑞典政府授权的调查显示，42%的瑞典公司董事会中没有一位女性。有关这个问题的讨论曾建议法律上强制规定男女平等，但大多数公司都

---

① 本案例选自路易斯·R. 戈梅斯－梅西亚等：《人力资源管理》（第5版），北京大学出版社2011年版，第291页。

反对这种方法。不过,大多数瑞典公司组织了性别平等讨论会,约一半以上的人认为管理层中没有女性确实是一个问题。

讨论题:

1. 你认为中国女性员工面临的玻璃天花板现象是否比美、日等国严重,为什么?

2. 中国女性员工在职业生涯发展中面临的主要难题是什么?公司应该采取哪些方法解决这些问题?

第八章

薪酬管理

★ 本章要点 ★

通过本章的学习，应掌握以下内容：

- 薪酬的构成和功能
- 薪酬管理的内容和目标
- 影响企业薪酬体系设计的外部因素
- 基本工资的设计
- 工作评价的方法
- 薪酬调查
- 工资等级、工资幅度和工资水平
- 激励工资的种类和特点
- 补偿薪酬制度
- 员工福利管理

第一节　薪酬管理概述

一、薪酬的含义

劳动者为企业工作要付出一定的劳动，也要求获得相应的回报。一般情况下，我们将劳动者因在组织中工作而获得的各种他认为有价值的东西统称为报酬（Reward），这种报酬可分为内在报酬和外在报酬。内在报酬是指员工因参与组织工作而获得的各种心理上的满足和感受,如工作的挑战性、工作满意度、成就感、参与决策、个人的发展以及工作本身体现出来的地位等;外在报酬是相对于内在报酬而言的,如工资、奖金、各种福利、工作条件以及组织的认可等,外在报酬一般是由组织直接控制和分配的。内在报酬与外在报酬是密切联系的,企业在向员工提供外在的报酬同时,也影响或提供了内在报酬。如企业向员工支付较高的工资属于外在报酬,高工资同时也意味着员工个人工作能力强、工作出色、对组织的贡献大、获得了组织认可等,员工就会获得一种成就感。

在外在报酬中,工资、奖金和各种福利等属于经济报酬,人们一般把经济报酬称为薪酬。所谓薪酬(Compensation),是指员工因作为劳动关系(或称雇佣关系)的一方而从组织中获得的各种经济收入,包括各种货币收入以及各种具体的服务和福利的总和。薪酬一般由 4 个部分构成:基本工资、激励工资、津贴和福利。

(1)基本工资,也称基础薪酬或基本薪酬,是指员工因工作而获得的固定货币收入,通常以小时工资、周工资或月工资的形式向员工发放。基本工资一般分为职位工资、技能工资和能力工资等,它反映了员工所在的职位的价值或者员工的能力、工龄、资历等。

(2)激励工资,也称绩效薪酬,是根据员工的绩效结果而支付给员工的工资。绩效工资一般是指除基本工资之外所支付的报酬,是基本工资基础上增加的部分。激励工资通常与绩效相关。激励工资的形式很多,如计件工资、奖金、提成工资、利润分享、股票期权等。

(3)津贴,一般是针对特殊劳动条件或工作特性等而对员工进行的补偿。如夜班工作津贴、高温补贴、有毒有害工作条件下的津贴等。

(4)福利。福利是指企业为员工提供的各种物质补偿和服务。福利在现代企业薪酬管理体系中占有重要的地位,形式也多种多样,如带薪休假、健康保险、年金计划、住房补贴、交通补贴等。

二、薪酬的功能

对企业而言,薪酬构成了企业的劳动成本。劳动成本影响着企业产品或服务的价格。薪酬水平过高会影响企业的价格优势,不利于企业的市场竞争。同时,人力资源的获取与开发需要进行一定的投资,投资后的人力资源效能的发挥取决于员工的态度,为此,要对员工进行综合激励,而薪酬就是最重要的激励手段。如果薪酬水平低,会造成员工缺乏工作积极性,甚至人才流失,薪酬的激励功能就发挥不出来。薪酬还具有导向功能,企业的薪酬政策、薪酬结构和薪酬水平反映了企业对员工行为的期望,表明什么样的员工以及员工什么样的行为是企业需要和倡导的。

对员工而言,薪酬是其个人与家庭的生活来源。企业合理的工资水平可以满足员工及其家庭的生活需要以及劳动力再生产的需要。薪酬还具有满足员工个人精神需要、体现个人价值的功能。同时，薪酬也是个人人力资本投资的收益。不同学历通常具有不同的工资标准，这正是薪酬作为个人资本投资收益性质的体现。因此，设计薪酬制度时，应充分考虑员工不同角度的不同认识，使各种需求得以综合体现。

此外，整个社会或某行业工资水平的变动也反映了国家宏观经济变动的情况。在政府看来，工资既是劳动力市场的价格信号，也是国民生活水平的重要指标。政府往往通过制定与工资有关的各种政策法规，对劳动力市场工资水平的变动进行指导，以实现对劳动力市场的宏观调控。

三、薪酬管理的内容

薪酬管理是指企业根据经营战略和人力资源管理政策，对企业薪酬体系的设计、实施、调整和控制的过程。企业的薪酬体系一般包括薪酬水平、薪酬结构和薪酬形式 3 个方面的内容。

（一）薪酬水平

确定薪酬水平是企业薪酬战略的重要内容。薪酬水平是指企业内部各类职位的薪酬以及企业的整体薪酬与外部竞争对手的薪酬相比较的状况，它反映了企业薪酬的外部竞争性。薪酬水平的确定直接影响着企业的劳动成本，制定比竞争对手更高的工资水平，意味着生产相似的产品企业要承担更大的成本，因此，设计较低的薪酬水平（即低成本薪酬战略）对企业是有利的。但是，企业要想吸引并留住高素质的人才，激励员工努力工作，较高的薪酬水平是必需的。有证据表明，高工资并不意味着高成本。因为高工资能够吸引更优秀的人才加盟企业，也能够留住优秀的人才，使企业的生产效率提高，抵消高工资带来的高人工成本。实践中，企业往往从战略角度以及职位的重要程度制定不同的薪酬水平，例如，对一些重要和关键的职位，采取高于市场水平的工资，而对一些非重要职位，则可能实行低于市场水平的工资。

（二）薪酬结构

薪酬结构是指企业内部不同职位或岗位之间的薪酬水平的关系，它反映了企业内部薪酬等级间的总体关系。在企业的薪酬结构战略和政策中，企业可选择平等化的薪酬结构，也可采取等级化的薪酬结构。平等化的薪酬结构是指企业的薪酬等级相对较少，职位等级之间的薪酬水平差距不大；而等级化的薪酬结构是指企业的薪酬等级多，不同等级间的薪酬水平差距较大。平等化的薪酬结构或等级化的薪酬结构，究竟哪一个是理想的薪酬结构并没有固定的答案，它取决于管理者的理念、企业的组织结构和工作的性质等。

(三)薪酬形式

薪酬形式是指企业以什么方式发放薪酬及如何确定它们之间的比例关系。企业发放薪酬的方式主要有现金薪酬(包括基本工资、激励工资)和福利薪酬两类。基本工资、激励工资和福利在整个薪酬体系中具有不同的作用,确定三者的比例应取决于组织战略、人力资源战略和薪酬体系的目标。在许多企业中,基本工资是员工收入的基础,它是根据工作的时间和价值来确定的,一般与工作绩效的相关性不大。激励工资则取决于员工的行为,或者说工作绩效。由于激励工资具有激励功效,许多企业逐渐增加激励工资的比例,减少基本工资在薪酬中所占的份额。福利在企业的薪酬体系中占有重要的地位。目前,由于福利在薪酬体系中所占的比重非常大,福利的形式也多种多样,如何更好地设计和管理福利项目是薪酬管理的重要内容。

四、薪酬管理的目标

不同的企业具有不同的薪酬管理目标,企业的薪酬管理目标直接决定了企业的薪酬政策和薪酬方案的构成。因此,企业在设计薪酬制度时,首先要明确企业的薪酬目标。一般来说,企业的薪酬管理活动应该实现以下目标。

(一)吸引和留住优秀的员工

有效的薪酬制度应该能够使企业吸引和留住优秀的员工,并将员工的流动率控制在可接受的范围内。如果企业的工资水平较低,就不可能吸引优秀的人才;同样,如果员工认为他们的工资和其他企业的工资相比不平等的话,他们就可能辞职。虽然薪酬不是吸引和留住优秀员工的唯一因素,却是重要因素。

在薪酬体系中,除了薪酬水平对员工的流动产生影响外,薪酬制度公平与否也是影响员工流动性的重要因素。如果员工认为获得了不公平的薪酬待遇,即使企业的工资水平有竞争力,企业要想留住他们也很困难。

(二)有效地激励员工

薪酬体系的设计应能够有效地激励员工,使员工把全部精力都投入到工作中。有关薪酬的激励作用问题,人们一直进行着激烈的争论。按照马斯洛的理论,金钱只是能够满足人的较低层次的需要,一旦人们较低层次的需要被满足了,就会追求更高层次的需要。按照赫兹伯格的双因素理论,工资既具有保健功能,也具有激励功能。当人们把工资看成是一种对其绩效表现的奖励和认可时,工资就成为一种激励因素。

(三)提高员工的绩效

对企业和员工而言,将薪酬与绩效联系起来是有意义的。当把薪酬与员工的工作绩效密切联系在一起时,或者说,根据员工的绩效来支付报酬时,员工的工作积极性就会提高,从而提高个人的绩效和组织的绩效。但是,由于薪酬与绩效的关系是复杂的,许多薪酬形式难以与绩效相关联,如各种福利、晋升等。此外,要把薪酬与绩效联系起来,要求企业必须能够进行准确的绩效测评,这在实践中也是困难的。因此,许多企业在薪酬与绩效的关联方面做得并不好。企业如果能够设计有效的绩效薪酬方案,就会大大提高生产率,提高绩效。

(四)控制成本

控制成本是薪酬管理的重要目标之一。对实施低成本战略的企业来说,控制劳动力成本极为重要,通过有效的薪酬管理,企业可以大幅降低劳动力成本。一般情况下,薪酬总额在企业总成本中要占到40% ~90%的比重,通过有效的薪酬管理,企业能够将自己的总成本降低4% ~60%。[①]

(五)保持公平

公平地对待员工是企业薪酬管理的重要目标之一,同时,公平也是薪酬管理的基础。在薪酬设计中,薪酬的公平性主要体现在以下几个方面:一是外部公平,即同外部企业从事类似工作的员工所获得的工资收入相比是否公平;二是内部公平,即企业中不同工作之间的工资收入水平应该相互协调,保持公平;三是个人公平,即企业内从事相同工作的员工的薪酬应该保持相同。薪酬体系的公平性是影响员工满意度和员工流动性的重要因素,也是影响员工积极性的重要因素。

(六)合法

合法是指企业的薪酬设计和管理要符合国家的法律法规和政策。薪酬设计要避免歧视,公平地支付工资,遵守最低工资标准、加班工资以及国家规定的相关员工福利等。

五、影响企业薪酬体系设计的外部因素

现代社会影响企业薪酬战略的因素很多,概括起来主要有以下几类。

(一)经济因素

国家的经济发展水平以及经济发展的不同时期对企业的工资水平具有重要的影响。国家的经济发展水平高,企业的总体工资水平也高,如发达国家的整体工资水平要高于发展中国家。一个国家处于经济发展的不同时期,工资的增长也不同,如一个国家或地区处于经济快速发展时期,其工资的增长率高,企业需要不断地对工资进行调整以适应经济发展的需要。改革开放以来,我国社会整体工资水平增长很快,如城

① 刘昕:《薪酬管理》,中国人民大学出版社2002年版,第8页。

镇单位就业人员平均工资2003年为13 969元,2015年达到了62 029元。①

(二)政府干预

政府对企业的薪酬制度也会产生重要的影响。政府主要通过运用法律机制和政策手段对企业的薪酬产生影响,如最低工资标准、工资指导线、劳动力市场工资指导价位制度等。我国《劳动法》规定,用人单位支付劳动者的工资不能低于当地最低工资标准。安排劳动者延长工作时间的,支付不低于工资的150%的工资报酬;休息日安排劳动者工作又不能安排补休的,支付不低于工资的200%的工资报酬;法定休假日安排劳动者工作的,支付不低于工资的300%的工资报酬。此外,法律还规定实行带薪年休假制度。

(三)工会

在现代社会中,工会往往通过集体协商和集体行动来影响企业的工资结构和工资变动。在集体协商或集体谈判中,工资是工会谈判的首要内容。我国在《集体合同规定》中规定,工会可就用人单位的工资水平、工资分配制度和形式、工资标准、工资支付办法、工资调整等与用人单位进行谈判。如果工会力量强大的话,会拉高工会会员的工资。如在美国,20世纪80年代,工会会员比未参加工会的同类员工的薪酬水平高出30%,福利也得到了很大改善,其中重要的一项福利就是退休收入计划。20世纪80年代后,由于商业环境的变化以及技术进步的影响,工会影响力下降了,工会通过集体谈判获得的年度工资增长率不断下降,在谈判中,工会往往做出很大让步。

(四)劳动力市场

劳动力市场的供求状况对企业薪酬政策有着直接的影响。如劳动力供大于求时,企业往往会采取压低工人工资的政策。由于不同行业资本密集程度、技术密集程度、劳动力受教育水平及性别比例等差异很大,各行业工资或薪酬存在很大差别。如2015年,我国劳动者平均工资,住宿餐饮业为40 806元,建筑业为48 886元,制造业为55 324元,采矿业为59 404元,信息传输、软件和信息技术服务业为112 042元。②

(五)竞争对手的薪酬政策

竞争对手的薪酬状况会对企业产生直接的影响。如果竞争对手的薪酬水平高于本企业,会对本企业员工的心理和行为产生影响,员工可能会产生不满,影响工作效率,甚至可能导致人才流失。如果薪酬水平高于竞争对手,会增加本企业的劳动力成本。

此外,行业竞争环境、物价变动等因素也会对企业的薪酬产生重要的影响。如

①《中国统计年鉴》(2016),“四、就业与工资”,http://www.stats.gov.cn/tjsj/ndsj/2016/indexch.htm。

②《中国统计年鉴》(2016),“四、就业与工资”,http://www.stats.gov.cn/tjsj/ndsj/2016/indexch.htm。

行业的景气状况直接决定企业的生产经营状况,也决定了企业薪酬水平。物价因素会影响员工的生活水平。物价上升时,如果工资不做相应的调整,员工的生活水平就会下降。为了保证员工的生活水平不至于因物价的变动而受影响,企业往往要根据物价的变动幅度不断调整员工的工资。

第二节　基本工资制度

一、基本工资制度的含义

各种组织(包括企业、事业单位、政府机构等)为了完成任务,要对工作进行分工,将具有相似性的工作组合在一起,为此要设立组织机构、部门及工作岗位,以便将工作或任务分配给各部门及岗位去完成。岗位构成了组织的细胞或基本单位,即使组织在不断的变革,一个组织的基本结构、部门及岗位设置在一定时期内也是保持相对稳定的。

基本工资制度是基于企业中职务(或称岗位、职位)的相对价值建立起来的,是一种以职务为基础的工资体系,因此也称作岗位工资制。岗位工资是根据岗位的价值作为支付工资报酬的一种工资支付制度。任职资格要求高、责任较大、任务复杂、需要较高技能的岗位具有较高的价值,获得较高的工资;而要求技能水平低、责任较小、工作职责相对简单的岗位,其价值相对较低,则获得较低的工资。岗位的价值是以工作评价为基础的,工作评价能清晰界定企业内部各个岗位或职位之间的相对价值,进行岗位重要性排序,以此确定企业的岗位结构及相应的岗位层级。在企业的薪酬体系中,岗位工资是其重要的组成部分,也是薪酬体系的基础。

在大多数情况下,岗位工资在员工的薪酬中所占的比例最大,并且大多数员工对企业薪酬制度的公平性、合理性的判断都是以岗位工资为基础的,因此,企业开发并维持一种健全的、公平合理的基本工资制度是至关重要的。

岗位工资制设计的重要原则是内部一致性(Internal Equity),通常称作内部公平性,是指单个组织内部不同工作、技能、能力之间的薪酬关系,[①]组织内部不同的工作之间、不同的技能水平之间的报酬水平应该互相协调。内部一致性强调的重点是根据不同岗位对组织整体目标实现的相对贡献大小来确定薪酬。

基本工资制度建立的程序是:首先对职务进行评价,即工作评价,以确定各职务在企业中的相对价值和工资等级;然后根据工资等级和市场工资水平来决定每

---

① 乔治·米尔科维奇、杰里·纽曼、巴里·格哈特:《薪酬管理》(第11版),中国人民大学出版社2014年版,第50页。

个职务的工资水平，以此建立基本工资结构。

二、工作评价

工作评价，或称职务评价(Job Evaluation)，是指系统地确定企业中每一职务相对于其他职务的相关价值的过程。工作评价的目的是依据每个职务的任务、职责、完成工作所需的技能、能力以及对企业的贡献来确定职务间的不同等级，以实现内部的公正性。工作评价主要是用来设计工资结构，而不是用于评价任职员工绩效的。

确定职务的价值包含 4 个步骤：第一，通过工作分析，收集职务的有关数据。第二，确定职务的报偿因素(Compensable Factors)。报偿因素是指组织愿意支付给员工报酬的各种职务因素，最常见的报偿因素有技能、知识、努力、责任和工作条件。职务不同，所需要的技能、知识、努力、责任和工作条件也不同，以此来判断职务的重要性和作为给付工资的依据。第三，对职务进行评价。第四，确定职务的工资水平。

工作评价的主要方法有职务排序法、职务等级法、因素比较法和要素计点法。

(一)职务排序法

职务排序法(Ranking Method)是根据各种职务的相对价值或它们对企业的相对贡献由高到低进行排列，这种职务的顺序或等级的基础是对相关价值的主观评估。排序过程的，主要是依据职务的整体情况来确定不同职务的价值，而不是根据一系列因素进行排序。排序时，一般采取交替排序法，即首先找出等级最高的职务，再找出等级最低的职务，然后再从余下的职务中分别找出最高和最低等级的职务，以此类推，最后得出所有职务的排序，然后制定相应的工资水平。职务排序法的优点是简单、快速、成本费用低。职务排序法比较适合于规模较小或职务数量有限的组织。其缺点在于，过于粗糙和主观。

(二)职务等级法

职务等级法(Job Grading)，也称工作分类法或职位分类法，是事先建立职务等级标准，并对每个等级给予明确的界定，然后将各职务与这一标准进行比较，最后根据比较结果将职务放到等级或职务级别中。采取职务等级法时，组织要事先确定其工资等级，然后根据每个职务所拥有的可补偿因素的水平将其归入各个等级。

运用职务等级法的程序是：第一，根据组织规模、性质和薪酬政策等确定每类职务的等级数目；第二，按照职务的责任大小、任务轻重、所需技术的难易和工作条件等对职务的等级进行定义或界定。把那些技术含量较低并需要被密切监督的职务确定为最低等级，随着每个等级的提高，对技术、知识和职责的要求也相应地提高。第三，依据职务标准，将各职务纳入等级中。假如 A 级职务只需照章办事，不需要任何经验，处于直接的监视之下并且不需要做出独立的判断，而D级的职务需要中等程度的培训，在总体监督下，有中等难度和责任，并可以进行一些独立的决策。例如，我们可以将办公室的打字员列入A级。职务等级法的优点是相对简单，使用方便而且成本较低。

(三)因素比较法

因素比较法(Factor Comparison)是一种量化的工作评价方法，是在一系列可补偿因素的基础上评估职务价值的定量化方法。因素比较法实际上是对排序法的一种改进。在排序法中，通常把每个职务视为一个整体，并根据某些总体指标(如工作复杂度)对职务进行排序。因素比较法运用起来比较复杂，它要对每个职务的多种因素进行比较，常用的因素有心理要求、身体要求、技术要求、职责和工作条件等。对于每一职务，所有报酬因素都按其在职务中的重要程度进行排序，并为每一因素确定相应的工资标准。要素比较法的具体操作步骤详见本章附录。

因素比较法的缺点是较为复杂，而且将各因素的对比转化成相应的工资比率是一项繁重的工作。

(四)要素计点法

要素计点法(Point Method)是一种使用最广泛的工作评价方法，它是通过对关键职务在各报酬要素中的得分来确定职务的价值。

要素计点法的操作步骤是①：

第一，确定关键职务。关键职务(基准)是指整个行业或在所研究范围内的常见职务。关键职务的内涵通常是清晰易懂的，如果对某一职务的说明或其工资多少存在混乱，该职务就不大可能被选为关键职务。关键职务的选择应当充分体现所要评价职务的责任、义务及工作要求的范围。

第二，选择报偿因素。报偿因素(Compensable Factors)，也称报酬因素，是指组织认为重要性达到了一定程度而原意为其付酬的那些职业因素或特征。报偿因素一般从工作职责、工作技能、努力程度和工作条件4个方面进行考虑，由于不同企业的特点和要求不同，因此，在选择报偿因素时要有所侧重。例如，选择用来评价生产性职位的报偿因素可以包括技术、努力及工作条件，而选择用来评价管理职位和专业性职位的报偿因素可以是知识、责任及对决策能力的要求。

报偿因素确定后，一般还要对其进行详细的分解，以便能更详细地说明报偿因素。譬如，责任这一报偿因素可以包括的次等因素有：确定组织的政策、负责其他人的工作、负责开发并维护与客户的良好关系以及负责组织的资产等。把报偿因素分解成次等因素是为了使职位的含义更精确并为职位评价提供方便。

① 劳埃德·拜厄斯、莱斯利·鲁：《人力资源管理》，人民邮电出版社2004年版，第217~219页。

第三,为报偿因素确定权重。给每一报偿因素和次等因素确定权重以反映它们的相对重要性。确定的权重因职位的不同而不同。例如,技术可能是在评价机械工职位时使用的最重要的因素,而责任可能是在评价管理者职位时更为关键的因素。一般而言,给任何一种职位确定权重都应依据该职位的最大计点数值来确定,该数值通常是主观的。然后,基于每一报偿因素的相对重要性分别为它们确定计点数。表8-1给出了总计大概1 000点的计点统计分析。在这个例子中,责任这个报偿因素被认为是最重要的因素,给予了360点。责任因素被分成4个次等因素:组织政策责任、其他工作的责任、在客户和公众中的信誉以及组织现金支出责任。每一次等因素又进一步被分成4个等级。

表8-1 点值样本

赋予每一等级的点数						
报偿因素	最大点值	次等因素	第一等级	第二等级	第三等级	第四等级
技能	260	工作知识	35	70	105	140
		经验	20	40	60	80
		创造力	10	20	30	40
努力	240	体力上的	20	40	60	80
		心理上的	40	80	120	160
责任	360	组织政策责任	20	40	60	80
		其他工作责任	40	80	120	160
		在客户和公众中建立商誉责任	20	40	60	80
		公司现金责任	10	20	30	40
职位条件	140	工作条件	20	40	60	80
		危险	15	30	45	60
总点数	1 000					

资料来源:劳埃德·拜厄斯、莱斯利·鲁:《人力资源管理》,人民邮电出版社2004年版,第219页。

第四,为特定职务确定点数。计算点值的标准确定后,即可对职务的点值进行计算,确定每一职务的总点值。总点值确定下来之后,就可按照每一职务点值的大小归入不同的职务等级中。

计点法的优点是比较稳定、客观合理,且不会随着时间而变化。这种方法的缺点是,开发计点尺度需要时间,它的使用在短期内也会导致管理费用的增加,以致很多小企业都无法接受。

三、薪酬调查

工作评价只是确定企业中每个职务或职位的相对价值,具体到每个职务的工资水平,还需要进行薪酬调查。薪酬调查是为了了解市场上同类职务的工资水平,了解市场上的薪酬水平之后,再根据企业的薪酬水平战略来确定职务工资水平。

薪酬调查就是通过各种正常的手段来获取相关企业各职务的薪酬水平及相关信息,其主要目的是了解某一特定岗位劳动力市场的价格,即工资率,或者是竞争支付的报酬水平等,将此作为企业确定薪酬水平和结构的重要参考依据。外部竞争方面(薪酬水平)的决策将直接影响组织的总支出。企业总希望把最低报酬设定在尽可能合理的水平上,并用最少的成本获得最大价值的劳动力。发达国家的企业大多数是通过薪酬调查来了解其他公司的工资标准的。具体而言,薪酬调查的实施步骤有:

第一,确定调查目的。人力资源部门应首先弄清楚调查目的和调查结果的用途,再开始制订调查计划。一般而言,薪资调查的结果可以为以下工作提供依据:整体薪酬水平的调整,薪酬结果的调整,薪酬晋升政策的调整,某个具体岗位薪酬水平的调整等。

第二,确定薪酬调查的范围。根据调查目的确定调查范围,主要确定以下问题:需要对哪些企业进行调查;需要对哪些岗位进行调查;需要调查该岗位的哪些内容;调查的起止时间等。

第三,选择调查方式。一般来讲,首先可以考虑企业之间的相互调查,人力资源部门可以与相关企业的人力资源部门联系,或者通过行业协会等机构进行联系,促成薪资调查的开展。如果无法获得相关企业的支持,可委托专业机构进行调查。具体的调查形式有问卷法和座谈法。

第四,整理和分析调查数据。在整理和分析调查数据时,要注意将不同岗位和不同调查内容的信息进行分类,并在整理的过程中注意识别是否有错误的信息。

第五,根据调查目的,有针对性地对数据进行分析,形成最终的调查结果。

四、确定工资等级和工资幅度

(一)工资等级的确定

在企业中,不可能为每一职位或职务都确定一个工资率,为了简化管理工作,一般在对工作进行评价后,将具有相同价值的职位或职务进行归类,组成一个工资等级。所谓工资等级(Pay Grade),是为了简化职位定价过程而将价值相似的职务组成一类。例如,在利用要素计点法确定每个职务的点数后,可以将某一计点范围确定为一个工资等级(如表 8-2 所示)。

表 8－2　确定工资等级

等　级	计点范围	等　级	计点范围
1	0～150	6	551～650
2	151～250	7	651～750
3	251～350	8	751～850
4	351～450	9	851～1 000
5	451～550		

对企业而言，划分多少个工资等级取决于企业的规模、性质、层级结构以及企业的薪酬政策。例如，规模大的加工制造业企业工资等级较多，而现代信息技术类企业的工资等级则相对较少。

由于工资等级反映了职务的价值差异，等级太少，职务间的价值差异难以体现，从而影响企业的内部公平；如果工资等级太多，则增加了管理的难度，因此，确定合理的工资等级是非常必要的。

（二）工资幅度

在同一工资等级内，虽然职务或工作的价值相近，但由于同一等级内员工的资历不同，工作表现、工作效率也不同，因此在确定工资等级时，还要为每一工资等级确定工资幅度。所谓工资幅度，或称工资范围（Pay Range），是指同一工资等级中的最高工资率与最低工资率之间的各种变化，即为每一工资等级确立一个可允许浮动的具有最低和最高界限的工资范围（如图 8－1 所示）。

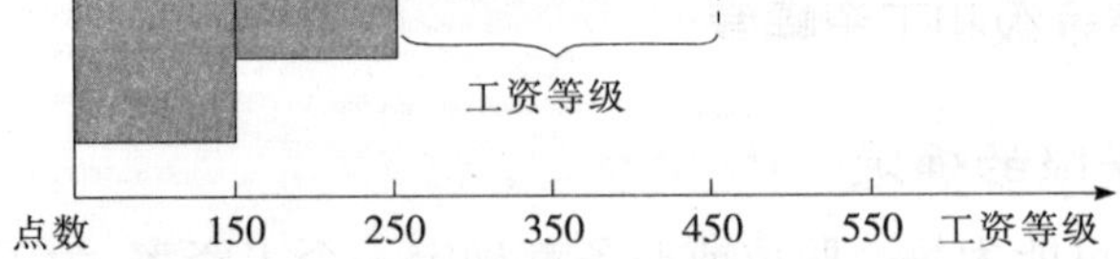

图 8－1　工资等级与工资幅度图示

在同一工资等级内，资历高、工作表现或工作绩效好的员工可以得到较高的工资。对于刚进入某一工资等级的员工，一般得到最低工资，随着资历和经验的增加,其工资会逐渐提升。但是,当一个员工已经处于某工资等级中的最高点时,他要想获得更高工资的话,就只能晋升到上一个工资等级中。这也就意味着,无论他多么努力地工作,如果不能获得职务晋升,也不可能得到更高的工资。当前,由于组织结构的扁平化,层级减少,员工职务的升迁更加困难,这类问题表现得更为突出。要解决此类问题,可扩大工资幅度,以便对工作出色的员工提供激励。

从图 8-1 中可以看到,在确定工资幅度时,两个相邻工资范围的交界处有一定的重叠部分,即一个工资等级的最高点通常高于与之相邻的较高级别的最低水平,这样就可以使那些拥有一定经验和资历的员工,即使没有职务升迁或者晋升到上一级工资等级,也可以获得较高的工资收入。

(三)宽带薪酬

宽带工资(Broad Banding),或称宽带薪酬、宽幅薪酬,是一种为改善组织效率而把许多工资等级合并成几个大范围的工资组别的方法。美国薪酬管理学会将宽带薪酬定义为,对多个薪酬等级以及薪酬变动范围进行重新组合,从而变成只有相当少数的薪酬等级以及相应的较宽薪酬变动范围。一种典型的宽带薪酬结构可能只有不超过 4 个等级的薪酬级别,每个薪酬等级的最高值与最低值之间的区间变动比率通常能达到200%~300%。而在传统的薪酬结构中,这种薪酬区间的变动比率通常只有40%~50%。由此可见,宽带薪酬结构是对传统的带有大量等级层次的垂直型薪酬结构的一种改进或替代。

与传统薪酬结构相比,宽带薪酬结构具有以下几个方面的特征和作用:

第一,宽带薪酬结构支持扁平型组织结构。20 世纪 90 年代,企业界兴起了一场以扁平型组织代替官僚层级组织的运动,而宽带薪酬结构就是为了配合扁平型组织结构而设计的。它的最大特点是,打破了传统薪酬结构所维护的那种严格的等级制,有利于企业提高效率以及创造参与型和学习型的企业文化,同时对企业保持自身组织结构的灵活性以及迎接外部竞争都有着积极的意义。

第二,宽带薪酬结构能引导员工重视个人技能的增长和能力的提高。在传统薪酬结构下,员工薪酬的增长往往取决于其在企业中的职务变化而不是能力的提高。在宽带薪酬结构下,即使在同一个薪酬宽带内,企业为员工所提供的薪酬变动范围也可能比员工在原来的薪酬等级中可能获得的薪酬范围还要大。这样,员工就不需为薪酬的增长而计较职位晋升等方面的问题,而只需要注意发展企业所需的那些技术与能力。

第三,宽带薪酬结构有利于职位轮换。由于宽带薪酬结构减少了工资等级数量,将过去处于不同工资等级中的大量职位纳入同一工资等级中,这样,在对员工进行横向甚至向下调动时所遇到的阻力就小得多了。

第四,宽带薪酬结构能密切配合劳动力市场上的供求变化。宽带薪酬结构是以市场为导向的,它使员工从注重内部公平转向更为注重个人发展以及自身在外部劳动力市场上的价值。尤其是当某些职位的工资因市场原因突然大幅提高时,企业可以在不破坏原有薪酬体系和框架的范围内适应这种变化。

第五,宽带薪酬结构有利于推动良好的工作绩效。宽带薪酬结构尽管存在对员工的晋升激励下降的问题,它却可通过将薪酬与员工的能力和绩效表现紧密结合来,更为灵活地对员工进行激励。此外,宽带薪酬鼓励员工进行跨职能的流动,从而增强组织的灵活性,促进创新性思想的出现,弱化头衔、等级,向员工传递个人和团队绩效文化,对企业整体业绩的提升无疑是一种重要的力量。

五、工资水平的确定

通过市场薪酬调查,企业可以获得与其相关的劳动力市场上的工资率或工资水平。将市场工资水平与工作评价的结果结合起来,就可以建立企业的工资曲线。工资曲线(Wage and Salary Curves)是用图形来表示的职位的相对价值与其工资率或薪金率之间的关系(如图 8 - 2 所示)。①

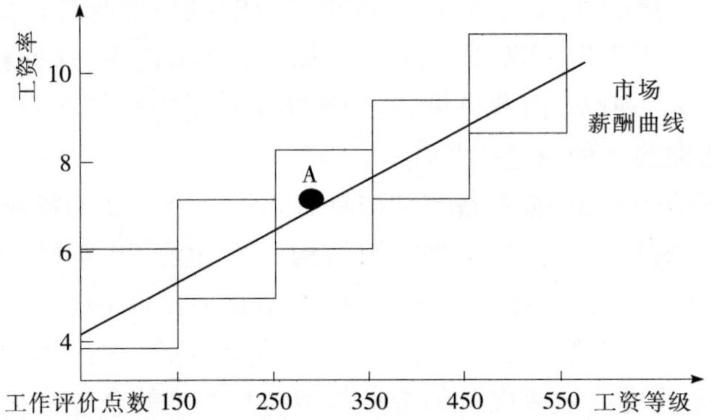

图 8 - 2　工资结构与工资水平图例

任何职务或职位的工资率或工资水平都取决于它在组织中的价值以及市场中相似职务的工资水平。企业一般采取对关键职务的薪酬水平进行调查,然后再依据其在组织中的相对价值以及劳动力市场的供给情况、企业战略和盈利能力等,确定企业的工资水平或职务的工资水平。在图 8 - 2 中的市场薪酬曲线是一条参考标准,或者说是一条基准线,围绕这条基准线可以确定职务的工资结构和标准。例如,图 8 - 2 中,职务 A 的工作评价值是 300 点,其市场薪酬曲线上的对应点是 8 元,因此我们可以看到,职务 A 的薪酬水平是每小时 8 元。对企业是否将职务 A

① 劳埃德·拜厄斯、莱斯利·鲁:《人力资源管理》,人民邮电出版社 2004 年版,第 223 页。

的工资水平定为每小时 8 元,还取决于企业的薪酬战略和政策。

薪酬水平是企业薪酬战略的重要体现,它表明与竞争对手相比企业愿意支付多少薪酬。企业可选择的薪酬水平战略有领先竞争对手战略、与对手持平战略和低于竞争对手战略。至于企业具体采取何种薪酬水平政策,还取决于其竞争战略、组织设计、人力资源战略、人力资源管理目标、薪酬目标以及企业文化等。表 8－3 是薪酬战略的可能效果。

表 8－3 薪酬水平与目标间的可能关系

政策	工资目标				
	吸引力	保持力	劳动成本负担	减少不满	增加产量
高于市场水平	好	好	不明确	好	不明确
等于市场水平	中	中	中	中	不明确
低于市场水平	低	不明确	好	低	不明确

资料来源:乔治·米尔科维奇、约翰·布罗德:《人力资源管理》,机械工业出版社 1999 年版,第 445 页。

调查表明,最常用的薪酬政策是与市场工资水平相等或相近。许多企业对不同技能种类的员工往往制定不同的薪酬政策。例如,企业可能对那些掌握特殊技能的员工实行工资领先战略;对不十分重要的员工采取持平战略;对那些在劳动力市场上非常容易得到的员工实行低于市场水平的薪酬政策。因此,一个企业中可以存在多种薪酬水平政策。

六、基本工资结构设计的其他方法

前面介绍的基本工资制度设计是以职务为基础的,存在一定的弊端。在职务工资制度下,员工工资水平的高低取决于他的职务,与工作绩效关系不大。当前,由于组织结构的变化,组织层次减少,晋升机会越来越少,为了更好地调动员工的积极性,促进员工个人的发展,需要开发新的工资制度设计方法,以弥补职务工资制度的不足。下面我们将介绍两种新的基本工资设计方法:技能工资制和能力工资制。

(一)技能工资制

近年来,以员工的技能为基础的工资结构体系越来越受到重视。技能工资制(Skill-based Pay)是根据员工所拥有的与工作相关的知识、技能数量和水平等来确定工资,而不是以员工的工作职务为基础来确定工资。在技能工资制下,员工掌握了新的知识和技术,就可以获得加薪的资格。这种制度的目的是激励员工获得与工作相关的知识和技能,以增强其工作能力,提高生产效率。

技能工资制有两种类型:一是以知识为基础,以员工掌握的与职业相关的知识的深度作为支付工资的基础。教师的工资结构就是以知识为基础的工资制度，它是以教师掌握的知识的深度来确定的。例如，教师的学历是教师所掌握知识的深度的标志，因此，学历的高低是设计教师工资结构的重要因素，本科学历的教师比专科学历的教师工资等级要高。二是以多种技能为基础，根据员工掌握从事不同种类工作的能力，或者说员工技能的广度来确定工资。员工掌握多种技能，有利于员工从事多种相关工作，从而使企业更灵活地进行人员配置。技能工资制主要适用于企业中的技术工人和监领工人。

技能工资制的优点主要是：①激发员工学习新知识、新技能的热情，促进员工知识资本的积累和升值，推动员工的全面开发；②满足企业发展对员工技能的深层次需求，有助于解决生产经营中的技术难关，提高产品和工作的质量；③在员工配置方面为企业提供更大的灵活性；④使企业在技术变革中拥有较大的主动性和灵活性。

技能工资制的弊端主要是：①企业需要提供充足的培训机会，这就要求企业增加培训和开发的费用；②由于技能工资制是按照员工掌握技能的多少来支付工资的，促使员工学习过多的技能，增加了企业的工资成本；③如果所学知识和技能未能及时应用到工作中，则会导致知识和技能的浪费等。

（二）能力工资制

能力工资制（Competency-based Pay）是针对管理人员和专业人员而设计的工资制度。能力（Competency），也称胜任能力，是指胜任某一职位所需的知识、技能、态度、价值观以及行为等因素。设计能力工资制的关键是要确定企业或职务的胜任能力是什么，这也是设计能力工资制的难点。目前，能力工资制还没有得到广泛地应用。

技能工资制和能力工资制也称为基于胜任力的工资（Competency – based Pay）。这两种工资设计是以人为基础的薪酬计划（Person – focused Pay Plans），它们通常是对员工掌握的与职位相关的胜任素质、知识或技能进行奖励，而不是奖励他们的优秀工作绩效。①

第三节　激励工资与补偿工资

一、激励工资制度

（一）激励工资制度的含义

激励工资（Incentive Pay）是指为奖励高于平均水平的工作绩效而支付的工资。激励工资制度是一种将工资与绩效挂钩的制度，能够将员工的报酬与企业的经营

① 约瑟夫·马尔托奇奥：《战略性薪酬管理》，中国人民大学出版 2015 年版，第 103 页。

绩效紧密相连，是一种员工与企业风险共担、利益共享的机制，其目的是调动员工的积极性。现在人们普遍将激励工资制度称为绩效薪酬（Pay－for－performance）。

激励工资制度具有一定的理论依据，组织行为学中的相关理论从总体上揭示了为员工的良好绩效提供适当薪酬的重要性，同时也说明了通过支付报酬来对员工的绩效进行评价的可行性。图 8－3 是一种综合激励模型，其中包含激励理论、期望理论、强化理论等。

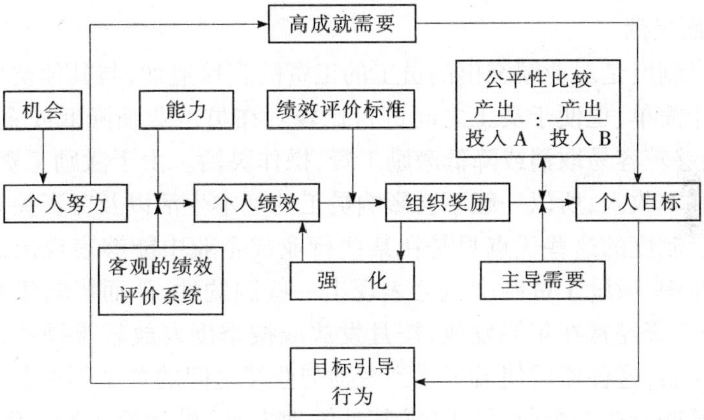

图 8－3　综合激励模型

资料来源：斯蒂芬·P. 罗宾斯：《组织行为学》（第 7 版），中国人民大学出版社 2002 年版，第 183 页。

在图 8－3 的综合激励模型中，通过个人努力实现个人目标的过程体现了目标设置理论所强调的目标对行为的引导作用，同时，期望理论预言，如果一个员工认为努力—绩效、绩效—奖励之间有密切的联系，那么，他的努力程度就会提高。由于认识到组织的奖励会强化员工的个人绩效，这一综合模型中也列入了强化理论。如果管理层设计的奖励体系被员工看作对高绩效的报酬，奖励就会强化和鼓励持续的高绩效。此外，奖励也是公平理论中的关键部分。个人会把自己从投入中得到的产出和其他相关人士的产出—投入比进行比较，不公平的话就会影响他们付出努力的程度。

（二）激励工资制度的特点

激励工资制度具有诸多优点，如针对性强、直接、迅速、简便、灵活等，因此较容易被管理者采用。

1. 针对性强

激励工资制度能够有针对性地对员工的突出业绩进行奖励，是针对业绩的，而不是针对员工的整体表现的。一些在其他方面表现不大突出的员工可以通过提高某方面的业绩来获得奖励和认同，并成为未来获得提升的重要基础，尤其是对个人的工资激励，能够有效地克服平均主义和搭便车等问题。

2. 直接而迅速

激励工资制度是对高于平均水平之上的业绩进行的直接奖励，在绩效标准确定的情况下能够简单地进行评估，耗时短。与其他的奖励方式相比，激励工资制度能够有效地克服主观随意性，降低领导者或管理者对员工评价的主观程度，争议小，评估简单、迅速，交易成本低。

3. 简便而灵活

激励工资制度是对业绩突出的员工的工资的直接追加，与其他奖励方式相比，激励工资操作简单，也便于员工之间进行比较。在员工业绩降低或企业盈利减少的情况下，能够较容易取消或降低激励工资，操作灵活。由于激励工资的削减不会影响员工的基本收入，所以一般不会影响员工的基本生活以及劳资关系。

激励工资制度的这些优点只是在某些行业或企业中能够表现出来，在另外一些行业或企业中，激励工资制度也会表现出一些制约性，从而影响激励效果，主要表现在，激励工资经常在年终发放，按月发放或按季度发放较难操作，对员工的激励也会变得滞后，这种滞后使员工感到激励与业绩之间的关系不再紧密，激励效应被淡化。在某些行业或企业，员工(尤其是管理人员)的激励工资一般要在年度业绩考核后制定。某些行业的工作业绩难以在较短的周期内进行考核，另外，管理工作本身难以运用较为标准的定量指标去考核，尤其是难以在较短的周期内进行频繁考核。对实行计件工资制度的企业，按月或按季度计算激励工资较为简便。

激励工资制度一般可分为个人激励工资和集体激励工资。

二、个人激励工资制度

(一)计件工资制度

计件工资是根据员工完成的工作数量或合格产品的数量计发的劳动报酬。计件工资将劳动报酬与劳动成果(如产量、利润、销售量、营业额等)直接联系在一起，刺激员工从物质利益上关心劳动成果。计件工资制是间接用劳动时间来计算工资的制度，是计时工资制的转化形式。实行计件工资，关键是要合理确定劳动定额和计件报酬标准。劳动定额通常是指在一定的生产技术和组织条件下，为生产一定数量的产品或完成一定量的工作所规定的劳动消耗量的标准。计件报酬标准又称为计件单价，是指按照员工在规定的工时内应完成的劳动定额、与工作物等级相应的计时标准工资，并结合员工现行工资水平确定。劳动定额和计件报酬标准的确定应该基于法定的标准工时。根据《国务院关于修改〈国务院关于职工工作时间的规定〉的决定》的规定，职工实行每天 8 小时，平均每周 40 小时工时制度。

企业实行计件工资制应该在此基础上确定相应的劳动定额和单位工资。

计件工资的主要特点是:能够直接、准确地反映劳动者实际付出的劳动量以及不同劳动者之间的劳动差别;刺激员工从物质利益上关心自己的劳动成果,提高工作效率和工作质量;简化劳动成果的计算和分配程序,透明度高,易于管理。

计件工资的弊端主要在于:它是按照劳动成果的数量来计算报酬,在管理中容易导致员工注重产品数量而忽视产品质量的现象,同时也可能形成较高的监督成本。

因此,我们可以看到,计件工资制比较适合以下性质和特点的工作:产品的数量和质量直接与劳动者的技能、劳动熟练程度以及努力程度相联系的工作;能够单独计算产品数量、单独检验产品质量和单独反映员工劳动成果,生产的直接目的是增加产品件数的工作;生产过程持续稳定,大批量产品生产的工作;管理完善、操作规范的工作。

(二)奖金制度

奖金制度是按照员工超额劳动或超常绩效的数量和质量支付报酬的一种激励工资制度。员工在创造了超过正常工作定额以外的成果之后,企业以物质形式给予补偿,其中,以货币形式给予的补偿就是奖金。与其他激励制度相比,奖金制度具有灵活性、激励性和及时性的特点。现实中,奖金与组织的战略和绩效的关联度较小,有时甚至会破坏团队业绩,助长成员间的恶性竞争。为此,企业应建立健全奖金管理制度,正确发挥奖金的激励作用。

一项健全的奖金管理制度一般包括奖金的发放种类、发放标准、发放对象、受奖范围、奖励周期等多项内容。奖金的种类包括:单项奖和综合奖,个人奖和团队奖,一次性奖励和定期奖励等。奖励条件的确立原则为:要与员工的超额贡献紧密结合,对不同性质的超额贡献采取不同的评价指标和奖励方式,将奖励的重点放在与企业效益有关的生产环节和工作岗位,以实现提高企业生产经营效益、降低企业生产成本的最终目的。同时,奖励条件要做到公平合理、明确具体、便于计量。

根据以上条件,可以划分以下奖励项目:刺激员工超额贡献的奖励项目,如通过测评产品数量、质量和销售利润等指标决定奖励工资分配;约束员工节约成本、减少消耗的奖励项目,如根据原材料消耗、劳动纪律、操作规程、客户投诉等指标决定奖励工资分配;体现部门性质的奖励条件和奖励指标,如生产部门主要以产量和质量以及原材料消耗等作为奖励条件,服务部门主要以上岗情况和服务质量作为奖励依据等。

(三)成就工资制度

成就工资制度是指当员工的工作非常有成效,为企业做出了突出贡献以后,企业以增加基本工资的形式付给员工物质报酬的一种激励工资制度。成就工资是绩效工资的早期形式,它的主要作用是确定一种员工工资增长的机制,根据员工以往的绩效来决定是否增加工资以及增加多大的幅度。

与传统的普遍增资的做法相比,成就工资具有以下特点:对员工有长期的激励作用,同时不会给员工和企业带来风险;具有稳定绩优员工的作用,提高员工对企业的忠诚度;对绩效不突出或不佳者,有一定的“自我筛选”作用。

与此同时,成就工资制度也有一些较为明显的缺陷:一些绩效考核制度如果给予考核者过高的操纵性,就会导致绩效评价的不客观,打击员工的积极性;如果绩效等级与成就工资增长的比例不科学或不公平,也会降低员工的努力程度;如果薪资增加的比例和幅度过小,又不足以激励员工的绩效;成就工资的变动一般需要1~2年左右的时间,从而导致员工的绩效与增资的间隔时间过长,有可能导致激励效益随着时间延长而递减;随着成就工资的使用和基本工资累计的增加,工资成本会越来越大;成就工资更多导致的是竞争行为,而不是合作行为,在需要合作的岗位上,要注意成就工资的负面作用。

三、集体激励工资制度

集体激励工资制度是根据企业或集体的绩效分配报酬的一种方式,它是建立在企业利润增加或者经营成本降低的基础上的。集体激励工资制度主要有以下几种形式。

(一)利润分享计划

利润分享计划是指由企业设立的,员工参与企业利润分配的计划。利润的分配按照企业与员工事先达成的公式计算,一般根据企业的利润额和一定的百分比来确定。利润分享计划有3种支付方式,第一种是现金方式,即一旦利润确定下来(按月、按季度、按半年或按年),利润直接以现金或股票的形式支付给员工;第二种是延期支付,利润被计入员工的个人账户,在员工退休或其他确定的日期或情况下支付(如伤残、退休、死亡等);第三种是混合方式,即部分利润以现金的方式支付,部分利润则可以延期支付。

利润分享计划的潜在优势在于:一方面,它使员工直接薪酬的一部分与组织的总体财务绩效联系在一起,向员工传递了财务绩效的重要信息,从而有助于员工更多地从组织目标的角度思考问题;另一方面,由于利润分享计划不会进入员工个人的基本薪酬之中,因此,它在企业经营陷入低沉时,有助于企业控制劳动力成本,从而避免在解雇员工方面产生较大的压力,而在经营状况良好时,则为组织和员工之间的财富分享提供了方便。

但是利润分享计划也存在明显的缺陷。由于企业的成功(尤其是利润的增加)更多地取决于企业高层管理者们在投资方向、竞争战略、产品以及市场等方面所做的重大决策，而大多数员工尤其是普通员工群体都看不到自己的努力与自己在利润分享计划下所能获得的报酬间到底存在多大的联系，因此，利润分享计划在直接推动绩效改善以及员工或团队行为方面所起的作用不是很大。

（二）收益分享计划

收益分享计划是指因员工节约成本和提高质量而在企业与员工间分享收益的一种激励制度，它的基础是群体绩效而不是个人绩效，并且这种群体绩效通常是一种短期的群体绩效。收益分享计划与利润分享计划有一定的区别。

第一，收益分享计划并不使用整个组织层次上的绩效衡量指标（利润），而只是对某一群体或部门的绩效（生产率、质量改善、成本有效性等方面）进行衡量。

第二，收益分享计划下的奖励支付通常比利润分享计划下的支付周期更短，同时更为频繁。从某种意义上说，收益分享计划实际上把利润分享计划这样一些以组织绩效为导向的绩效薪酬的优点与绩效加薪和个人绩效奖励计划这样一些以个人绩效为导向的奖励计划的优点结合了起来。

第三，在收益分享计划下，作为收益分享基础的收益是经过员工们的努力创造出来的，而不是企业从自己的口袋里掏出来的，所以它不会对企业的收益存量产生压力。这也是这一计划得到企业界普遍欢迎的重要原因。

收益分享计划在实施中的关键决策问题有：

第一，确定收益衡量与角色定位问题。企业不仅要能衡量收益，还要能确定员工在达成这些收益方面所扮演的角色。比如，生产率的改善有多少是员工行为，有多少是由于引进新技术所产生的结果。

第二，支付频率问题。收益分享的频率因企业而异，主要取决于企业经营周期或收益产生的周期。

第三，支付方式问题。收益分享计划有一个隐含的假设，即实行这一计划的群体本身应当是作为报酬支付基础的一个最小单位。

第四，设计要求问题。这一计划不能设计得过于烦琐，如果员工看不到或不理解绩效与目标达成之间的关系，也就起不到激励作用。

第五，沟通问题。收益分享计划的参与者要随时了解目标达成方面的进展情况，以调整自身行为，确保目标的实现。管理层也要为员工提供发表绩效改善意见的机会。

（三）成功分享计划

成功分享计划的主要内容是，运用平衡记分卡方法来为某个经营单位制定目标，然后对超越目标的情况进行衡量，并根据衡量结果对经营单位提供激励薪酬的一种做法（如表 8－4 所示）。这里的经营单位既可以是整个组织，也可以是组织内部的一个部门，还可以是某个员工群体。成功分享计划的薪酬支付基础是经营单位的实际工作绩效与预定绩效目标之间的比较,即既定绩效目标的达成情况或绩效改善的程度。这一计划所涉及的目标可能包括财务绩效、质量和客户满意度、学习与成长以及内部业务流程等各种绩效方面的改善,在这一计划中,每一项绩效目标都是相互独立的,经营单位每超越一项绩效目标,就会单独获得一份奖励,经营单位所获得的总奖励金额等于其在每一项绩效目标上所获得的奖励金额的总和。

表 8-4 平衡记分卡奖励概念的描述

绩效衡量指标	奖励方案				
	目标奖励额($)	假定绩效	目标奖励额的比率(%)	实际绩效	实际奖励额($)
财务指标 ·资本收益	100	20% + 16% ~20% 12% ~16% 低于 12%	150 100 50 0	18%	100
顾客指标 ·产品收益	40	(单位为 1) 1 000 + 900 ~999 800 ~899 低于 800	(1) 150 100 50 0	876	20
内部业务流程指标 ·周期工时减少(%)	30	9% + 6% ~9% 3% ~6% 0% ~3%	150 100 50 0	11%	45
学习与成长指标 ·员工自愿流动率	30	低于 5% 5% ~8% 8% ~12%	150 100 50	7%	30
总计	200				195

资料来源:F. C. McKenzie, M. P. Shilling:*Avoiding Performance Traps: Ensuring Effective Incentive Design and Implementation*, Compensation and Benefits Review, 1998(1) ~(8), pp. 57 ~65.

(四)员工持股计划

员工持股计划(Employee Stock Ownership,ESOP)是指企业根据与员工达成的协议,把股票或购股的现金委托给信托部门,该部门再把股票分给员工,只要员工受雇于企业,一般不能获取股票所代表的实物,也不能出售自己的股票,只有当员工退休后,才能领取其收益。

员工持股计划始于美国 20 世纪 50 年代,它是从员工退休金计划发展而来的。1974 年,美国国会通过的《雇员退休收入保障法》把员工持股计划纳入法律体系,因此,员工持股计划属于员工福利的一种。美国的员工持股计划分为两类,[1]一类是非杠杆型员工持股计划(Non-leveraged ESOP),另一类是杠杆型员工持股计划(Leveraged ESOP)。

非杠杆型员工持股计划是企业每年将一定数额的公司股票交给独立于公司的ESOP委员会,或者公司每年将一定的现金交给ESOP用于购买本公司的股票,员工不缴费。员工退休时或离开公司时,得到现金或股票。

杠杆型员工持股计划的具体做法是:第一,成立一个员工持股计划信托基金会;第二,公司担保,由ESOP信托基金向银行贷款;第三,ESOP信托基金用银行的贷款购买公司以及公司股东手中的股票,股票由基金会掌握;第四,公司每年要向基金会缴纳现金,然后基金会用公司缴纳的现金偿还银行的贷款;第五,员工在退休或离开公司时,得到股票或现金。

在美国,员工持股计划受到企业和员工的普遍欢迎,原因在于,这一计划能激励员工努力工作,公司股票价格的上涨使员工受益,通过这一计划还能吸引员工更多地参与企业决策,激发员工的创造热情。对企业而言,这一计划不但能提高员工的工作积极性,还能够起到保持员工队伍稳定性的作用。在美国,一般企业都规定员工需要为企业工作一定年限后才能获得全部股份,如果提前离开企业,只能获得部分股票。

四、补偿薪酬制度

补偿薪酬主要由津贴和补贴构成。津贴是指与特殊工作岗位、职务和工种有关的补偿性报酬,而补贴则是指因为受企业外部环境因素影响,或企业经营方式发生变化导致员工收入损失而提供的一种补偿。属于生产性质的称作津贴,属于生活性质的称作补贴。

(一)工作津贴及其管理

工作津贴,也称劳动津贴,与劳动岗位、职务和工种等劳动条件直接相关,因此,工作津贴又可细分为岗位津贴、职务津贴和生活津贴等。传统的工作津贴主要是为补偿特殊劳动条件下企业员工所付出的额外劳动消耗、生活费支付及对身体健康的损害等。现代薪酬管理中,津贴的内涵和外延都在扩大,一些带有奖励、激励和政策倾斜性质的津贴纷纷出现,并且在补偿性薪酬中的比例日益提高。企业对津贴的管理制度包括津贴项目、津贴实施的条件、范围和津贴标准等。

1. 岗位津贴

岗位津贴是对特殊劳动条件下工作的补偿。与特殊劳动条件相关的津贴项目

---

① 埃弗里特·T.艾伦等:《退休金计划——退休金、利润分享和其他延期支付》,经济科学出版社2003年版,第195~197页。

有：补偿员工额外劳动消耗的津贴，如高空津贴、高温津贴、夜班津贴等；补偿身体健康伤害的津贴，如有毒有害岗位津贴，林区、高原、水下和井下作业津贴等。

岗位津贴发放的条件有：规定何种岗位、职务、工种的员工符合领取的条件，并对申请津贴的岗位、工种进行测试，符合规定者方可发放津贴；同时要注意发放比例不宜过高，因为津贴与劳动者的实际贡献、劳动能力等没有太直接的联系。

在确定津贴标准时应考虑以下因素：工资标准（若工资标准已考虑了对特殊劳动的补偿，则没必要另设津贴补偿）、劳动特殊性（将劳动特殊性及其对员工的影响作为不同等级津贴标准的依据）和健康损害程度（需通过一些相关部门的技术鉴定以确定津贴对员工健康的补偿标准）。

津贴有实物和货币两种支付形式。一般情况下，与额外劳动补偿有关的津贴支付货币，并构成辅助工资的一部分；与身体健康补偿有关的津贴，有的采用实物形式，有的采用货币支付形式。支付周期通常以出勤日累计，按月随工资支付。

2. 职务津贴

一些工作的环境和条件虽没有特殊性，但对员工劳动数量以及个人能力和责任的付出有特殊的要求，为此，企业应以职务津贴的形式给予补偿。例如，企业中的高层管理人员在企业中具有重大指挥和决策作用，责任重大，个人需要特殊的付出，企业就应通过津贴的形式予以补偿。此外，激烈的市场竞争、紧张的脑力付出以及频繁的置换工作地点和工作内容等都需要员工额外的付出，企业也应给予特殊的补偿。

3. 生活津贴

生活津贴是为了保障员工实际收入的稳定，补偿员工由于特殊工作需要而造成的额外生活支出，包括补偿员工在生产过程中的额外生活费支出（如外勤工作津贴、铁路乘务津贴等）；补偿员工在边疆、高海拔地区作业而付出的超额生活开支（如林区津贴、地区生活费津贴、高寒山区津贴、海岛津贴以及出国公务、劳务人员的国外津贴等）。

在跨国企业外派人员的薪酬管理中，生活津贴是一项非常重要的内容，它主要是指用于实物、服装、家具、娱乐、交通以及私人保健、医疗保健等项目上的支出。提供生活津贴的目的在于保证外派人员在国外任职期间能维持原有的可自由支配收入，维持原有的购买力。此外，还考虑到外派人员初到其他国家，因不适应陌生的生活环境，也会带来额外的生活成本。这些都需跨国公司为外派人员提供生活津贴。

（二）补贴及其管理

1. 补贴的性质

从维持生活水平不变或提高员工薪酬的基本职能角度来看，补贴与津贴一样，也是补偿性薪酬的一种重要形式,但津贴与补贴是有区别的。津贴是为特殊劳动付出而提供的补偿性劳动报酬,支付对象仅与工作性质有关,即只有部分从事特殊工作的员工才可以得到。而补贴多是因为受企业外部环境因素的影响,或企业经营方式变化导致员工收入损失而提供的一种补偿,发放范围包括全体员工。所以,津贴与工作岗位、职务和工种有关;而补贴的发放与员工的生活和收入水平有关,与工作性质没有直接关系。

2. 补贴的类型

政策性补贴主要是指受外部因素的影响,如物价上涨、国家福利政策变动等,造成员工实际收入水平下降而提供的补偿。

企业补贴主要是企业为补偿员工过去的劳动付出,维持当前的实际薪酬水平不降低,或防止员工外流等而发放的补贴性收入。

3. 补贴发放管理的原则

补贴发放管理的原则是员工现有工资水平不降低。发放补贴的目的是为保证员工的实际薪资水平不因外部因素而降低,因此,维持原有的薪资水平是发放下限。补贴发放的比例不宜过大。要保证补贴既能发挥补偿员工的作用,又能使企业享受税收优惠,不会造成太大的人工成本支出。

第四节 员工福利管理

在现代企业薪酬管理中,福利项目的设计和管理越来越受重视。长期以来,人们一直认为福利只具有保障功能,不具有激励功效,由于企业福利支出的比例非常大,如何设计灵活的员工福利项目、发挥福利的激励功能成为薪酬管理的重要内容。

一、员工福利的含义和特征

(一)员工福利的含义

在企业的薪酬体系中,除了基本工资、激励工资和补偿工资等直接的货币薪酬以外,还有相当一部分的薪酬是以福利的形式发放给员工的。所谓员工福利(Employee Benefit),是指企业向员工提供的非工资性收入,如退休金、教育补贴等。员工福利有狭义和广义之分(如图 8-4 所示)。

狭义的员工福利又称企业福利,是指由雇主自愿向雇员及其家属提供的福利,如企业退休金计划、补充医疗保险计划、带薪休假、住房补助、娱乐项目、健康项目和各种服务等。

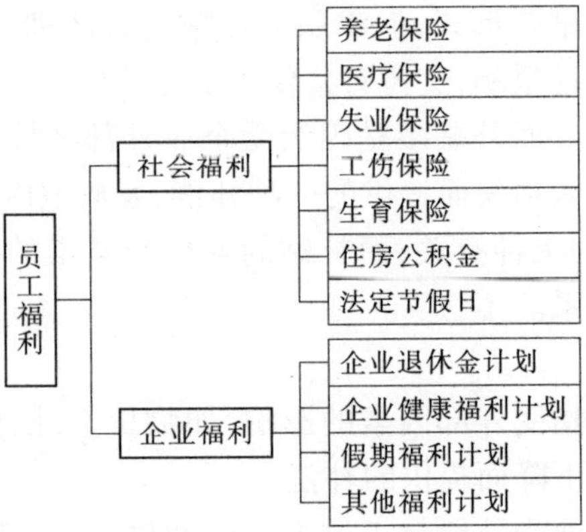

图 8－4　员工福利的类型

广义的员工福利除了包括企业福利之外，还包括社会福利。所谓社会福利，是指国家通过立法，要求企业必须提供给员工的福利，如各种社会保险、住房公积金、法定假期等。因此，社会福利也被称为法定福利。

（二）社会福利的特征

员工福利具有以下特征：

1. 普遍性

即凡是与企业建立了劳动关系的员工都拥有享受企业各种福利的平等权利。大多数员工福利都与员工的贡献无关，与员工的贡献有关的项目其目的是激励员工，如针对有贡献员工的旅游度假、住房等。

2. 延期支付性

员工福利的主要项目具有延期支付的特征，表现为对员工的一种承诺，属于员工的既定权益。如各种社会保险计划、企业退休金计划、健康计划等都具有延期支付的特征。

3. 补偿性

员工福利是对劳动者为企业和社会提供劳动的一种经济补偿。许多福利项目都是为了防范未来的社会风险，即当出现社会风险时，给予员工经济补偿。如员工退休、生病等时，为员工发放退休金、医疗报销等。

4. 形式多样性

从图 8－4 中可以看出，员工福利的项目和形式多种多样。当前，企业福利的形式不断创新，名目繁多，主要是为了满足员工的需要。如国外一些企业为员工提供理财服务、家属护理、法律服务等一些新的项目。

5. 补充性

工资收入是员工收入的主体，而福利是员工工资收入的重要补充。

二、社会福利

在我国，员工的社会福利主要指社会保险、住房公积金、最低生活保障以及法定节假日等，其中，社会保险是我国社会保障体系中最重要的组成部分。

（一）社会保险

社会保险是指国家通过立法的形式，对劳动者在因年老、患病、伤残、生育、死亡等原因暂时或永久丧失劳动能力，或虽有劳动能力而无工作的情况下，给予一定程度的收入补偿的一种制度。我国的社会保险包括社会养老保险、医疗保险、工伤保险、失业保险和生育保险。

1. 社会养老保险

社会养老保险是指按照国家法律规定，劳动者达到法定退休年龄，与单位解除劳动关系或者退出劳动力队伍后，由社会给予其基本生活保障的制度。

目前，我国社会养老保险制度实行的是社会统筹与个人账户相结合的模式，企业和个人按照一定的比例缴纳社会养老保险费。企业的缴费比例一般不超过企业工资总额的20%，个人缴费比例为个人工资收入的8%。企业的养老金缴费进入社会统筹账户，个人的缴费进入员工的个人账户。员工个人养老金账户的养老基金归员工个人所有。员工达到退休年龄，并且个人缴费累计满15年，才可享受基本养老保险待遇，按月领取养老金。我国养老保险的覆盖范围为城镇企业职工和城镇个体工商业者。

2. 医疗保险

医疗保险是指劳动者在患病后，由国家和社会给予收入补偿和假期，保障获得适当的医疗服务的一种制度。补偿金额为其工资的一定比例，以保证其生病之后的治疗和生活保障。

我国城镇职工基本医疗保险制度采取社会统筹和个人账户相结合的模式，即基本医疗保险基金由统筹基金和个人账户构成，基本医疗保险费由用人单位和职工共同缴纳。用人单位缴费率为在职职工工资总额的6%左右，职工缴费率为本人工资收入的2%。职工个人缴纳的基本医疗保险费，全部计入个人账户。用人单位缴纳的基本医疗保险费分为两部分，一部分用于建立社会统筹基金，一部分划入个人账户。基本医疗保险待遇是，在规定的起付标准以下的医疗费用，从个人账户中支付或个人自付；在起付标准以上发生的医疗费用，则由社会统筹基金支付，个人负担10%左右。社会统筹基金支付最高限额原则上控制在当地职工年平均工资的4倍左右，超额部分的医疗费用社会统筹基金不再支付。

3. 工伤保险

工伤保险，也称职业伤害保险，是指劳动者因工负伤或因职业病而暂时失去劳动能力,从国家和社会获得补偿的一种保险制度。工伤保险为受到职业伤害的员工及其亲属提供了医疗救治、生活保障、经济补偿和职业康复等帮助。

在整个社会保险制度中,工伤保险是最早建立的保险制度之一,例如,德国在1884年就颁布了《工伤事故保险法》,工伤保险基金一般由国家和社会统一筹集。我国工伤保险基金主要是由用人单位缴纳的工伤保险费构成,职工个人不缴纳工伤保险费。我国规定,工伤保险费平均缴费率原则上控制在各省、自治区、直辖市职工工资总额的1%左右,用人单位根据所在行业的风险分类,缴费率在工资总额的0.5% ~2%左右变动。

4.失业保险

失业保险是为了抵御失业风险而设计的一种制度,它对那些由于非本人原因而暂时失去工作的劳动者给予物质帮助。在市场经济条件下,失业是不可避免的,为了维持失业者及其家庭的基本生活,保护劳动力,社会为劳动者提供失业保险是非常必要的。

我国《失业保险条例》(1999年)规定,城镇企事业单位职工必须依法参加失业保险。我国失业保险资金主要由用人单位和个人缴纳,国家财政给予一定的补贴。单位按照本单位工资总额的2%缴纳失业保险费;职工个人按本人工资的1%缴纳失业保险费;城镇企事业单位招用的农民合同制工人本人不缴纳失业保险费。失业者领取失业保险金的条件是:按规定参加失业保险,并且单位和本人按规定履行缴纳失业保险费义务满1年;非本人意愿中断就业;已办理失业登记,并有求职要求。失业保险待遇包括失业保险金、医疗补助金、一次性丧葬费和抚恤金。领取失业保险金的期限是根据失业人员失业前所在单位和其本人累计缴费时间长短的不同确定,累计缴费时间10年以上的,最长能领取24个月的失业保险金,满1年不足5年的,最长能领取12个月的失业保险金。

5.生育保险

生育保险是国家通过立法,对怀孕、分娩女职工给予补偿的社会保险制度。生育保险的保护对象是妇女、儿童和家庭。生育保险主要从3个方面向生育妇女提供物质帮助和保护:生育费用,包括产前产后的咨询、检查、保健措施和生育时的主产、医疗、药物和住院费用;孕育、生育 、哺乳期间的带薪假期;孕育假期津贴(产假工资)。生育保险的宗旨是,通过向职业妇女提供生育津贴、医疗服务和产假,保障母婴健康,帮助生育女工恢复健康和劳动能力,重返工作岗位。

我国《劳动保险条例》第16条规定:生育保险待遇包括产假、医疗服务、生育津贴。女职工生育产前产后共给假56天,其间生育津贴是工资的100%;除贵重药费、住院膳食、就医路费由本人承担外,其他费用由企业承担;女职工生育时,由社会保险基金项下给付生育费补助。依据2012年4月18日国务院常务会议审议并原则通过的《女职工劳动保护特别规定(草案)》,女职工生育享受的孕产假为98

天,其中,产前休假15天,难产增加15天等。生育津贴按照上年度职工平均工资计发,由生育保险基金支付。

(二)基本生活保障

我国除了为劳动者提供社会保险之外,还为劳动者提供基本的生活保障,主要有住房公积金制度和最低生活保障制度。

1. 住房公积金

世界许多国家为了解决城市居民的住房问题,都向居民提供住房保障,主要是政府利用国家和社会力量解决中、低和无收入家庭的住房问题。住房保障的形式多种多样,如政府投资建设福利性公房、对居住者发放住房补贴或者鼓励发展住房储蓄制度。

我国在计划经济体制下采取的是国家和社会统包统配的体制,即国家和企业进行住宅投资建设,根据职工的工作年限、职务级别、家庭人口等情况统一分配。1978年前,住宅投资的90%以上来自中央和地方政府的财政拨款。1998年,国务院《关于进一步深化城镇住房制度改革加快住房建设的通知》建立了新的住房体制,实行住房公积金制度。1999年,国务院颁布了《住房公积金管理条例》。所谓住房公积金,是指由用人单位及其在职职工缴存的长期住房储蓄金,属于职工个人所有,用于购买、建造、翻建、大修自住住房。《住房公积金管理条例》规定,职工和单位住房公积金的缴存比例均不得低于职工上一年度月平均工资的5%,不得高于12%①。

2. 最低生活保障

最低生活保障是指国家对低于最低生活标准的家庭给予生活补助,以使其达到最低生活标准以上生活水平的社会保障制度。最低生活标准是由政府制定的,与社会经济发展水平相适应的居民基本生活标准。目前,许多国家都建立了最低生活保障制度。

我国最低生活保障的对象是持有非农业户口的城市居民。凡共同生活的家庭成员人均收入低于当地城市居民最低生活保障标准的,均有从当地人民政府获得基本生活物质帮助的权利。目前,我国最低生活保障的对象有4类:"三无"对象,即无固定收入、无劳动能力、无法定赡养人或抚养人的居民;家庭中虽有在职人员,但因赡养、抚养系数高,或所在单位经济效益差,收入低,生活困难的居民;失业保险期满仍不能就业且符合社会救济条件的居民;由于各种原因造成生活低于最低生活保障线标准的居民。最低生活保障的资金主要由地方人民政府列入财政预算,纳入社会救济专项资金支出项目,专项管理,专款专用。

---

① 住房城乡建设部起草《住房公积金管理条例(修订送审稿)》,报请国务院审议,2015年11月。

（三）国家法定节假日

国家法律一般都规定了一些法定节假日。劳动者在节假日和公休日休息，用人单位要照常付薪。我国实行的是周40小时工作制，劳动者的公休假日为每周两天。我国《劳动法》规定，用人单位在下列节日期间应当依法安排劳动者休息：元旦、春节、“五一”国际劳动节、国庆节和法律规定的其他休假节日。法定休假日安排劳动者工作的，支付不低于工资300%的劳动报酬。此外，《劳动法》还规定了带薪年休假制度，劳动者连续工作1年以上的，享受带薪年休假。

三、企业福利

企业福利，即狭义的员工福利，是指除社会福利之外由企业自愿为员工提供的福利。早在18世纪末19世纪初，英国空想社会主义者罗伯特·欧文（1771～1858年）就在自己管理的工厂进行试验，如缩短劳动时间以增加员工的休息时间，举办工厂小学、澡堂和食堂等。企业福利发展最快的时期是第二次世界大战后，那时，西方发达国家的员工福利形式多种多样，如为员工提供退休金计划、医疗保险计划、带薪和不带薪休假、住房补贴、教育补贴以及老人和幼儿照顾等。由于许多西方国家多对企业举办的各种福利项目提供税收优惠，也促进了企业福利的发展。

当前，许多国家的员工福利在员工的薪酬收入中都占有很大的比例。例如，1999年，美国员工福利约占员工总薪酬的37.1%。[①] 由于福利对吸引、保留和激励员工具有非常大的作用，且在薪酬中所占的份额很大，因此很多企业都把员工福利纳入了企业的薪酬管理体系中，对福利进行统一、长期的计划。在计划经济体制下，我国企业为员工提供了非常完善的福利，如住房、医疗、养老、子女入托上学等。改革开放后，我国企业福利有了一定的变化，不同企业的员工福利差别很大。

（一）企业年金计划

企业年金计划（Corporate Pension Plan），也称企业养老金计划、企业退休金计划等，它是指由企业承办的在其员工退休后为其提供收入保障的自愿性计划。与政府主办的公共养老保险金计划不同，企业年金计划由企业根据自身的经济实力，在国家法律、法规和政策条件下为本企业职工建立的一种补充性养老保险。企业年金计划提供社会保障之外的退休收益，成为对退休人员社会保障收益的补充。在大多数发达国家，企业年金计划已成为养老保险的重要组成部分。

我国企业年金计划是在1995年《国务院关于深化企业职工养老保险制度改革的通知》中提出来的，当时称作企业补充养老保险，后改称企业年金。按照2004年颁布的《企业年金试行办法》和《企业年金基金管理试行办法》，我国企业年金计划

① U. S. Chamber of Commerce. *Employee Benefits* 1999. Washington, D. C., 1999, p. 10.

是以企业自愿的方式建立的。企业年金计划要符合以下规定,即依法参加基本养老保险并履行缴费义务、具有相应的经济负担能力、已建立集体协商机制。企业年金的资金来源于企业缴费、员工个人缴费和企业年金基金投资运营收益。企业年金实行完全积累,采用个人账户方式进行管理。企业年金基金可以按照国家规定进行投资运营,投资收益并入企业年金基金。

我国企业年金计划刚刚起步,覆盖面小,还没有成为大多数企业的员工福利。发达国家的企业年金制度历史悠久,早在1875年,美国捷运公司就推出了企业养老金计划。20世纪50至60年代是企业养老金计划普及和迅速发展的时期,雇主将养老金计划作为鼓励工人提高工作效率的重要手段之一。在发达国家,由于员工已经把企业养老金纳入其雇佣关系的预期之中,若不提供年金,企业将在吸引和保留人力资源方面处于不利的竞争地位。

(二)企业健康福利计划

随着社会经济的发展和人们生活水平的提高,人们对健康越来越重视。在发达国家,企业为了满足员工对健康的需求,建立了多种多样的健康福利项目。

1. 企业医疗保险计划

虽然大多数国家都建立了社会医疗保险制度,但由于社会医疗保险的水平较低,不能满足员工的需求,这就需要企业为员工建立补充医疗保险计划。企业补充医疗保险是指由企业举办的,以补充国家基本医疗保险为目的的健康福利计划。1998年,我国城镇职工基本医疗保险制度改革之后,国家为了不降低一些特定行业职工现有的医疗消费水平,作为过渡措施,允许企业为职工建立补充医疗保险。企业补充医疗保险费在工资总额4%以内的部分,从职工福利费中列支。建立补充医疗保险的企业可以为员工提供医疗补贴。

我国企业补充医疗保险计划的形式有政府扶持的“大病医疗保险”、委托商业保险公司运作的团体健康保险、工会经营的职工互助医疗保险和企业自办健康福利。企业自办健康福利是指企业为员工提供的医疗费用补贴。目前,许多企业开始把购买商业保险公司的团体健康保险作为企业医疗保险计划的主要形式。

2. 企业保健计划

员工的健康对企业、员工个人及其家庭都非常重要。企业补充医疗保险只是在员工出现健康问题后给予补助,并不能从根本上解决员工的健康问题。由于现代社会工作和生活节奏的加快,员工的工作和生活压力增大,员工出现了各种心理和生理疾病,影响了企业的生产,导致企业医疗费用的增加。针对这种情况,一些企业开发了许多健康保健计划。这些计划大致包括二类:第一类是预防性医疗计划。如定期给员工体检,提前发现健康问题,及早进行预防、控制和治疗,避免日后巨额医疗费用的支出。第二类是员工生活改善计划。许多疾病都与不健康的生活习惯有关,如心脑血管疾病等,改变员工不良的生活习惯,养成健康的生活习惯,可以减少未来发生健康问题的可能性。生活改善计划形式多样,如帮助员工戒烟和减肥,指导员工如何处理工作和生活压力,提供活动场所,开展各种身体锻炼活动等。

(三)现金福利

现金福利主要是指以支付货币的形式向员工提供福利。现金福利主要用于特定的目的,如教育费用补贴、住房补贴等。

1. 教育补贴计划

近年来,随着企业对人才的重视及员工对自我发展的重视,一些企业设立了教育补贴计划,向员工提供教育方面的资助。教育补贴计划是针对那些想接受继续教育或完成正规学历教育的员工所实施的一种福利计划。例如,一些企业为了鼓励员工提高自己的学历,为员工报销部分或全部学费等。许多国家为了鼓励企业向员工提供教育费用补贴,对向员工提供的教育费用补贴支出实行免税政策。

2. 住房补贴计划

住房补贴计划是许多企业吸引和留住员工、解决员工住房问题的手段。虽然我国已经设立了住房公积金,但仍然不能满足员工的需要。许多企业制定了补充住房补贴计划,除了公积金之外,还向员工提供额外的住房津贴或者住房贷款、利息补贴等。此外,也有企业向员工提供宿舍、公寓等。

此外,一些企业为了解决员工个人的交通费用,向员工提供交通补贴。许多企业还建立了购车补贴计划,购车补贴主要是向企业的中高层管理者提供的待遇。

(四)假期福利

假期福利有两种形式:带薪假期和无薪假期。

带薪假期是指员工在非工作时间,企业要向员工支付工资和各种待遇。这里的非工作时间是指经过批准的非工作时间,包括法定节假日和企业批准的假期。企业批准的假期有多种,如婚假、丧假、奖励假、年休假等。企业假期的长短往往是根据员工的工龄和职位来决定的,如为企业工作年限越多,休假天数也越多;职位越高,休假天数一般也越多。一些企业为鼓励员工,向有突出贡献的员工提供奖励假期。传统的假期指的是带薪休假。

无薪假期是指在经过批准的工作时间,企业不需要支付工资和其他待遇。现在,许多工业化国家立法允许员工在不影响工作的情况下延长个人假期。延长的假期,企业不支付报酬。无薪假期满足了一些企业和员工的需要,如一些员工为了继续教育、生育和抚育子女、旅游等,需要更多的时间,无薪假期就能满足这些员工的需要。目前,我国还没有这方面的法律规定,有些企业开始尝试向员工提供无薪假期。无薪假期应该是员工主动提出申请,获企业批准,企业不能以无薪休假为由强迫员工放假。

除了以上项目外,一些西方国家的企业还向员工提供各种形式的专项服务性福利,如理财服务、家庭婚姻咨询、再就业咨询、退休咨询以及法律服务等。

四、企业福利管理的创新:自助餐式员工福利计划

自助餐式员工福利计划(Cafeteria Style Benefit),也称弹性福利计划,是指员工可以用雇主提供的福利资金,选择福利种类,以达到最佳的福利效应。自助餐式员工福利计划是20世纪70年代中期开始在美国发展起来的,受到企业和员工的广泛欢迎。

传统的企业福利计划为员工提供了相同的福利组合,有的福利种类对一些员工没有价值或价值很小,这就减小了福利的效应,降低了福利的作用,减少了福利的激励性。由于员工的福利需求不同,如年龄大的员工与年轻员工、有子女的员工与无子女的员工对福利的需求有很大的差异,自助餐式员工福利计划可以满足这些员工对福利的不同需要,增加了福利的价值,也有利于提高员工的满意度。

自助餐式员工福利计划一般是由企业对员工的福利需求进行调查,根据福利支出预算,设计不同的福利组合,然后由员工选择自己的福利组合。自助福利设计有两种类型,一种是核心—附加计划,即企业首先确定一组核心福利,如各种社会保险、企业的养老金计划等,再将一些可供员工选择的次级福利加入到员工的福利包中。对核心福利,员工是不能选择的,次级福利则可以选择。另一种是企业事先确定各种福利包,由员工根据需要进行选择。

设计自助餐式员工福利计划也有一定的难度,一是员工的需求各不相同,若设计不好,会引起员工的不满;二是会造成管理费用的增加,因为设计计划时要对每一位员工的需求进行调查,这笔费用是很大的;三是有些员工对福利项目缺乏了解,若选择错误,会造成福利项目的浪费,给员工造成经济损失。

【思考题】

1. 如何理解报酬和薪酬的区别?
2. 薪酬管理的主要内容和目标是什么?
3. 影响企业薪酬的外部因素有哪些?
4. 如何设计基本工资?
5. 工作评价的主要方法有哪些?
6. 何谓薪酬水平和薪酬结构?决定薪酬水平和薪酬结构的因素有哪些?
7. 激励工资有哪些种类?各有什么特点?
8. 什么是员工福利?它包括哪些项目?有什么特点?

【案例分析】

海尔的"人—单—酬"制度①

企业的价值来源于员工的主动性和创造性,来源于员工的能力和活力,活力源于机制,最为核心的机制就是激励机制,海尔的"人单合一"管理模式就是典型的激励机制。人单合一就是把员工和他应该为顾客创造的价值、面对的顾客资源合在一起,人单合一模式将员工从传统的"被动执行者"转变为"自我管理和自我创业"者,转变成自主经营体。"人—单—酬"机制就是人单合一在薪酬方面的体现,这一机制是一套非常透明的薪酬管理体系,帮助每个员工算清自己的财务账,就像自己当老板一样。图8-5显示了海尔"人—单—酬"机制的设计原理。

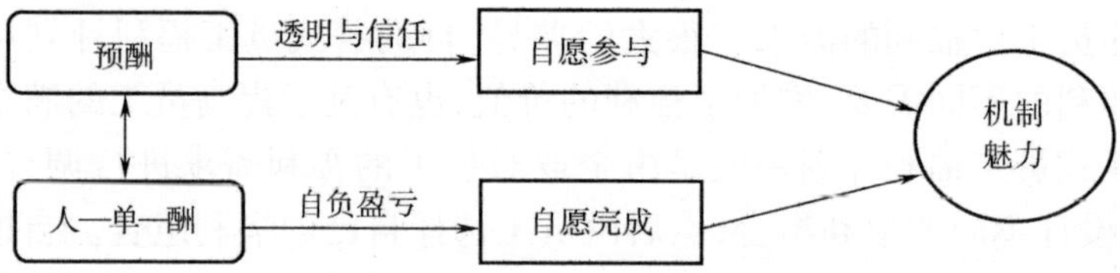

图8-5 海尔的"人—单—酬"制度

1. 预酬。人—单—酬的起点是预酬,即对于每一个自主经营体和每一个员工而言,需要事先锁定自己的盈利区间。预酬机制的一个重要原则是"我的用户我创造、我的增值我分享"。在预酬环节,自主经营体会基于大量的市场调查综合考虑顾客的真实需求、竞争对手的现状,制定第一竞争力目标和实现路径,一旦目标明确,则不能修改。根据第一竞争力的目标预算自主经营体的薪酬和赢利空间,这就是预酬。如果没有拿到相应的报酬,肯定是路径和方法出了问题,就需要改进工作,重新反思目标路径,进而关闭预酬和结果酬之间的差距。

2."人—单—酬"的概念。"人—单—酬"这一概念是海尔独创的,它是以"单"为基础的报酬体系。人单合一管理模式的本质是员工与顾客合一,"单"衡量的是员工为顾客创造的价值。人—单—酬和传统的薪酬体系有很大不同,职位报酬根据任职者所承担的"职位价值"大小来计算报酬,能力薪酬根据任职者"能力大小"来计算报酬,而人—单—酬则是根据"顾客价值"来计算报酬。

3."人—单—酬"账户。海尔"人—单—酬"有一个基本原则,即"我的用户我创造,我的增值我分享"。在这一核心原则的指导下,海尔开发了一个重要的工具:

① 本案例改编自曹仰峰:《海尔转型:人人都是CEO》,中信出版社2014年版,第159~173页。

"人—单—酬"账户。"人—单—酬"账户通常包括资产、费用和薪酬 3 个子账户。①资产账户,包含资源和损失两项内容。在海尔,顾客被视为资源,资源带来价值,每个自主经营体最核心的任务是找到自己的客户,并通过各种创新方案黏住客户。为了能够持续获得经营的资产,自主经营体竭尽全力为顾客提供第一竞争力的价值,其提供的实际价值和第一竞争力价值之间的差距被称为损失,比如,人员损失、交货损失、库存损失等。这些损失最终将并入薪酬账户。②费用账户,反映自主经营体的费用状况,采用"自挣自花"机制,企业根据不同的产品核定出不同的费用标准,自主经营体根据自己销售、生产或者研发的产品数量来获取相应的费用,也就是先需要自挣费用;对费用的支出,自主经营体有完全决定权,费用有盈余或者损失都计入薪酬账户。③薪酬账户,反映现实自主经营体的盈利或者亏损状况,它包括收入、损失和费用两个主要内容。收入是指自主经营体在满足顾客价值过程中所获得的资金;损失和费用则是由资产账户和费用账户结转而来。自主经营体所获得的薪酬等于收入减去损失和费用的差额。对能够完成第一竞争力目标的自主经营体,可以享受增值分享的机制。

海尔将人—单—酬账户置于强大的信息管理系统,员工每天都可以看到账户里的信息及动态变化,从而将绩效评价、激励结果细化到每一天,延伸到每一个人,大大提升了激励效果。

4. 人—单—酬的设计原则。人—单—酬的核心原则是自负盈亏,换句话说,就是"缴足企业利润,挣够市场费用,自负盈亏,超利分成"。这一机制鼓励自主经营体的员工自愿完成挑战性目标,因为每个自主经营体就像是一个独立的微型企业,如果亏损了就需要自己埋单。只有创造企业利益的最大化,才能获得个人利益的最大化。张瑞敏认为,设计人—单—酬机制必须符合两个条件:第一是自主经营体的员工是否自愿参与;第二是自主经营体的员工是否自愿完成承诺的目标。

总之,预酬鼓励员工自愿参与,而人—单—酬鼓励员工自愿完成目标,二者的有机结合使人—单—酬这一机制充满了魅力,使之成为激励自主经营体不断挑战第一竞争力目标的最强有力的武器。

讨论题:

1. 海尔的"人—单—酬"设计是如何体现员工薪酬与绩效、技能及能力之间关系的?

2. "人—单—酬"能否激发员工的积极性? 为什么?

3. 海尔的"人—单—酬"设计是否存在什么弊端,它对其他企业有推广价值吗?

附录:要素比较法①

第一步:进行职位分析,确定报酬要素

对职务进行仔细、全面的分析,决定需要使用的报酬因素。在要素比较法中,通常使用的报酬因素有:心理要求、身体要求、技术要求、职责和工作条件。表8-5是对这5个要素的经典定义和示例。

表8-5 要素比较法中5个典型报酬要素的定义和示例

1. 心理要求

A.(先天的)心理特征,如智力、记忆力、推理能力、语言表达能力、人际关系处理能力和想象力。

B.(后天的)基础教育,如语法和算术,对体育、世界大事的了解程度。

C.(后天的)专业知识,如化学、工程学、会计学、广告学等。

2. 技术要求

A.(后天的)身体协调能力,如操作机器、重复操作、精确协调、灵巧程度、组装、归类等。

B.(后天的)提高身体协调能力必需的专门职业知识只能通过实际操作获得,不要同普通教育或专业知识相混淆,要多进行思想表达方面的训练。

3. 身体要求

A. 身体素质,如坐、站、走、爬、拉、举等能力,要同时考虑各种能力的大小和持续时间。

B. 身体状况,如年龄、身高、体重、性别、健康程度和视力。

4. 职责

A. 对原材料、加工材料、工具、设备和财产所担负的责任。

B. 对钱或流通票据所担负的责任。

C. 对盈利或亏损、储蓄或投资等方面革新所担负的责任。

D. 对公共合同所担负的责任。

E. 所担负的记录责任。

F. 所担负的监督责任。

5. 工作条件

A. 环境影响,如气温、通风、照明、噪音、拥挤度、工作同事等。

B. 来自工作或环境的伤害 。

C. 工时。

第二步:选择关键基准职位

在要素比较法中,不可能对所有职位进行比较,一般要选出15~25个关键职位,这些职位将是所研究的职位等级中的基准职位。

第三步:根据报酬要素,对关键职位进行排序

这里要求评价者根据上述5个要素之一将关键职位排序。排序过程以职位描

① 加里·德斯勒:《人力资源管理》,中国人民大学出版社1999年版,第445~449页。

述和职位说明书为基础。通常由评价委员会的每个成员分别将职位排序,然后开会合议每个职位的序列值,评价结果如表 8－6 所示。表 8－6 表明如何分别依据 5 个报酬要素对关键职位进行排序。

表 8－6 根据报酬要素对关键职位排序 *

	心理要求	生理要求	技术要求	责任	工作条件
焊工	1	4	1	1	2
起重机操作员	3	1	3	4	4
冲床工	2	3	2	2	3
保安	4	2	4	3	1

* 1 为高分值;4 为低分值。

第四步:根据报酬要素确定每个职位的工资率

要素比较法在这一步操作起来比较困难。在这一步,评价委员会要根据 5 个报酬要素确定每个关键职位的工资水平。其做法是,他们赋予每个要素在职位工资水平确定中的权重。例如,如果普通职位的现行工资是 4.26 美元,评价委员会可能这样确定职位的工资水平:

心理要求	0.36 美元
身体要求	2.20 美元
技术要求	0.42 美元
职　　责	0.28 美元
工作条件	1.00 美元
总　　额	4.26 美元

按照这个步骤,你就可以确定每个关键职位的工资率。

第五步:根据工资率将关键职位排序

在这一步,要依据各要素对每个职位进行排序,但排序的标准是每个要素在工资决定中的权重。例如,表 8－7 根据"心理要求"要素的工资权数,焊工排在第一位,保安排在最后一位。

表 8－7 根据工资率将职位排序 单位:美元

	小时工资	心理要求	身体要求	技术要求	职责	工作条件
焊工	9.80	4.00(1)	0.40(4)	3.00(1)	2.00(1)	0.40(2)
起重机操作员	5.60	1.40(3)	2.00(1)	1.80(3)	0.20(4)	0.20(4)
冲床工	6.00	1.60(2)	1.30(3)	2.00(2)	0.80(2)	0.30(3)
保安	4.00	1.20(4)	1.40(2)	0.40(4)	0.40(3)	0.60(1)

评价委员会的委员先分别据此将职位排序,再合议每个要素在各关键职位对应的工资权数。

第六步:根据两种排序结果剔除不便于利用的关键职位

现在,对每个关键职位都有两种排序方案:①(根据第三步得出的)最初的排序方案,它表明依据5个报酬要素将各职位排序的结果。②反映了每个报酬要素在各职位的工资权数。据此可以得到如表8-8所示的结果。

表8-8 报酬要素与工资等级

	心理要求		生理要求		技术要求		责任		工作条件	
	A^1	$\$^2$	A^1	$\$^2$	A^1	$\$^2$	A^1	$\$^2$	A^1	$\$^2$
焊工	1	1	4	4	1	1	1	1	2	2
起重机操作员	3	3	1	1	3	3	4	4	4	4
冲床工	2	2	3	3	2	2	2	2	3	3
保安	4	4	2	2	4	4	3	3	1	1

* A^1:根据第三步得出的每个要素的值;$\$^2$:根据第四步对每个要素的工资分配做出的排序。

每个要素都对应着每个关键职位的两种排序结果。左边是根据步骤三得出的结果;右边是根据工资率(第五步)得出的结果。比较这两种排序的结果,每个要素所对应的两种排序结果应该是一样的。如果某个职位的排序结果差异太大,该职位就不能作为关键职位使用。从表8-8中可以看出,A栏和$栏中的排序结果是一样的,因此所选的关键职位是可用的。

第七步:建立岗位报酬等级

利用第四步得出的工资权数建立如表8-9所示的职位报酬等级,作为职位比较标准。

表8-9 职位(要素)比较等级表

	心理要求	身体要求	技术要求	职责	工作条件
0.20				起重工	起重工
0.30					冲床工
0.40		焊工	保安	保安	焊工
0.50					
0.60					保安
0.70					
0.80				冲床工	
0.90					
1.00					

续表

	心理要求	身体要求	技术要求	职责	工作条件
1.20	保安				
1.30		冲床工			
1.40	起重工	保安	主管		
1.50		主管			
1.60	冲床工				主管
1.70					
1.80			起重工	主管	
1.90					
2.00		起重工	冲床工	焊工	
2.20					
2.40	主管				
2.60					
2.80					
3.00			焊工		
3.20					
3.40					
3.60					
3.80					
4.00	焊工				
4.20					
4.40					
4.60					

对于所有关键职位,要根据每个报酬要素分别确定其大致的工资水平。例如,根据第四步和第五步,确定焊工心理需求因素的工资权数是4.00美元。因此,在表8-9"心理需求"栏中的4.00美元一行写上"焊工"。对于所有关键职位的报酬要素都照此操作。

第八步:使用职位比较等级

现在可以依照各要素将要评价的其他职位同相应的职位比较等级对应起来,以确定其他职位的工资水平。对于其他职位,不用分别确定各报酬要素的工资权数,而只需找出其他职位对应的职位比较标准,就可以知道他们的工资水平。对所有非关键职位都可以这样确定工资水平。例如,假设你需确定金属板工的工资水平,你可以依据"心理要求"同所列的其他职位相比较。例如,它可能在冲床操作工和检字工之间。类似地,你也可以根据“身体要求”进行比较,你可能会发现它恰好在起重机操作工之下。对其他 3 个报酬要素都可以照此处理。

要素比较法是一种广泛使用的职位评价法,它具有以下优点:①它是一种精确、系统、量化的方法,其每一步操作都有详细、可靠的说明。②对职位进行相互比较以确定其相对价值,这样,在职位比较标准表中,你会看到对焊工的心理能力需求比金属板工要高,据此也可以确定心理能力需求的差异程度大约是两倍(4.00 美元对 1.70 美元)。③这种职位评价方法相当容易向雇员做解释。要素比较法的主要不足是过于复杂。

第九章

员工关系管理

★ 本章要点 ★

通过本章的学习,应掌握以下内容:

- 员工关系的含义和本质
- 影响员工关系的因素
- 员工关系调整模式
- 集体谈判的含义、内容和过程
- 员工参与的基本形式
- 内部员工管理的基本内容
- 安全与健康法规
- 安全事故的防范与员工的健康

第一节　员工关系管理概述

一、员工关系的含义

员工关系是人力资源管理的重要内容,有的学者甚至认为,人力资源管理就是管理员工关系的战略方法。员工关系是员工个人与组织之间的关系,但这种关系体现为复杂的经济社会关系。从企业诞生之日起,员工关系就成为社会关注的焦点。员工关系不仅是企业的内部事务,它对整个社会的稳定和国家的经济发展也会产生重要的影响。例如，在工业化初期，所有国家的员工关系都处于激烈的阶级对抗和利益冲突状态，工人罢工不断，造成社会的动荡。因此，各国政府都非常重视员工关系问题，对员工关系进行立法，从而规范员工关系。

员工关系（Employment Relations）①是员工与企业（或工作组织）之间动态的相互影响、相互制约的关系，这种关系在企业中表现为经济关系、法律关系、社会关系和心理关系。员工关系与劳动关系在内涵上有一定的重合，劳动关系关注劳动关系各行为主体、环境以及意识形态等相互作用而产生的各种制度、规则等，而员工关系更关注企业组织内部各种关系的处理与协调。

第一，员工关系本质上体现为经济关系。表面上，员工关系是员工个人与企业的关系。实质上，员工关系是劳动与资本的关系，是资本雇佣劳动，因此是一种雇佣关系。雇主向工人支付工资，同时工人要付出一定的体力和脑力劳动；雇主是追求利润最大化的，工人也希望以同样的付出获得更多的收入。所以说，员工关系在本质上是对立的、矛盾的，都追逐各自经济利益的最大化，同时，二者又是矛盾的统一体，相互依存，都以对方的存在为前提。

第二，员工关系还包含了法律关系。从法律上看，员工关系是一种契约关系或合同关系。双方一经确定雇佣关系，双方的行为就要受法律的约束。双方在法律上是平等的，要根据自愿、平等、协商的原则签订劳动合同。劳动合同可以是正式的，也可以是非正式的，如口头约定等。我国《劳动法》规定，建立劳动关系应当订立劳动合同。

第三，员工关系也体现为一种社会关系。员工与企业双方是平等的，法律规定了双方的权利和义务，对双方的行为进行了一定的规范，但是与企业相比，员工处于弱势地位，权利很难在双方之间公平地分配。于是，员工组织工会，企业也成立雇主联合会，这样，各种社会团体对企业组织产生影响，对企业中人们的各种活动产生影响。因此，从社会角度看，员工关系涉及企业组织中的权利分配问题。

第四，员工关系还包含了心理关系。员工与企业之间的契约，除了法律层面的劳动契约（即劳动合同），还有心理层面的契约，即心理契约。虽然劳动合同规定

---

① 对于什么是"员工关系"，国内外学术界没有统一的称谓。员工关系与劳动关系、劳资关系、雇佣关系、劳使关系、产业关系等概念相关联，有时与劳动关系概念混用。在内涵上，员工关系与这些概念还是有一定差异的。劳动关系是由雇佣劳动所引发的雇主或管理方与雇员之间的复杂权利关系，早期劳动关系的核心是雇佣双方的经济利益关系，而现在还包括政治权利关系，如员工参与企业治理活动等。劳资关系是指劳动与资本之间的关系，在资本主义初期，资本所有者与管理方是没有分离的，随着资本主义的发展，由于所有权与管理权的分离，劳资关系演化为管理方与雇员之间的关系，现在劳资关系一般是指劳动关系。雇佣关系强调雇主与雇员双方社会经济利益关系。劳使关系是在日本和韩国普遍使用的概念，主要用来说明劳动者与劳动力使用者之间的关系。在西方国家，劳动关系被称为产业关系，一般是指产业领域内，政府、雇主和劳动者围绕有关劳动问题而发生的相互关系。

了员工与企业双方的权利和义务、工作待遇、工作条件、工作责任和工作内容等，还有许多相互的权利和义务是劳动合同无法规定和说明的。于是人们用心理契约作为一种比喻，用以说明员工与企业双方对于对方的期望和理解，如企业期待员工努力工作、诚实等，员工则期望自己努力工作能获得企业的认可，自己能获得提升或发展等。心理契约实际上是劳资双方可感知的承诺与义务之间的交易，是一种隐含合同。

员工关系是一种复杂的关系。在不同的历史时期，由于国家、地区和文化的差异，员工关系的表现以及员工关系管理的重点是变化的。如工业化初期，员工关系表现为完全的对抗、对立，员工关系管理的重点是进行集体谈判，工人或工会的主要任务是争取改善工作条件，提高经济待遇。因此，传统的员工关系管理的主要内容是处理与工会的关系、集体谈判等。而当今经济社会条件都发生了变化，员工关系表现为冲突与合作并存，甚至是以合作为主，这使员工关系管理的内容和重点都发生了变化。除了要处理好与工会的关系，进行集体谈判外等，还包括员工参与、帮助员工处理个人职业问题、员工援助、工作生活质量、员工安全与健康等，其中，员工参与活动是员工关系活动的重点。如现代一些英美学者将员工关系管理定义为，"通过消除障碍使员工积极参与公司事务并且遵守公司纪律以达到提高公司效率的活动"①，或是"一系列的人力资源行为，它通过雇员介入决策和进行纪律管理来使得雇员承诺变得可靠并与组织的目标和标准保持一致。"②

员工关系管理是企业为了实现组织和相关利益者的目标，采取各种制度、方法和手段调整员工关系的活动。员工关系管理侧重组织内部企业与员工、管理者与员工、员工之间、员工与家庭之间等各种经济、法律、社会和心理关系的处理，如劳动合同管理、集体谈判和协商、员工参与管理、工作与生活平衡等。员工关系管理是人力资源管理的一项重要工作和职能，员工关系是否和谐、平稳运行，会影响企业生产经营活动能否正常进行。

二、员工关系管理的主体

狭义上，员工关系的主体包括两方，一方是员工，另一方是雇主或者称管理方。广义上，员工关系的主体还包括政府。在员工关系管理中，政府是作为第三方出现的，它并不直接出现在员工关系管理中，而主要通过立法的形式来调整和规制员工与雇主的关系。本书主要从狭义的角度理解员工关系这一概念。

---

① 乔治·米尔科维奇、约翰·布德罗：《人力资源管理》，机械工业出版社 2002 年版，第 573 页。

② 约翰·布里顿、杰弗里·高德：《人力资源管理——理论与实践》，经济科学出版社 2005 年版，第 309 页。

（一）员工和工会

员工是指员工以及由员工组成的员工团体（其主要形式是工会）。在企业中，员工是指受雇于企业的，不具有经营决策权的，对企业的经营后果不承担责任的人。在员工关系中，员工除了以个人身份与雇主发生关系外，还往往组成工会与雇主进行集体谈判等。在现代员工关系中，工会起到了很大的作用，它影响着企业人力资源管理政策的制定。

工会是指由员工建立起来的旨在改善其经济社会地位、工资水平和就业条件的组织。对员工而言，工会有能力与雇主讨价还价，加入工会有利于提高和改善其经济社会地位、工作环境和条件等。在西方国家，由于社会环境的变化，如产业结构与就业结构的变化、企业由大型向小型和扁平化的发展、白领员工的增多、员工思想的多元化、非工会员工工作满意度的提高，以及企业不断改善员工的工作条件和工作环境，采取灵活的工作方式，提高员工的物质待遇，积极推进员工参与管理等，使工会的影响力有所下降，参加工会的员工数量也相应减少。例如，1970 年，美国工会会员占全体雇员的比例为 23%、英国为 45%、法国为 22%、日本为 35%，到 2000 年，这一比例变化为美国 14%、英国 29%、法国 9%、日本 22%。虽然参加工会的人数比例有所下降，但工会在现代社会中仍具有重要影响。在有工会的企业中，工会通过与管理方的谈判影响着企业的招聘、培训、晋升、薪酬和福利政策等。在一些行业中，工会与雇主通过集体谈判所达成的协议对无工会企业也具有参照作用。在我国企业中，工会发展处于不均衡状态，国有与国有控股企业一般都设有工会组织，而绝大多数私营企业、外资或合资企业都没有工会组织。

（二）雇主与雇主协会

雇主是指企业主及代表企业主的管理者。在业主制和合伙制企业之中，企业的所有者就是企业的经营管理者，他们直接经营和管理企业，所有者与管理者是不分的，因此，这里的雇主也是指企业的所有者。在公司制企业中，企业的所有者与经营管理者是分离的，所有者与管理者之间是委托代理关系，经营管理者代表企业的所有者对企业进行经营和管理，他们对企业的经营后果负责，因此他们对员工而言就是雇主。在企业的管理方当中，处于最高层级的管理者具有经营决策权，他们对企业的经营结果负责，他们代表企业所有者，代表员工关系中的雇主一方。位于权力等级链的中低层管理者虽然具有双重身份，但对员工而言，他们主要是代表企业方的利益行使管理权，也应属于管理方。

雇主协会是雇主为了能与工会抗衡，维护雇主的利益而成立的组织。我国 1979 年成立的中国企业管理协会是具有雇主协会性质的组织，它是全国性的组织。1999 年，中国企业管理协会更名为中国企业联合会。目前，我国各省、自治区、直辖市、全国性的行业部门和主要工业城市都建立了企业管理协会或企业家联合会等雇主组织。

雇主协会的主要作用是维护雇主的利益、参与集体谈判、为协会成员提供建议和帮助等。现在,国外一些雇主协会的工作出现了新的趋势,如:与立法机构、政府部门、工会组织、媒体的沟通,参加与工会组织、政府机构的劳动关系协调,特别是参与制定和修改有关劳动关系的立法;一些国家的雇主组织与产业协会合并,还承担了经济政策的协调工作,包括经济环境、产业发展、贸易拓展等;促使企业关注社会责任;为会员提供服务,雇主间意见的协调,强化自身的研究、培训、咨询、出版与宣传职能。

传统上,工会与雇主之间是一种对立和对抗的关系。现在,这种关系逐渐转变为合作关系,虽然有时也会出现冲突和对抗,但主流关系仍是合作关系。工会和雇主都认识到,虽然双方有各自的利益和目标,但是这些不同的利益和目标是可以在共同的目标下得到协调和实现的。由于员工关系双方在本质上是有利益冲突的,这种合作关系是不稳定的,也可以转化为冲突。企业要采取积极的合作态度,通过工会领导者参与企业的战略决策和员工参与等途径实现良好的员工关系。

三、员工关系管理的重要性

在企业管理中,处理好员工关系是企业的核心工作,可以说,员工关系决定着企业的成败。建立和谐融洽的员工关系对企业的发展具有重要的意义。如果员工关系紧张,就可能产生冲突,如员工不满、消极怠工、旷工、辞职等,极端的形式就是罢工。罢工对企业是致命的,对员工本身和社会也会造成损失。如2002年9月27日开始的美国西海岸码头工人罢工使美国每天损失10亿美元。一般情况下,员工关系双方都会避免出现罢工的局面。

企业管理者对员工的不满往往不能给予足够的重视,不能上升到员工关系的高度来认识。员工的不满会影响员工的积极性和能力的发挥,从而影响生产和经营的效率,而这种影响有时是隐性的。例如,2004年,盖洛普公司针对新加坡员工生产力进行了一项调查,结果显示,因对公司不满而处于“脱离状态”的员工每年使新加坡经济蒙受高达50亿新元的损失。所谓“脱离状态”的员工,是指对工作或公司不满意,对工作不闻不问,甚至还表现出负面情绪或行为,影响公司员工的士气。这种情况在许多企业都存在,其产生的原因是多方面的,如管理者没有与员工进行有效的沟通,不尊重、不信任员工等造成的。

当前,我国许多企业没有充分认识到员工关系管理的重要性,使员工关系紧张,还有的地方甚至出现员工罢工和集体上访等局面,劳动争议数量剧增。据我国劳动部门专家分析统计,我国1990—1994年的5年间,参加罢工的人数分别为:24.3万人、28.86万人、26.84万人、31.03万人、49.56万人。5年间增加一倍,是所统计的17个国家和地区中增长率最高的。[①] 据统计,全国各级劳动仲裁委员会立案受理的劳动争议案件,1997年为71 524件,涉案劳动者人数为221 115人。到2002年,全国各级劳动仲裁委员会立案受理的劳动争议案件达到了226 000件,涉案劳动者人数达到了80万人,其中,集体劳动争议案件为9 847件,涉案劳动者近29万人。[②] 到2015年,全国各级劳动仲裁委员会立案受理的劳动争议案件达到813 895件,涉案劳动者人数接近116万人,其中,单位胜诉90 785件,劳动者胜诉287 544件[③],这也从侧面反映出企业对员工关系重视不够,在员工关系处理上缺乏法律意识。企业员工关系紧张主要是劳动者的基本劳动经济权益被侵害而得不到解决所至,雇主违反劳动法律法规,不履行劳动合同规定的劳动报酬、社会保险、培训等,随意解雇劳动者,强行收取"风险抵押金",对员工进行殴打、体罚、侮辱、限制人身自由等。

四、影响员工关系的因素

影响员工关系的既有内部因素,也有外部因素。在企业内部,影响员工关系的因素是多方面的,如企业的组织结构、用工方式、管理方式、员工的工作条件和工作环境、工资待遇、员工的参与程度等。影响员工关系的外部因素可归纳为经济、技术、法律法规以及文化等。下面主要对影响员工关系的外部因素加以分析。

(1)经济因素对员工关系的影响是巨大的,宏观经济环境的变化影响着员工双方的行为。例如,当宏观经济处于低迷状态时,失业率会上升,员工的力量就会变弱。对企业来说,经济低迷就意味着在产品市场上竞争加大,企业会减少对员工关系的关注,可能要降低员工的工资福利、裁员等,雇主方相对于员工一方力量就会变强。而经济繁荣时期,劳动力市场就会出现供不应求的现象,员工方的力量就会增强。

(2)技术因素对员工关系双方的影响是复杂的。由于技术的进步,产业结构发生了变化,白领员工增多,从而导致工会影响力下降。同时,由于技术的进步,企业对知识员工的依赖性增强,使知识员工在企业的员工关系中处于有利地位。

(3)法律法规规范并调整员工关系双方的行为。各国有关劳动的法律法规一般都对员工关系双方的权利和义务、员工的最低工资、工作时间、员工的安全与健康、集体谈判、工会等进行规定。

(4)文化因素表现为传统习惯、价值观、信仰等,不同国家和地区有不同的文

---

① 中国劳动科学研究所课题组:《劳动关系中突发事件的成因及其对策探讨》,"附件5:部分国家和地区罢工斗争规模",1997年11月。

② 国家统计局:《中国统计年鉴》(1997—2000)。

③ 国家统计局:《中国统计年鉴》(2016)。

化传统、主流价值观等，影响着员工关系各主体的行为。对跨国企业而言，必须了解所在国的文化传统。

虽然外部因素对员工关系产生了重要的影响，但外部因素是通过内因起作用的。一个企业的员工关系氛围反映了企业的价值观和企业文化，它的员工关系政策也体现了管理方的价值观和管理理念，影响着员工关系的走向。企业管理者要正确分析和评价企业内外部环境，制定适当的员工关系政策。

五、员工关系调整模式

国外许多学者都对如何调整员工关系进行了系统的研究，代表性的理论是邓洛普的产业关系系统模式。

美国学者邓洛普（Dunlop）在其《产业关系系统》一书中构建了完整的产业关系分析框架，并以此解释影响产业关系的多种因素及其相互影响。邓洛普在对产业关系的分析中，将行为主体、环境以及意识形态作为产业关系系统的基本要素，规则则是受这些基本要素的相互作用而产生的结果（如图 9－1 所示）。

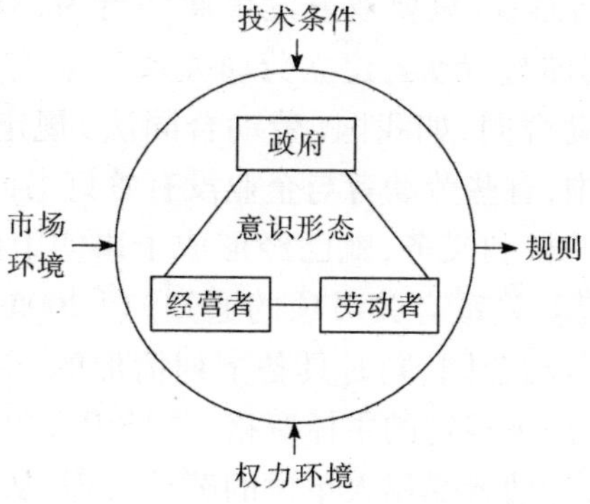

图 9－1 邓洛普的产业关系分析框架

（1）行为主体（Actors），包括员工和工会组织、雇主和雇主协会、政府以及与产业关系运行有关的机构。在产业关系系统内，三种主体相互影响、相互作用，成为各种产业关系行为的载体。

（2）环境（Contexts of Industrial Relations）。邓洛普将环境分为以下 3 种：技术环境、行为者面对的市场和预算约束、行为者的权利关系和地位等。

（3）意识形态（Ideology），即在产业关系系统中，行为主体所普遍奉行的思想观念、基本信条等。这些思想观念直接影响着产业关系各方对自身和其他主体角色的认识。只有在各方成员的意识形态保持基本一致时，产业关系系统才能稳定运行，否则系统就会出现冲突。

(4)规则(Rules)。邓洛普认为,每个产业关系系统都会产生一套复杂的管理工厂和劳动者的规则。这些规则是产业关系系统各主体之间相互作用的结果,包括法律法规、协议、章程、操作规程、薪酬福利、奖惩制度和解雇制度等。

邓洛普产业关系分析框架的中心任务是用来解释为什么某些规则被建立起来,以及为什么这些规则需要随着产业关系系统中的某个要素的变化而变化。邓洛普的模型对企业分析和评判影响员工关系的各种因素,进行员工关系方面的决策,甚至人力资源管理决策具有指导价值。

第二节　劳动合同管理

一、劳动合同的种类与内容

员工与企业建立劳动关系是员工关系存在的基础。企业与员工之间是雇佣和被雇佣的关系,从法律层面看,只要双方发生雇佣行为,双方就产生了劳动关系,“用人单位自用工之日起即与劳动者建立劳动关系”①。有的国家法律要求雇佣双方要签订雇佣合同或劳动合同,如我国《劳动合同法》规定,建立劳动关系应当订立书面劳动合同。实践中,有些劳动者与企业没有签订书面劳动合同,但双方只要实际履行了劳动法规定的权利义务,就已经形成了事实上的劳动关系。原劳动和社会保障部《关于确立劳动关系有关事项的通知》(〔2005〕12 号)规定,用人单位招用劳动者未订立书面劳动合同,同时具备下列情形的,劳动关系建立:一是用人单位和劳动者符合法律、法规规定的主体资格;二是用人单位依法制定的各项劳动规章制度适用于劳动者,劳动者受用人单位的劳动管理,从事用人单位安排的有报酬的劳动;三是劳动者提供的劳动是用人单位业务的组成部分。

(一)劳动合同的含义

劳动合同是劳动者与用人单位确立劳动关系、明确双方权利和义务的协议。②签订劳动合同有利于明确双方当事人的权利和义务,保护双方的权益,约束双方的行为。当双方发生劳动纠纷时,劳动合同是处理劳动纠纷的依据。

企业与员工也可签订集体劳动合同,我国《劳动合同法》规定:“企业职工一方与用人单位通过平等协商,可以就劳动报酬、工作时间、休息休假、劳动安全卫生、保险福利等事项订立集体合同。”“企业职工一方与用人单位可以订立劳动安全卫

①《中华人民共和国劳动合同法》(2007)。

②《中华人民共和国劳动法》(1994)。

生、女职工权益保护、工资调整机制等专项集体合同。”“在县级以下区域内，建筑业、采矿业、餐饮服务业等行业可以由工会与企业方面代表订立行业性集体合同，或者订立区域性集体合同。”“依法订立的集体合同对用人单位和劳动者具有约束力，行业性、区域性集体合同对当地本行业、本区域的用人单位和劳动者具有约束力。”

（二）劳动合同的种类

按照不同的标准，劳动合同可以划分为不同种类，如按签订合同的主体不同，可分为个体劳动合同与集体劳动合同；按照合同期限，可分为固定期限劳动合同、无固定期限劳动合同和以完成一定工作任务为期限的劳动合同。

(1)固定期限劳动合同，是指用人单位与劳动者约定合同终止时间的劳动合同。固定期限劳动合同可以是短期的，如半年至三年不等，也可以是相对长期的，但一般不超过十年，超过十年，如果劳动者提出或者同意续订、订立劳动合同的，除劳动者提出订立固定期限劳动合同外，则订立无固定期限合同。由于固定期限劳动合同有很大的时间弹性，有利于企业适应市场变化，调整用人相对容易，同时又能保持企业与员工劳动关系的稳定。

(2)无固定期限劳动合同，是指用人单位与劳动者约定无确定终止时间的劳动合同。无确定终止时间是指劳动合同没有一个确切的终止时间，劳动合同的期限长短不能确定。如果出现法律规定的条件或者双方约定的条件，双方可以终止劳动合同，否则双方当事人就要继续履行劳动合同规定的义务。因此，有人认为无固定期限劳动合同就是长期雇用合同。

对于技术复杂、工作又需要保持人员稳定的岗位，企业一般与劳动者签订无固定期限合同。研究表明，企业与员工签订长期劳动合同有利于员工投入精力钻研企业所需的业务技能，员工归属感高。在制造业领域，某些工艺的掌握和熟练往往需要很长的时间，有的长达几年甚至数十年，为了保证技术和工艺的传承，企业需要用终身雇佣制来留住这些人。

我国《劳动合同法》规定，有下列情形之一，劳动者提出或者同意续订、订立劳动合同的，除劳动者提出订立固定期限劳动合同外，应当订立无固定期限劳动合同：①劳动者在该用人单位连续工作满十年的；②用人单位初次实行劳动合同制度或者国有企业改制重新订立劳动合同时，劳动者在该用人单位连续工作满十年且距法定退休年龄不足十年的；③连续订立两次固定期限劳动合同，且劳动者没有《劳动合同法》第三十九条和第四十条第一项、第二项规定的情形，续订劳动合同的。用人单位自用工之日起满一年不与劳动者订立书面劳动合同的，视为用人单位与劳动者已订立无固定期限劳动合同。

(3)以完成一定工作任务为期限的劳动合同，是指用人单位与劳动者约定以某项工作的完成为合同期限的劳动合同。用人单位与劳动者协商一致，可以订立以完成一定工作任务为期限的劳动合同。某一项工作或工程开始之日，即为合同开始之时，此项工作完毕，合同即告终止。如以完成某项科研任务，以及带有临时性、季节性的劳动合同。合同双方当事人在合同存续期间建立的是劳动关系，劳动者要加入用人单位集体，参加用人单位工会，遵守用人单位内部规章制度，享受工资福利、社会保险等待遇。这种劳动合同实际上属于固定期限劳动合同，只不过表现形式不同。

一般在以下几种情况，用人单位与劳动者可以签订以完成一定工作任务为期限的劳动合同：①以完成单项工作任务为期限的劳动合同；②以项目承包方式完成承包任务的劳动合同；③因季节原因临时用工的劳动合同；④其他双方约定的以完成一定工作任务为期限的劳动合同。[①]

（三）劳动合同的内容

劳动合同是明确劳动者和用人单位双方权利、义务的协议，是以书面形式体现的法律文书。关于劳动合同的内容，《劳动合同法》第十七条规定："劳动合同应当具备以下条款：（一）用人单位的名称、住所和法定代表人或者主要负责人；（二）劳动者的姓名、住址和居民身份证或者其他有效身份证件号码；（三）劳动合同期限；（四）工作内容和工作地点；（五）工作时间和休息休假；（六）劳动报酬；（七）社会保险；（八）劳动保护、劳动条件和职业危害防护；（九）法律、法规规定应当纳入劳动合同的其他事项。劳动合同除前款规定的必备条款外，用人单位与劳动者可以约定试用期、培训、保守秘密、补充保险和福利待遇等其他事项。"

劳动合同是解决劳动争议的重要依据，劳动合同的款项要完备。劳动合同每一款项的内容都要符合国家的法律、行政法规，否则可能成为无效合同。劳动合同要简洁，语言表达清晰、准确、易懂，不要产生异议和理解上的分歧。

二、劳动合同的订立与续订

（一）订立劳动合同的原则

订立劳动合同应当遵循合法、公平、平等自愿、协商一致、诚实信用的原则。

（1）合法原则是指劳动合同形式合法和内容合法。按照《劳动合同法》的规定，除非全日制用工外，都应当以书面形式订立劳动合同。

（2）公平原则要求劳动合同内容公平、合理，用人单位不得以强势地位压制劳动者而制定显失公平的合同条款。

（3）平等自愿原则是指劳动者和用人单位在订立劳动合同时法律地位平等，

---

① 《中华人民共和国劳动法》（1994）。

订立的劳动合同完全是双方的真实意思表示，是出于自愿而签订。

(4)协商一致原则是指合同条款是经双方协商一致达成的，任何一方不得把自己的意志强加给另一方，不得强迫订立劳动合同。

(5)诚实信用原则是指用人单位和劳动者在订立劳动合同时要诚实，讲信用，不得欺诈对方。《劳动合同法》规定，用人单位招用劳动者时应当如实告知劳动者工作内容、工作条件、工作地点、职业危害、安全生产状况、劳动报酬，以及劳动者要求了解的其他情况，用人单位有权了解劳动者与劳动合同直接相关的基本情况，劳动者应当如实说明。

(二)订立劳动合同的步骤

首先，要认真审查劳动者的主体资格。要对新入职员工身份、学历、资格及工作经历进行审查；核实个人资料的准确性，并由本人签字确认；审查新员工与其他用人单位是否存在劳动关系，要求其提供与前用人单位的解除或终止劳动合同的证明并保留原件；查验新员工的身体健康证明等。对审查资料等的真实性，应让新员工做出书面承诺，并签字确认。

其次，双方履行告知义务。对新入职员工履行告知义务，签订劳动合同前如实告知新员工工作内容、工作条件、工作地点、劳动报酬，以及新员工要求了解的其他情况。用人单位应当让劳动者签署用人单位设计好的《告知书》并妥善保存，同时听取劳动者相对应的告之情况，并做好书面记录，让录用员工签字确认。

最后，签订劳动合同。劳动合同文本应该提前一天时间交给劳动者看阅。对于双方要协商的情况，有一定的时间进行沟通，达到有效沟通、协商一致的目的。签订劳动合同、协议等应先由员工签字，单位统一盖章。禁止空白合同、协议盖章。在签订劳动合同时，应当注意必须双方当事人在一起当面签字。劳动合同要一式两份，一份交给劳动者保管，并有劳动者领取的签收凭单，另一份由用人单位保存并及时归档。

劳动合同签订的时间一般在正式入职报到后的一周内。已经建立劳动关系的，未同时订立书面劳动合同的，应当自用工之日起一个月内订立书面劳动合同。

(三) 劳动合同的续订

劳动合同的续订是指劳动合同期满后，当事人双方经协商达成一致，继续签订与原劳动合同内容相同或者不同的劳动合同的法律行为。

(1)以下情形，符合续订劳动合同的条件，应续订劳动合同：①双方协商一致续订劳动合同；②劳动合同期满，存在用人单位不得解除合同的情况之一的，劳动合同应当续延至相应的情形消失：从事接触职业病危害作业的劳动者未进行离岗前职业健康检查，或者疑似职业病病人在诊断或者医学观察期间的；在本单位患职业病或者因工负伤并被确认丧失或者部分丧失劳动能力的；患病或者非因工负伤，在规定的医疗期内的；女职工在孕期、产期、哺乳期的；在本单位连续工作满十五年，且距法定退休年龄不足五年的；法律、行政法规规定的其他情形。

(2)对于无固定期限劳动合同，有下列情形之一的，应续订无固定期限劳动合同：劳动者在公司连续工作满十年的；自建立劳动关系起已连续两次订立固定期限劳动合同的；用人单位初次实行劳动合同制度或者国有企业改制重新订立劳动合同时，劳动者在该用人单位连续工作满十年且距法定退休年龄不足十年的。

三、劳动合同的履行、变更、解除和终止

（一）劳动合同的履行

用人单位与劳动者签订劳动合同后，双方应当按照劳动合同的约定，全面履行各自的义务。用人单位应当按照劳动合同约定和国家规定，向劳动者及时足额支付劳动报酬。用人单位安排加班的，应当按照国家有关规定向劳动者支付加班费。劳动者应当完成劳动任务，提高职业技能，执行劳动安全卫生规程，遵守劳动纪律和职业道德。劳动者拒绝用人单位管理人员违章指挥、强令冒险作业的，不视为违反劳动合同。

（二）劳动合同的变更

劳动合同签订后，在合同尚未履行或者尚未履行完毕之前，由于客观环境变化或其他原因需要变更合同内容，用人单位与劳动者协商一致，可以变更劳动合同约定的内容。劳动合同的变更只是对原劳动合同的部分内容做修改、补充或者删减，而不是对合同内容的全部变更。对劳动合同所要变更的部分内容，当事人双方通过协商后，必须达成一致的意见。如果在协商过程中，有任何一方当事人不同意所要变更的内容，则就该部分内容的合同变更就不能成立，原有的合同就依然具有法律效力。变更劳动合同，应当采用书面形式。变更后的劳动合同文本由用人单位和劳动者各执一份。

（三）劳动合同的解除

劳动合同的解除是指劳动合同在订立以后，尚未履行完毕或者未全部履行以前，当事人双方提前终止劳动合同的法律效力，解除双方的权利义务关系。劳动合同的解除是劳动合同制度中最关系双方利益的行为。当前，劳动合同方面发生的大量争议，大多是由于解除合同引起的。例如，有的企业片面强调其用人“自主权”，随意解除劳动合同，辞退员工；也有劳动者误解“择业自由”，任意跳槽或辞职，甚至不辞而别，影响企业的正常经营。双方执行有关劳动合同解除上的规定和制度，有助于理顺劳动关系，规范劳动合同管理，维护劳动关系双方的正当权益。

《劳动合同法》第三十六条规定：“用人单位与劳动者协商一致，可以解除劳动

合同。”此外,《劳动合同法》规定了在某些情形下劳动者和用人单位都可单方解除合同以及不可解除劳动合同的情形。

1. 关于劳动者单方与用人单位解除劳动合同

劳动者除与用人单位协商解除合同外,只要具备法律规定的条件,劳动者享有单方解除权,无须双方协商达成一致,也无须征得用人单位的同意。劳动者单方解除劳动合同可以分为预告解除和即时解除两类。

(1)预告解除,是指劳动者履行预告程序后单方解除劳动合同。《劳动合同法》规定,劳动者需提前三十日以书面形式通知用人单位,在试用期内提前三日通知用人单位,可以解除劳动合同。

(2)即时解除,是指劳动者可以不用事先告知用人单位。出现①用人单位未按照劳动合同约定提供劳动保护或者劳动条件的;②用人单位未及时足额支付劳动报酬的;③用人单位未依法为劳动者缴纳社会保险费的;④用人单位的规章制度违反法律、法规的规定,损害劳动者权益的;⑤以欺诈、胁迫的手段或者乘人之危,使对方在违背真实意思的情况下订立或者变更劳动合同的,使劳动合同无效的等情形,劳动者可以单方解除劳动合同。如果出现用人单位以暴力、威胁或者非法限制人身自由的手段强迫劳动者劳动的,或者用人单位违章指挥、强令冒险作业危及劳动者人身安全的,劳动者可以立即解除劳动合同,不需事先告知用人单位。对于劳动者可即时解除劳动合同的上述情形,劳动者无须支付违约金,用人单位应当支付经济补偿。

2. 关于用人单位单方与劳动者解除劳动合同

依照劳动合同法规定的条件、程序,用人单位可以与劳动者解除固定期限劳动合同、无固定期限劳动合同或者以完成一定工作任务为期限的劳动合同。用人单位单方与劳动者解除劳动合同可以分为过错性辞退、非过错性辞退和经济性裁员。

(1)过错性辞退,由于劳动者有过错,用人单位有权单方解除劳动合同。出现以下情形,用人单位有权单方解除劳动合同:①劳动者在试用期间被证明不符合录用条件的,劳动者严重违反用人单位的规章制度的;②劳动者严重失职,营私舞弊,给用人单位造成重大损害的;③劳动者同时与其他用人单位建立劳动关系,对本单位的工作任务造成严重影响,或经用人单位提出,拒不改正的;④劳动者以欺诈、胁迫的手段或者乘人之危,使用人单位在违背真实意思的情况下订立或者变更劳动合同的;⑤劳动者被依法追究刑事责任的。过错性解除劳动合同在程序上没有严格限制。用人单位无须支付劳动者解除劳动合同的经济补偿金。若规定了符合法律规定的违约金条款的,劳动者必须支付违约金。

(2)非过错辞退,是指劳动者本人无过错,但由于主客观原因致使劳动合同无法履行,用人单位在符合法律规定的情形下,履行法律规定的程序后单方解除劳动合同。如出现①劳动者患病或者非因工负伤,在医疗期满后不能从事原工作，也不能从事用人单位另行安排的工作的；②劳动者不能胜任工作，经过培训或者调整工作岗位，仍不能胜任工作的；③出现劳动合同订立时所依据的客观情况发生重大变化，致使劳动合同无法履行，经用人单位与劳动者协商，未能就变更劳动合同内容达成协议等情形而辞退劳动者，属于非过错辞退。对于非过错性解除劳动合同，用人单位应提前三十日以书面形式通知劳动者本人或者额外支付劳动者一个月工资后，才可以解除劳动合同，用人单位应当支付劳动者经济补偿。

(3)经济性裁员，用人单位为降低劳动成本，改善经营管理，或因经济或技术等原因一次裁减二十人以上或者不足二十人以上但占企业职工总数百分之十以上的劳动者都属于经济性裁员。出现以下情形：①用人单位依照企业破产法规定进行重整的；②用人单位生产经营发生严重困难的；③企业转产、重大技术革新或者经营方式调整，经变更劳动合同后，仍需裁减人员的；④其他因劳动合同订立时所依据的客观经济情况发生重大变化，致使劳动合同无法履行的，可以裁员。经济性裁员具有严格的条件和程序限制，用人单位裁员时必须遵守规定。发生经济性裁员，用人单位需提前三十日向工会或者全体职工说明情况，听取工会或者职工的意见后，裁减方案应向劳动行政部门报告。

3. 关于用人单位不能与劳动者解除劳动合同的情形

《劳动合同法》第四十二条规定："劳动者有下列情形之一的，用人单位不得依照《劳动合同法》第四十条、第四十一条的规定解除劳动合同：(一)从事接触职业病危害作业的劳动者未进行离岗前职业健康检查，或者疑似职业病病人在诊断或者医学观察期间的；(二)在本单位患职业病或者因工负伤并被确认丧失或者部分丧失劳动能力的；(三)患病或者非因工负伤，在规定的医疗期内的；(四)女职工在孕期、产期、哺乳期的；(五)在本单位连续工作满十五年，且距法定退休年龄不足五年的；(六)法律、行政法规规定的其他情形。"

(四) 劳动合同的终止

劳动合同的终止是指劳动合同关系自然失效。《劳动法》第二十三条规定："劳动合同期满或者当事人约定的劳动合同终止条件出现，劳动合同即行终止。"《劳动法》对劳动合同的终止规定了两种情况：一是劳动合同期限届满，合同即告终止，这里主要是针对有固定期限的劳动合同和以完成一定工作为期限的劳动合同；二是当事人约定的合同终止条件出现，劳动合同即告终止，这种情况既适用于有固定期限和以完成一定工作为期限的劳动合同，也适用于无固定期限的劳动合同，属于约定终止。

《劳动合同法》第四十四条规定："有下列情形之一的，劳动合同终止。(一)劳动合同期满的；(二)劳动者开始依法享受基本养老保险待遇的；(三)劳动者死亡，或者被人民法院宣告死亡或者宣告失踪的;(四)达到法定退休年龄的;(五)用人单位被依法宣告破产的;(六)用人单位被吊销营业执照、责令关闭、撤销或者用人单位决定提前解散的;(七)法律、行政法规规定的其他情形。"

综上所述,关于劳动合同终止,《劳动合同法》与《劳动法》的规定有细微的差别。按照《劳动合同法》,劳动合同的终止只有法定终止,没有约定终止。劳动合同没有到期,双方约定解除劳动关系,属于劳动合同解除,不属于劳动合同终止。

劳动合同解除或终止后,用人单位应当在解除或者终止劳动合同时出具解除或者终止劳动合同的证明,并在十五日内为劳动者办理档案和社会保险关系转移手续。劳动者应当按照双方约定,办理工作交接。

第三节 集体谈判

一、集体谈判的含义

集体谈判(Collective Bargaining)是市场经济国家处理劳资关系的主要手段和方式,也是企业通过集体方式协调和解决员工关系的重要手段。西方国家将集体谈判作为调整和解决劳资关系冲突和争议的机制,并从立法上对集体谈判加以规范。德国在1918年就颁布了《集体合同法》,将集体谈判和集体合同以法律形式确定下来。美国在1935年颁布了《国家劳资关系法》,要求雇主同代表多数雇员的工会进行集体谈判。1938年和1947年,美国又先后颁布了《公平劳动法》和《国家劳工管理法》,对集体谈判的内容、程序等做了详细规定,确认了集体合同的法律效力。国际劳工组织在《关于促进集体谈判公约》(154号)中将集体谈判概括为单个雇主、雇主群体或组织同单个或若干个工人组织之间签订有关劳动条件和其他劳动问题的各项协议的过程。美国劳动关系法案认为,集体谈判是雇主和雇员代表为相互履行义务,在合理的时间召开会议,真诚地就工资、工时、雇用条件和期限等进行磋商,或就协议谈判进行磋商,或就其引发的任何问题进行磋商,并应任何一方要求,执行已达成的协议的过程。这种义务并不强迫任何一方同意某项建议或做出某种让步。

我国法律也对集体谈判和集体合同做出了规定,并用"集体协商"一词代替了集体谈判。《劳动法》规定,职工与企业双方可以签订集体合同。《劳动合同法》第五十一条规定:"企业职工一方与用人单位通过平等协商,可以就劳动报酬、工作时间、休息休假、劳动安全卫生、保险福利等事项订立集体合同。集体合同草案应当提交职工代表大会或者全体职工讨论通过。集体合同由工会代表企业职工一方与用人单位订立；尚未建立工会的用人单位，由上级工会指导劳动者推举的代表与用人单位订立。"《集体合同规定》(2004)规定，职工与企业要通过集体协商的形式签订集体合同，其第四条规定："用人单位与本单位职工签订集体合同或专项集体合同，以及确定相关事宜，应当采取集体协商的方式。"集体协商主要采取协商会议的形式。"

集体谈判是一种集体行为，一方是工会，另一方是单个雇主或雇主协会，双方就工作报酬、工作时间、雇用条件等进行谈判，其目的或最终结果是要达成双方都能接受的协议，即集体合同。在集体谈判中，双方必须诚实，要进行有效的沟通，通过共同努力达成一致，任何一方都不能强迫另一方做出让步，不能采取不当的劳动行为。我国《集体合同规定》第五条规定，双方进行集体协商，签订集体合同时，应当"遵守法律、法规、规章及国家有关规定；相互尊重，平等协商；诚实守信，公平合作；兼顾双方合法权益；不得采取过激行为。"

在集体谈判中，谈判主体的合法性是非常重要的。西方国家一般都通过立法解决谈判主体的资格问题。工会要想参加集体谈判，必须依法成立，得到法律的确认，能真正代表和维护工人的利益等。我国法律规定，集体协商代表是按照法定程序产生并有权代表本方利益进行集体协商的人员。职工一方的协商代表由本单位工会选派，未建立工会的，由本单位职工民主推荐，并经本单位半数以上职工同意。用人方的协商代表由用人单位的法定代表人指派。

我国一些省市为了规范集体协商和签订、履行集体合同的行为，构建和发展和谐稳定的劳动关系，根据《劳动法》、《劳动合同法》和《工会法》等法律、行政法规的有关规定，制定了集体合同条例。如《上海市集体合同条例》(2007)对集体协商双方代表产生的程序、条件、职责做了详细的规定，其第六条规定："企业职工一方与企业就劳动关系有关事项进行集体协商，应当按照本条例规定的程序产生各自的协商代表和首席代表。协商代表具体人数由双方协商确定，但每方协商代表人数不得少于三人，企业一方的协商代表不得多于职工一方的协商代表。"第七条规定："已经建立工会的企业，职工一方的协商代表由本企业工会选派，建立女职工委员会的，应当有女性协商代表。首席代表由工会主要负责人担任。尚未建立工会的企业，职工一方的协商代表由上级工会指导职工民主推荐，并经本企业半数以上职工同意，首席代表由协商代表民主推荐产生。"

二、集体谈判的内容

关于集体谈判的内容，各国在法律上都给予了相应的规定。美国劳动法律规定，谈判项目的类别包括强制、自愿和非法项目（如表 9－1 所示）。

表 9－1 美国法律规定的谈判项目

法定谈判项目	非法定性谈判项目	非法谈判项目
工资率 工资 雇用小时数 加班费 轮班 节日 假日 遣散费 养老金 保险福利 利润分享计划 圣诞节奖金 公司住房津贴、餐补 员工安全 工作绩效 工会保障 劳资关系 员工吸毒测试	赔偿金 工会事务的管理权限 退休员工的养老金福利 集体谈判的范围 合同中是否包括一线主管人员 合同的第三方，如国际工会组织 工会标签的使用 对不公正雇用行为指控的处理 餐厅价格 过去合同的续签 集体谈判小组的成员 罢工者的雇用	封闭型企业 根据种族隔离员工 对员工区别对待

资料来源：加里·德斯勒：《人力资源管理》，中国人民大学出版社 2012 年版，第 605 页。

（1）自愿（或许可）谈判项目既不是强制性的，也不是非法的；只有管理方和工会都同意，自愿项目才成为谈判的一部分。任何一方都不得强迫另一方违背自己的意愿就自愿项目进行谈判，任何一方都不得因对方拒绝就自愿项目进行谈判而不签署合同。退休福利就属于此类。

（2）非法谈判项目是法律禁止的项目。如仅雇用工会会员的条款在实行工作权利法的州是非法的。

（3）根据法律规定，有 70 个基本项目是强制项目，包括工资、工时、休息时间、解雇、调转、福利和遣散费等。随着法律的修订，强制项目也在不断增加。

我国在法律上对集体协商的内容做了范围上的规定，共规定了 14 项大类，表 9－2 列出了其中的部分项目及具体项目。集体协商双方可就多项或某项内容进行集体协商。

表 9－2 我国集体协商的项目

大　　项	具体项目
劳动报酬	用人单位工资水平、工资分配制度、工资标准和工资分配形式；工资支付办法；加班加点工资及津贴、补贴标准和奖金分配办法；工资调整办法；试用期疾病、事假等期间的工资待遇；特殊情况下职工工资（生活费）支付办法；其他劳动报酬分配办法

续表

大　项	具体项目
工作时间	工时制度；加班加点办法；特殊工种的工作时间；劳动定额标准
休息休假	日休息时间、周休息日安排、年休假办法；不能实行标准工时职工的休息休假；其他假期
劳动安全与卫生	劳动安全卫生责任制；劳动条件和安全技术措施；安全操作规程；劳保用品发放标准；定期健康检查和职业健康体检
补充保险和福利	补充保险的种类、范围；基本福利制度和福利设施；医疗延长及其待遇；职工亲属福利制度
女职工和未成年工特殊保护	女职工和未成年工禁忌从事的劳动；女职工的经期、孕期、产期和哺乳期的劳动保护；女职工、未成年工定期健康检查；未成年工的使用和登记制度
职业技能培训	职业技能培训项目规划及年度计划；职业技能培训费用的提取和使用；保障和改善职业技能培训的措施
奖惩	劳动纪律；考核奖惩制度；奖惩程序
裁员	裁员方案；裁员的程序；裁员的实施办法和补偿标准

资料来源：国家劳动和社会保障部：《集体合同规定》（2004 年 1 月 20 日）。

三、集体谈判的过程

集体谈判是工会和企业围绕工资、工时、劳动条件等事项，经交涉而达成一致的过程。集体谈判一般要经过以下几个阶段：第一，双方进行谈判准备。工会方对公司财政状况和某些信息（如工作分类、薪金和工资等级范围、附加工资、生产标准、生产成本等）进行分析，对公司所在行业的情况和未来潜力以及国家经济状况等进行研究，提出要价和制定谈判策略。管理方也收集各种统计资料，准备谈判立场。如果双方都做了精心准备，谈判的效率将会提高。第二，双方提出各自的要求。在这一阶段，双方在某些问题上的分歧通常很大。第三，双方讨价还价，调整各自的条件，努力找出合理的解决方案。第四，双方达成非正式解决方案。第五，草案经各自上级认可后，双方起草并签署正式协议。在进行集体谈判或协商期间，双方应当维护企业正常的生产、工作秩序，不得采取任何影响生产、工作秩序的行为。

如果双方经讨价还价仍达不成共识，就会形成僵持局面。僵持局面通常是由于一方的要求大大超过对方的出价造成的。僵局出现后，需要第三方的介入，进行调解、仲裁，也可能发生罢工或关闭工厂。

调解就是双方邀请中立的第三方帮助达成一致。通常情况下，政府是调解人。在调解期间，调解人只是一个斡旋者，无权确定谈判立场或强迫某一方让步。

仲裁是由仲裁人确定解决僵局的办法。仲裁分有约束力的仲裁和非约束性仲裁。有约束力的仲裁属于强制性仲裁,双方都要接受仲裁人的裁定。对非约束性仲裁,双方可以不接受。我国法律规定,集体协商发生争议时,可以向当地劳动仲裁委员会申请仲裁。

如果谈判中的僵局非常严重,第三方也不能打破僵局,工会可能采取罢工,而管理方可能采取停工或关闭工厂等极端的方法向对方施加压力,以打破僵局。无论是工会组织的罢工,还是企业采取的停工或关闭工厂的措施,都会造成双方的损失。一般在罢工或关闭工厂持续一段时间后,双方会重新回到谈判桌上。如果双方仍然解决不了问题,那么政府就会介入,以最终解决问题。

第四节　员工参与

一、员工参与概述

员工参与的最初含义是指员工参与管理。员工参与管理起源于 19 世纪末英国的集体谈判,是员工争取参与企业管理的结果。第二次世界大战后,员工参与管理得到了社会各界的认可,认为其是产业民主化的重要手段。1951 年,国际劳工大会第 34 届会议通过了一项工业民主化决议,敦促会员国在企业中设立员工、雇主共同参加的组织。

对于什么是员工参与,人们并没有统一的认识。一般认为,员工参与(Employee Participation)是指企业向员工或他们的代表提供参与或影响决策的机会,而这些决策能够对他们的工作产生影响。员工参与的关键是企业要为员工参与提供环境和条件,改变传统的等级模式。员工参与有两种基本形式:直接参与和间接参与。

直接参与是指通过目标管理、质量圈、自我管理团队等参与方式和途径,使员工参与到影响他们日常工作决策的制定过程中。许多企业管理者都很推崇员工直接参与,把员工参与管理看作治疗士气低落和生产力低下的灵丹妙药。员工参与可以提高人们对决策的承诺,如果员工参与了决策过程,在实施决策时他们反对这项决策的可能性会更小。员工参与还为员工提供内部奖励,使人们的工作更有趣,也更有意义。此外,管理层希望与下属分享决策权,因为工作日益复杂,管理者常常并不了解员工所做的具体工作,让那些最了解工作的人参与决策,会使决策更完善。

间接参与是指员工团体的代表参与到企业的决策过程中去。这种形式在一些欧洲国家比较常见。绝大多数西欧国家都有某种形式的法律条文要求公司实行代表参与(Representative Participation),公司董事会和监事会必须有一定数量的工人代表。也就是说,工人并不直接参与决策,而是由一小群工人的代表参与决策。代表参与已被认为是在世界范围内最广泛使用的一种以立法形式出现的员工参与方式。在立法上,代表参与的目的是在组织内部重新分配权力,使劳工与资方、股东的利益更为平等化。我国《劳动法》第八条规定:"劳动者依照法律规定,通过职工大会、职工代表大会或者其他形式,参与民主管理或者就保护劳动者合法权益与用人单位进行协商。"

与员工参与概念相关的另一个概念是员工涉入(Employee Involvement)。有的学者认为,员工涉入是一个范围更广的概念,而员工参与的范围要窄一些,它是员工涉入的一部分。① 员工涉入是指可以充分发挥员工能力的参与过程,其目的是鼓励员工对组织的成功做出更多的承诺与奉献。本书仍使用传统的员工参与概念,但扩充了其内涵,与员工涉入的含义等同。

二、员工参与的途径

员工参与的途径主要包括:目标管理、质量圈、工作生活质量、自我管理团队等。

(一)目标管理

目标管理(Management By Objectives,MBO)的概念是管理学家德鲁克首先提出来的,其主要思想是强调员工参与目标制定的重要性,运用目标来激励而不是控制他人。目前,目标管理不仅作为一种管理思想,而且作为一种重要的管理手段被企业广泛使用。目标管理强调员工参与对目标的设置工作,要求这些目标是明确的、可检验和可测量的。由于员工参与了目标的制定,并且有明确的个体绩效目标,可以激发员工强烈的工作欲望,调动其积极性。

(二)质量圈

质量圈(Quality Circle)最初在美国企业中出现,20 世纪 50 年代传到日本,80 年代在北美和欧洲风行一时。所谓质量圈,就是由 8~10 名员工和主管组成工作小组,共同承担工作责任。小组成员定期会面(通常是一周一次,利用上班时间和工作场所)讨论质量问题,探讨问题的成因,提出解决建议,并实施纠正措施。他们承担解决质量问题的责任,对工作进行反馈并对反馈进行评价。但管理层一般保留最终决定权来确定是否实施建议方案。由于一些员工并不具备分析和解决质量问题的能力,因此,一部分质量圈思想包含着给小组成员讲授群体沟通技巧、各种质量策略、测量和分析问题的技术。总的来看,通过参加质量圈,员工能够向管理

① 斯蒂芬·P. 罗宾斯:《组织行为学》(第 7 版),中国人民大学出版社 2002 年版,第 214 页。

者提出建议,有利于增强员工关系双方的沟通。

一般认为,质量圈可以提高员工的生产率和满意度,并对生产力产生积极的影响,但其实际结果并不理想。由于许多质量圈方案未能带来预期的效果,从而导致大量方案停止使用。有学者指出,①尽管质量圈是20世纪80年代的管理时尚,但它已“彻底失败”。原因可能是:第一,员工实际上只有很少的时间参与活动。第二,质量圈过程实施的简便性常常会削弱它的效果。质量圈只是管理层推行员工参与方案的简便做法。由于缺少计划性以及高级管理层的承诺和参与,常常导致质量圈的失败。质量圈之所以在20世纪80年代风行一时,很大程度上是由于其易于实施的特点。近年来,许多公司放弃了质量圈,取而代之的是更具综合性的团队结构。

(三)工作生活质量

工作生活质量(Quality of Work Life,QWL)与质量圈具有一定的相似性,也强调员工参与问题的解决和决策,有学者认为,工作生活质量就是质量圈。②

工作生活质量一般有两种含义,一是指一系列客观的组织条件及其实践,包括工作的多样化、工作的民主性、工人参与管理的程度以及工作的安全性。二是指员工工作后产生的安全感、满意程度以及自身的成就感和发展感。第一种含义强调工作的客观状态,第二种含义则强调员工的主观需要,将这两种含义结合在一起,工作生活质量就是指员工喜欢他们所在的组织,同时组织也具备能够满足员工自我成就需要的工作方式。换言之,工作生活质量是指在工作中员工所产生的心理和生理健康的感觉。影响工作生活质量的因素有很多。美国工作研究所在20世纪80年代进行的研究表明,衡量员工工作生活质量的因素包括:劳动报酬(77%的工人认为最重要)、雇员福利(主要指医疗保健和退休保险问题等)、工作的安全性、灵活的工作时间、工作的紧张程度、参与有关决策的程度、工作的民主性、利润分享、公司改善雇员福利的计划和每周4天工作制等。在美国,劳资谈判对工作生活质量的内容具有重要的决定作用。第一次工作生活质量协议于1973年在美国汽车工人联合会与通用汽车公司之间通过谈判达成。目前,美国至少有20%以上的劳资协议包括了提高工作生活质量的计划。③

工作生活质量计划关注整体的工作环境和文化。工作生活质量计划最重要的目标就是改善工作环境,使人、技术和组织的交互作用朝着更有利的工作体验和更理想的结果发展。关于如何才能真正实现目标以及工作生活质量中质量的具体含

---

① J. L. Cotton:*Employee Involvement*,Newbury Park,CA: Sage,1993,p. 78. 转引自斯蒂芬·P. 罗宾斯:《组织行为学》(第7版),中国人民大学出版社2002年版,第216页。

② 乔治·T. 米尔科维奇、布罗德·W. 布罗德:《人力资源管理》,机械工业出版社2002年版,第578页。

③ 张一弛编著:《人力资源管理教程》,北京大学出版社1999年版,第21页。

义,现在仍有许多争论。目前,在人力资源管理领域,改善工作生活质量的方式主要有工作分享、弹性时间和缩短工作时间。

(四)自我管理团队

自我管理团队(Self-managed Work Teams)是指负责管理和完成技术任务,从而为内部或外部客户提供产品或服务的雇员。自我管理团队通常由10~15人组成,队员之间的工作密切相关,或者是从事相互依赖性的工作。团队被授权可以在不经管理者直接同意的情况下进行组织管理活动,这些责任以前是由主管承担的。一般来说,自我管理团队的责任范围包括:计划和安排日程;给各成员分配工作任务;总体把握工作的步调;做出操作层面的决策;对出现的问题采取措施以及与供货商和顾客打交道。完全的自我管理团队甚至可以挑选队员,并让队员相互进行绩效评估。

研究表明,自我管理团队使工作满意度、客户服务和团队组织的承诺均得到了改善,工作效率有了很大的提高。许多著名的企业都不同程度地建立了自我管理团队,如施乐公司、通用汽车公司、惠普公司等。据估计,大约30%的美国企业主采用自我管理团队形式。在大型企业中,这一比例可能接近50%。

第五节　内部员工关系管理

一、内部员工关系管理的含义

内部员工关系管理是指与员工组织内的位置变动有关的人力资源管理活动,这些人力资源管理活动包括晋升、调动、降职、辞职、解雇、暂时解雇、退休以及惩处和申诉等。

在一个组织中,大多数员工的职位都是处于不断变动中的,不断地向上、横向、向下流动,或者离开组织。员工职位的变动是为了保证人与工作职位的匹配。如果处理不好,或者沟通不够,就会影响员工关系。

二、惩处与申诉

(一)惩处

惩处(Discipline)是指企业对员工因违反劳动纪律或规章制度而给予的纠正或惩罚。企业的劳动纪律或规章制度是员工行为的准则,要求员工必须遵守。企业制定的规章制度不能违反有关法律、法规和规章。目前,我国有一些企业制定的规章制度存在违法现象。劳动规章的目的是事先告诉员工什么是可接受的行为,什么是不可接受的行为,以避免惩处现象发生。因此,企业要有意识地将企业规章以书面形式告知员工,如员工手册中要列有规章制度,这也是新员工导向教育的重要内容之一。

惩处的方式主要有:热炉规则、渐进式惩处、非惩罚性的惩处。

(1)热炉规则(Hot Stove Rule)。这种惩处方式强调,惩处应该具有像触摸到热炉一般的效果。①即时性,对员工的错误迅速做出处罚,这样才能使员工明白惩处的原因。②预警性,事先让员工知道,不被接受的行为将受到惩罚。③一致性,包括两层含义,一是惩处应该是始终如一的,犯同样错误的每一个人所受到的惩罚是相同的;二是惩处不受感情影响,对任何人都没有偏袒。

(2)渐进式惩处(Progressive Discipline)。对员工的处罚采取逐步严厉的方式进行,这是一种循序渐进的处罚制度,有口头警告、书面警告、停职、解雇等不同程度。惩处的严厉程度一般取决于违纪类型和违纪次数。

(3)非惩罚性惩处(Discipline Action Without Punishment)。即停职,它给违纪员工一段时间离开岗位反省(带薪),考虑自己是否愿意遵守企业规章制度,继续为公司工作。这是一种不带有惩罚性的处罚方式,有利于使员工自愿对自己的行为承担责任,以维护企业的整体利益与形象。

企业对员工的惩处要公正、公平,要按照一定的程序进行。惩处的程序一般有:①制定规章制度。规章制度的制定要合法,并遵循一定的程序。②向员工说明规章制度。③观察员工的表现,若发生违纪,要采取纠正措施。

企业对员工进行惩处,应以书面形式通知员工,并保存在员工的档案中。因为一旦出现劳动纠纷,书面文件是诉讼的主要凭证。

(二)申诉

申诉(Grievance)是指员工对工作的不满或在工作中受到了不公正的待遇,而要求解决的行为。申诉通常是职工认为企业违反了集体协议、劳动法规、安全健康标准、企业规章制度等引起的。

申诉分为个人申诉和集体申诉。个人申诉多是由管理方对员工进行惩罚或者企业侵犯了员工的利益而引起的。集体申诉通常是指工会针对管理方违反集体协议条款的行为提出的质疑。

在企业中,员工纠纷是不可避免的,企业应该建立健全员工申诉机制,有效地解决劳资纠纷,实现和谐的员工关系。《企业劳动争议处理条例》第七条规定,企业可以设立劳动争议调解委员会,负责调解本企业发生的劳动争议。调解委员会由职工代表、企业代表和企业工会代表组成。

我国员工申诉的一般程序是:①出现劳动纠纷时,首先由当事人双方协商解决;②双方不愿协商或者协商不成的,可以向本企业劳动争议调解委员会申请调解;③调解不成的,可以向劳动争议仲裁委员会申请仲裁。当事人也可以直接向劳动争议仲裁委员会申请仲裁。对仲裁裁决不服的,可以向人民法院提起诉讼。

三、调动和晋升

(一)调动

调动是指员工在组织中的横向移动。调动可以由企业提出,也可以由员工提出。员工调动的原因主要有:

第一,由于外界环境的不断变化,企业经常有调整组织结构的需要,如需要新设一些部门或机构,或者撤销一些部门或机构。在对改组创造的职位进行填充的过程中,企业可能不得不对员工进行非提升性的调动。在企业中,因调动而发生岗位变动的情况比较普遍。

第二,使晋升渠道畅通。企业的等级结构通常是一个金字塔形状,高级职位总比低级职位少,进一步的晋升总是更加困难。有时,生产效率很高但又不可能被提升的员工会堵塞晋升渠道,其他高素质的员工会发现,他们在组织中获得提升的机会受阻,这种情况的发生容易导致企业人才的流失。为了保持晋升渠道的畅通,企业可能会决定将那些不可能被提升但在现有职位上工作出色的员工进行调动。

第三,满足员工的个人意愿。员工想要调动的原因很多,一个人可能会需要陪伴调动工作的配偶到新的地方去;或者需要工作离家近一些,以照顾年迈的父母;或者员工不喜欢每天上下班较长的往返路程。这些因素十分重要,如果调动要求未获批准,员工可能会辞职。

第四,处理员工之间的冲突。有些人彼此之间就是不能相处,由于冲突双方可能都是有价值的员工,调动可能是解决问题的有效方法。

第五,由于管理层的精简,具有丰富的实践经验越来越成为获得提升的必要条件。那些希望得到提升的人经常寻找横向调动的机会,以学习新的技能。

对于员工提出的调动要求,应从企业和个人双方的利益来分析。调动可能造成混乱,例如,可能没有合适的员工来填补空缺的职位。管理层应制定明确的调动政策,这样的政策可以使员工事先知道调动要求什么时候可能得到批准以及结果如何。[1]

(二)晋升

晋升是一个人在组织中向较高职位的移动。组织中,几乎每个员工都希望得到提升,因为获得晋升是件好事,它意味着比以前拥有更大的权力,负有更大的责

① R.韦恩·蒙迪等:《人力资源管理》,经济科学出版社2003年版,第545~546页。

任,同时也会获得更多的工资报酬、福利以及成就感等。但是,在组织的层级结构中,等级越高,职位越少,职位的升迁也越难。一个人获得了提升,意味着很多人的落选。如果晋升愿望特别强烈的人落选了,他们可能会懈怠下来,甚至辞职。对晋升问题处理不好,容易影响员工的情绪和士气,因此,企业要做好沟通工作,保证晋升的公平和公正。同时,企业还必须寻找其他途径来激励员工。例如,实行双重职业生涯通道,使技术水平高的人即使不能进入管理层,也能获得职业生涯的发展,并获得相应的工资报酬。工作轮换也是一个比较好的选择,它可以减轻组织晋升的压力,减少员工的不满情绪。

企业必须为员工的晋升建立科学的标准,进行晋升决策时,一般是根据员工的工作业绩、经验和工作能力决定,但在选择次序上应该首先考虑工作能力和潜力,不能过分依赖工作业绩。因为一个人在某一职位上工作业绩突出,并不意味着他具有满足另一个职位所需要的技能和能力。现实中,人们工作业绩突出,往往就会被晋升,最后的结果是被晋升到力不能及的职位上。

四、离职管理

员工离开组织的基本形式有:辞职、退休、辞退、裁员。

(1)辞职是指员工在还没有达到退休年龄的情况下主动离开企业。

(2)退休是指员工在达到法定退休年龄后离开企业。目前,还有许多企业在员工没有达到退休年龄时,制定许多优惠政策鼓励员工提前退休。

(3)辞退分为过失性辞退和非过失性辞退。过失性辞退,即开除,是由于员工严重违反劳动纪律、规章制度、严重失职或者试用期考核不合格等,企业与其解除劳动合同;非过失性辞退是指由于员工患病或者不能胜任工作等,引起企业解除劳动合同。

(4)裁员是指企业因经济方面的原因而非员工个人的原因裁减人员。我国法律规定,用人单位濒临破产进行法定整顿期间或者生产经营状况发生严重困难,达到当地政府规定的严重困难企业标准,确需裁员的,可以裁员。用人单位有条件的,应当为被裁减的人员提供培训或就业帮助。企业在6个月内重新招聘录用人员时,应当优先录用被裁减的人员。

在以上4种离职形式中,员工的辞职对企业影响较大。一定数量的人员流动对一个组织来说是件好事,也为员工提供了实现职业目标的机会。然而,当人员更新过于频繁时,企业就必须想办法让人员流动速度慢下来。辞职的员工通常是高素质的员工,因为他们有更多的选择,那些勉强具备合格条件的员工似乎永远也不会离开。如果具有竞争力的高素质员工大量流失,企业就必须分析原因,扭转这种趋势。

员工辞职的原因很多,有些因素是企业难以控制的,如员工的家庭因素等。但大多数原因是受企业影响的,企业每一项人力资源管理活动都会对员工辞职或留下产生影响，如招聘活动、职业发展计划及提升机会、工资福利水平、在培训方面的投资、绩效考评的公正性等。这些因素影响着员工的满意度、对企业的责任感、产生辞职的倾向以及对离开还是留下的价值比较。

企业要对员工辞职背后的原因进行分析，找出员工辞职的真正原因。许多企业都采取离职面谈的形式来了解和分析员工辞职的原因。离职面谈是人力资源管理人员与辞职员工进行面对面的交流，它是揭示员工离职真正原因的一种方法，向组织提供有关信息，帮助组织纠正导致不满的因素，避免人员过度流动。离职面谈已成为组织为避免错误地解雇员工而采取的一种方法，离职面谈能揭示出企业人力资源管理系统存在的问题，还能帮助识别培训和发展的需求，建立战略规划目标，确定哪些方面需要改进。

典型的离职面谈一般包括以下方面：建立融洽关系；陈述面谈的目的；探究员工对原来工作的看法；探究员工辞职的原因；新旧工作的比较；记录员工提出的改进建议；得出面谈结论。

在离职面谈中，面谈者应打消辞职员工的顾虑，关注与工作有关的因素，以了解员工离开的真正原因。

第六节　员工的安全与健康

一、安全与健康的重要性

工作场所的安全和健康历来都是员工关注的重点，也是工会与雇主进行集体谈判的重要内容。所谓安全，是指保护员工不受到与工作有关事故的伤害。最初，工作场所的健康主要是身体健康，是指企业采取各种措施，防范各种职业病；而现在，健康还包括心理健康，即健康是指不患身体或心理疾病。工作场所的不安全和不健康会对员工的身体和精神造成严重的伤害，影响员工个人及其家庭生活的质量。同样，对安全事故和职业病的发生，企业也要承担很大的成本，如企业要承担医药费和保险费、工人补偿、遗属抚恤金、生活护理费、工资损失、设备和原料损失、生产延误、其他工人的工时损失、替代工的选拔和培训成本及事故报告费用等，还可能造成员工旷工、离职等。此外，工作场所的安全与健康如果处理不好，还会引发劳动纠纷，影响员工关系。建立和维护安全健康的工作环境是企业应承担的法律和道德责任。

在安全健康的工作环境中工作是员工的权利，而提供安全健康的工作环境则是企业的义务。《中华人民共和国安全生产法》和《中华人民共和国职业病防治法》等法律法规规定，用人单位必须提供安全和健康的工作环境，劳动者有权获得安全生产保障、职业卫生保护的权利，有权拒绝不安全或不健康的工作。

企业还应肩负起保证员工安全和健康的道德责任或社会责任。由于社会竞争激烈，造成员工高度紧张，压力很大，许多员工都受情绪失调的困扰，如神经衰弱、失眠、药物依赖、抑郁症、工作暴力倾向等。此外，由于高度紧张，还使一些员工形成不健康的生活方式，如生活不规律、暴饮暴食，从而引发心脏病、高血脂、中风及癌症等疾病。企业应该改善员工的工作环境，对员工进行安全和健康教育。

在现代企业中，职业伤害是不可避免的。任何企业的生产经营活动都存在一定的风险。近年来，我国工伤事故呈上升的趋势，许多企业的安全设施不健全、没有职业病防护设施或者职业病防护设施不完善等。这主要是因为，企业经营者追逐利润的短期行为；企业认识不够，缺乏有效的管理；政府执法不到位等。

建立和维护安全健康的工作环境有利于降低成本，提高营利能力。员工受伤或生病时，企业要承担医疗费用、工人补偿、遗属抚恤金、生活护理费、工资损失、设备和原料损失、生产延误、其他工人的工时损失、替代工的招募选拔和培训成本及事故报告费用等，还可能造成员工旷工、离职。有效的安全和健康管理不但可以降低费用的上涨，还可以提高士气和生产率，增强赢利能力。建立和维护安全健康的工作环境有利于建立良好的员工关系；健康安全的工作环境可以有效地吸引和留住优秀员工；建立和维护安全健康的工作环境有利于帮助公司赢得合同。同时，企业建立健全安全健康的制度和设施可以减少员工受伤时企业和管理者的诉讼责任。

二、安全与健康法规

职业伤害是大工业生产的必然结果，它包括因突发性生产事故导致的工伤以及因工作环境和条件原因长时间侵害工人健康造成的职业病。在工业化初期，职业伤害的后果是由工人自己承担的，因此企业不重视员工的安全和健康，员工工作环境恶劣，引发了大量的劳资冲突。19 世纪后半期，一些发达国家开始颁布和完善有关员工工作安全的立法，确立雇主的责任，即“无过失雇主责任”和对工人“无过失补偿”的法律原则。目前，发达国家都建立了完善的有关劳动安全健康的法律。

我国有关劳动安全健康的法律法规主要有《劳动法》(1994 年 7 月 5 日)、《安全生产法》(2002 年 6 月 29 日)、《矿山安全法》(2001 年 10 月 7 日)、《禁止使用童工规定》(2002 年 10 月 1 日)、《矿山安全法实施条例》(1996 年 10 月 30 日)、《煤矿安全监察条例》(2000 年 11 月 1 日)、《工厂安全卫生规程》(1956 年 5 月 25 日)、《企业职工劳动安全卫生教育管理规定》(1995 年 11 月 8 日)等。以上法律法规中，《劳动法》对用人单位建立劳动安全卫生制度、设施和劳动保护义务以及劳动者在安全生产中的权利和义务做了原则性的规定。《安全生产法》、《矿山安全法》和《职业病防治法》属于员工安全和健康保护方面的专项法律法规。《工厂安全卫生规程》从技术角度对劳动安全和卫生技术规程做了具体规定。

劳动安全卫生标准是指国家为消除、限制或预防劳动过程中的危险和有害因素,保护劳动者安全健康,保障生产正常运行而制定的统一标准和实施规则。与其他劳动安全卫生法律、法规和制度相比,它具有技术性强、标准统一、规范化和操作性强等特点。目前,我国劳动安全卫生标准有400多项,相关标准有300多项,主要分为:劳动安全卫生管理标准,生产设备、生产工具安全卫生标准,生产工艺安全卫生标准,防护用品标准等几大类别;同时,也可分为国家标准、行业标准(部颁标准)和地方标准3个级别。国家标准主要由劳动部或卫生部组织制定,归口管理,国家技术监督局发布实施。

企业应该建立健全劳动安全卫生制度,严格执行国家劳动卫生规程和标准,对劳动者进行劳动安全卫生教育,防止劳动过程中的事故,减少职业危害。

三、安全事故的防范

(一)发生安全事故的原因

企业发生安全事故的原因可概括为3类:

(1)设备不健全和安全设施不完善。主要有:生产工艺和设备落后,使用不恰当的设备,安全设备、安全装置不符合标准,缺少劳动防护用品等。

(2)安全规程或工作程序不完全。主要有:发生危害警告的程序缺失、不恰当的处理原料的程序、缺少文字性的工作程序等。

(3)员工失误。主要有:员工缺乏安全生产知识、对情况判断失误、受他人及其他事件的影响而分心、神经肌肉功能不良、不恰当的工作岗位、违章操作和明知有问题还要使用有缺陷的设备等。

(二)安全事故的预防

企业可以采取措施,防范安全事故的发生。

(1)制定安全生产规章制度和操作规程,实行安全生产责任制。

(2)健全安全生产设施,淘汰危及生产安全的工艺和设备。

(3)招聘录用员工时,对求职者进行分析。研究发现,具有某几种人格特点的人可能比其他人有更高的造成事故的倾向。例如,具有爱冲动、冒险、反叛或敌对等个性特征的人,事故发生率可能较高。通过对求职者进行分析,录用有安全意识的求职者。

(4)对员工进行安全培训和教育。对员工进行安全与正确工作程序培训可以减少事故的发生。调查显示,许多安全事故的发生都是由于员工操作失误造成的。

(5)建立安全激励机制,通过积极强化措施来减少不安全行为。如制定安全绩效目标,向员工提供安全绩效反馈,对达到目标的员工给予奖励等。

(6)定期进行安全健康检查,消除安全隐患。

四、员工的健康

由于工作或工作环境造成的员工健康问题已经越来越为人们所关注。导致员工健康受到伤害的原因主要有:安全事故造成的伤害;有毒有害物质、环境和动作对身体健康造成的伤害;工作或工作环境、气氛等造成的心理损害。工作场所的健康问题主要有职业病、病态建筑物综合征、工作压力、精力衰竭、酗酒、吸烟、性骚扰等。这些问题如果解决不好,会严重影响员工的身体健康,影响员工关系,从而影响企业的生产效率。

(一)职业病

职业病是指员工在职业活动中,因接触粉尘、放射性物质和其他有毒、有害物质等因素而引起的疾病。各国对职业病的防治都非常重视,通过立法和行政手段进行防治和控制。职业病与劳动条件密切相关,并具有群体发病的特点。我国一些企业,特别是私营企业的职业病防范措施和设备不完善,引起了多起员工集体中毒、身体伤害等事件。

(二)病态建筑物综合征

病态建筑物综合征是指由于员工在建筑物中长期工作而引起的病症。目前,员工因在现代化建筑物中工作所导致的工作综合病症越来越普遍。世界卫生组织列举的病态建筑物综合征的典型症状有:眼睛、鼻子、喉咙疼痛;感觉黏膜和皮肤干燥;皮疹;精神疲劳;头痛;经常性的呼吸道感染和咳嗽;恶心;声音嘶哑和哮喘等。导致病态建筑物综合征的原因可能是工作环境中缺少新鲜空气、通风不畅、照明不足、空气污染,更普遍的是士气低下引起的。①

(三)工作压力

工作压力本身并不属于疾病,它却严重影响着员工的身心健康。工作压力对员工健康的影响主要表现为心理上的紧张焦虑、情绪低落、抑郁、工作满意度降低以及生理上的头痛、高血压、心脏病、消化不良、失眠等,并由此导致员工缺勤、辞职增加,士气不高,绩效不佳,不工作或不关心同事和客户等。产生工作压力的因素很多,主要包括工作因素和个人因素。工作因素有工作负荷、角色模糊和角色冲突、工作设计、人际关系、组织气氛、裁员等;个人因素有个人责任、职业发展、经济问题、婚姻等。

---

① 约翰·布里顿、杰弗里·高德:《人力资源管理——理论与实践》经济管理出版社,2005 年版,第 138 页。

企业可以采取一些措施来消除或缓解员工的工作压力:

第一,找出工作的潜在压力源,设法消除或缓解。

第二,指导员工改变对工作压力的看法和认识,帮助员工有效应对压力所产生的后果。

第三,改善人力资源管理实践,如对组织和工作重新设计;明确工作职责;对员工进行培训;提高员工的参与程度;与员工进行沟通等。

第四,设立企业身心健康项目,如设立健身中心或健身房等设施。

(四)精力衰竭

精力衰竭是指一个人丧失了工作的基本目标,完成工作任务时也没有丝毫成就感的那种无能力状态。精力衰竭实际上是一种心理衰减,是一种身体、情绪和心理上消耗殆尽的状态。在这种状态下,人们体验到的是一种持续的身心疲惫不堪、厌倦沮丧、悲观失望、失去创造力和生命活力的感觉,做任何事情都没有兴趣,工作没有热情。

精力衰竭与工作压力、不安全有关。人们长期处于紧张状态,生理和心理都变得脆弱,一旦出现某种诱因,精力衰竭的状态就会出现。精力衰竭经常与人到中年或职业生涯中期的危机有关,也经常发生在那些需要与其他人密切合作、在有压力和充满紧张气氛的条件下工作的人的身上。由于精力衰竭具有感染性,一个人出现了精力衰竭,就会在工作群体中蔓延,企业应采取措施避免员工出现精力衰竭的情况。例如,对工作进行再设计、对员工进行减轻压力的培训以及改善工作条件等。

(五)酗酒和吸烟

酗酒是一种疾病,其特征是控制不了和不由自主地大量饮酒,从而妨碍正常的生活。酗酒既是健康问题,也是工作绩效问题。过度饮酒会造成身体损害,从而使员工迟到、缺勤,并造成工作质量和数量的下降,严重时还会造成生产事故。造成酗酒的原因有很多,可能是各种压力造成的,想通过饮酒来解决,长期饮酒就会形成对酒精的依赖。对于酗酒,企业应制定处理酗酒的政策,采取帮助和惩处相结合的方式。国外一些公司还通过求助外部机构来帮助处理员工酗酒问题,把员工酗酒问题纳入企业的健康计划。

吸烟与酗酒相比,不会对企业的工作绩效产生直接严重的影响,但是吸烟仍然会对员工的身体健康造成伤害,使企业增加员工的医疗费用的支出,还会导致员工的缺勤、生产效率的降低,引起非吸烟者的不满等。现在企业一般都制定了有关工作场所禁止吸烟的规章,禁止员工在办公场所吸烟等,也有的企业为吸烟员工设立了吸烟区,开办戒烟班等。

（六）性骚扰

性骚扰是一个广义的概念，它包括不受欢迎的性殷勤、口头或身体的性行为等。性骚扰不单指男性对女性的骚扰，也包括女性对男性的骚扰。工作场所的性骚扰有特定的含义，它特指在工作岗位上，被骚扰者对性骚扰行为的态度所带来的职业影响。[①] 在西方国家，工作场所中的性骚扰问题是企业和社会非常关注的问题。我国近年来也开始关注工作场所的性骚扰问题，出现了几起诉讼案件。2005年，《〈妇女权益保障法〉修正案》将职场性骚扰问题纳入了法律规制的范畴，其第四十条规定："禁止对妇女实施性骚扰。受害妇女有权向单位和有关机关投诉。"

性骚扰会造成许多负面影响，被性骚扰员工的心理上、生理上和感情上的伤害必然会反映到工作上来，直接影响员工关系的和谐稳定。例如，会使受骚扰员工工作不努力、工作满意度降低、缺勤次数增加和工作绩效下降等，受害者对组织的贡献和忠诚度都会降低，并且离开组织的欲望会增强。因为工作场所中的性骚扰问题与损害员工健康、降低个人和组织绩效有关系，因此也是一个健康安全问题。由于工作场所性骚扰的表现形式具有多样性、复杂性以及防范难度大等特点，真正解决起来并不很容易。

2012 年 4 月 18 日颁布实施的《女职工劳动保护特别规定》第十一条规定："在劳动场所，用人单位应当预防和制止对女职工的性骚扰。"企业应对此问题给予重视，采取相应的政策措施，减少工作场所出现性骚扰的可能性，而不能回避这一问题。

由于员工的身心健康问题对工作影响巨大，20 世纪初，美国一些企业开始设立员工援助计划（Employee Assistance Program，EAP），针对员工的酗酒、吸毒、家庭暴力以及其他一些不健康的生活方式、由于工作压力而产生的各种心理问题等，由企业提供各种专业化方式为员工及家庭提供帮助，解决出现的各种问题。惠普、可口可乐、杜邦、宝洁等外商投资企业在中国境内的公司也设立了 EAP 项目，国内已有企业开始建立员工援助计划，如联想集团等。

【思考题】

1. 什么是员工关系？员工关系的本质是什么？

2. 你是如何看待心理契约的？为什么人们对管理心理契约有更多的兴趣？对管理人员和普通员工而言，心理契约的重要程度如何？

3. 影响员工关系的因素有哪些？

---

① 吴国存、李新建主编：《人力资源开发与管理概论》，南开大学出版社 2001 年版，第 191 页。

4. 员工关系调整模式有哪些?
5. 什么是集体谈判?集体谈判有什么意义?
6. 员工参与的基本形式有哪些?员工参与对改善员工关系有何意义?
7. 员工安全与健康的意义是什么?如何防范安全事故,保障员工健康?
8. 你认为组织有责任帮助员工解决并非由工作环境引起的健康问题吗?

【案例分析】

案例1:员工为何不敬业

盖洛普公司公布了2011—2012年全球雇员对工作投入程度的调查结果,结果显示,全球员工敬业的比例仅为13%,而中国还远低于世界水平,只有6%的中国员工是敬业的,68%的员工大部分时间仅限于“从业”状态,26%的员工属于“怠工”状态。

讨论题:

对于这项调查结果,人们争论很多。有人认为该调查不全面、不公正,也有人从不同视角分析原因。你是否同意该调查结果?你认为员工不敬业的原因是什么?

案例2:沃尔玛:以人为本就是那么简单①

沃尔玛的创始人山姆·沃尔顿曾总结出其事业成功的“十大法则”:忠诚你的事业;与同仁建立合伙关系;激励你的同仁;凡事与同仁沟通;感激同仁对公司的贡献;成功要大力庆祝失败亦保持乐观;倾听同仁的意见;超越顾客的期望;控制成本低于竞争对手;逆流而上,放弃传统观念。这“十大法则”中有7条与员工关系有关,由此可见,沃尔玛把员工关系放到了多么重要的位置。山姆·沃尔顿当初为争取后来成为沃尔玛CEO的大卫·格拉斯加盟,曾以其百折不挠的精神来游说他,前后整整花了12年的时间,这个虔诚的“传道士”终于使格拉斯加盟了沃尔玛,而且格拉斯于1984年出任沃尔玛总裁。从这里多少可以看出沃尔玛“吸纳、留住、发展”的用人原则。而现在,沃尔玛人力资源的基本战略已发生了转变,“留住、发展、吸纳”成为其用人的指导方针。这不是简单的位置调换,它意味着沃尔玛更加重视从原有员工中培养、选拔优秀人才,而不是在人才匮乏时一味地从外部聘用。沃尔玛的人力资源战略已越来越侧重从内部“挖金子”。

经过几十年的发展,沃尔玛已经创立了极有价值的企业文化,这成为其吸引、留住人才的关键。山姆·沃尔顿曾有段名言:“对员工要像对待花园中的花草树

① 本案例改编自《人民政协报》,2004年10月22日。

木,需要用精神上的鼓励、职务晋升和优厚的待遇来浇灌他们,要适时移植以保证最佳的搭配,必要时还得细心除去园内的杂草以利于他们的成长。”这段话可谓道出了沃尔玛企业文化的精髓。

沃尔玛把员工作为企业的合伙人来对待,管理者与员工的关系也是真正意义上的伙伴关系。沃尔玛几乎所有的经理人员都用上了刻有“我们关心我们的员工”字样的包纽扣,他们非常注意倾听员工的意见。为真正把员工当作合伙人,沃尔玛于1971年实行了利润共享政策。山姆·沃尔顿认为,如果公司与员工共享利润,不论是工资、奖金还是以红利、股票折让等方式,流进公司的利润也就源源不断。因为员工们会不折不扣地以管理层对待他们的态度来对待顾客。如果员工善待顾客,顾客们感到满意,就会经常光顾,而这正是连锁店行业利润的真正源泉。现在,沃尔玛公司已有80%以上的员工或借助利润分享计划,或通过雇员认股计划直接拥有公司的股票,这样一来,公司和员工结成了一个利益的共同体,员工们将公司看成是自己的,对公司的认同感也大大增强,从而更加努力地工作。除了经济利益上的措施,沃尔玛公司也比较重视对员工的精神鼓励,其总部和各个商店的橱窗中都悬挂着先进员工的照片,对特别优秀的管理人员,会授予“山姆·沃尔顿企业家”称号。沃尔玛词典里还有一个词汇叫“分享信息”。分享信息和分担责任是沃尔玛合伙关系的另一个重要内容,它使人产生责任感和参与感。在各个商店里,沃尔玛公布该店的利润、进货、销售和减价情况,且不只是向经理及其助理们公布,而是向商店的每个员工、计时工和兼职雇员公布各种信息。然而部分信息也会流传到公司以外,但他们相信与员工分享信息的好处远大于信息泄露给外人所带来的副作用。到目前为止,这样做并没有对沃尔玛构成损害。

沃尔玛还有一套完善的挽留人才的制度。门户开放政策确保无论何时何地,任何员工都有关于自己或公司的意见、建议、想法、投诉等,都能以口头或书面形式报告给公司管理层,而不必担心遭到打击或报复。沃尔玛有专门的人从事员工关系工作,受理投诉,听取员工意见,为员工排忧解难,开展各种娱乐活动,让每一位同事都感受到沃尔玛大家庭的温暖。离职面试制度确保每一位离职员工离职前都有机会与公司管理层坦诚交流和沟通,从而能够了解每一位同事离职的真实原因。挽留政策一方面可以将员工流失率降到最低;另一方面,即使该同事离职,也可成为公司的一名顾客。

以人为本,就是那么简单,但在沃尔玛却有无穷无尽的内涵。

讨论题:

1. 沃尔玛是通过什么方式来建立融洽的员工关系的?

2. 通过此案例,你对员工关系以及人力资源管理有什么新的认识?

参考文献

[1]R. 阿什肯纳斯,D. 尤里奇 . 无边界组织[M]. 北京:机械工业出版社,2015.

[2]D. 阿瑟 . 员工招聘与录用[M]. 北京:中国人民大学出版社,2015.

[3]J. 布里顿,J. 高德 . 人力资源管理——理论与实践[M]. 北京:经济管理出版社,2005.

[4]陈维政,余凯成,程文文. 人力资源管理与开发高级教程[M]. 北京:高等教育出版社,2004.

[5]董克用,叶向峰. 人力资源管理[M]. 北京:中国人民大学出版社,2003.

[6]B. 德鲁克. 21 世纪的管理挑战[M]. 北京:机械工业出版社,2006.

[7]C. 德斯勒. 人力资源管理[M]. 13 版,北京:中国人民大学出版社,2015.

[8]L. 拜厄斯,L. 鲁 . 人力资源管理[M]. 北京:人民邮电出版社,2004.

[9]付亚和,许玉林. 绩效管理[M]. 上海:复旦大学出版社,2003.

[10]C. R. 格里尔 . 战略人力资源管理[M]. 北京:机械工业出版社,2004.

[11]R. D. 盖特伍德,H. S. 菲尔德. 人力资源甄选[M]. 5 版,北京:清华大学出版社,2003.

[12]B. 卡佩利. 员工管理新变革——管理受市场驱动的员工队伍[M]. 北京:商务印书馆,2006.

[13]L. S. 克雷曼. 人力资源管理——获取竞争优势的工具[M]. 2 版,北京:机械工业出版社,2003.

[14]J. 莱克,D. 梅尔. 丰田人才精益模式[M]. 北京:机械工业出版社,2016.

[15]李飞,赵静. 继任计划——透视知名企业人才储备战略[M]. 北京:地震出版社,2004.

[16]李新建,孟繁强,张立富. 企业薪酬管理[M]. 北京:中国人民大学出版社,2006.

[17]李新建,孙美佳. 员工关系管理[M]. 北京:中国人民大学出版社,2015.

[18]刘昕. 薪酬管理[M]. 北京:中国人民大学出版社,2002.

[19]陆昌勤,方俐洛,凌文辁. 360 度反馈及其在人力资源管理中的效用[J]. 中国管理科学,2001(3).

[20]J. J. 马尔托奇奥. 战略薪酬管理[M]. 北京:中国人民大学出版社,2015.

[21]J. T. 米尔科维奇,J. M. 纽曼. 薪酬管理[M]. 北京:中国人民大学出版社,2014.

[22]D. L. 纳尔逊,J. C. 奎克 . 组织行为学——基础、现实与挑战[M]. 北京:中信出版社,2004.

[23]R. W. 蒙迪,R. M. 诺埃,S. R. 普雷梅克斯. 人力资源管理[M]. 北京:经济出版社,2003.

[24]L. A. 诺伊. 雇员培训与开发[M]. 6 版,北京:中国人民大学出版社,2015.

[25]普里恩,等. 工作分析—实用指南[M]. 北京:中国人民大学出版社,2015.

[26]冉斌,王清,蔡巍. 薪酬方案设计与操作[M]. 北京:中国经济出版社,2003.

[27]Y. 史密斯. 现代劳动经济学——理论与公共政策[M]. 北京:中国人民大学出版社,1999.

[28]王长城,等. 薪酬构架原理与技术[M]. 北京:中国经济出版社,2003.

[29]J. 韦尔奇,J. 拜恩. 杰克・韦尔奇自传[M]. 北京:中信出版社,2001.

[30]吴国存,李新建. 人力资源开发与管理概论[M]. 天津:南开大学出版社,2001.

[31]J. M. 沃纳,R. L. 德西蒙. 人力资源开发[M]. 北京:中国人民大学出版社,2009.

[32]萧鸣政. 人力资源开发的理论与方法[M]. 北京:高等教育出版社,2004.

[33]A. W. 小舍曼. 人力资源管理[M]. 大连:东北财经大学出版社,2001.

[34]徐芳. 培训与开发理论及技术[M]. 上海:复旦大学出版社,2005.

[35]袁庆宏,付美云,陈文春. 职业生涯管理[M]. 北京:科学出版社,2009.

[36]张一弛. 人力资源管理教程[M]. 北京:北京大学出版社,1999.

[37]赵曙明. 人力资源战略与规划[M]. 3 版. 北京:中国人民大学出版,20012.

[38]赵耀. 组织中的招聘管理[M]. 北京:中国劳动社会保障出版社,2005.

[39]郑大奇,王飞翔. 薪酬支付的艺术[M]. 北京:中国言实出版社,2000.

[40]D. ANTONIONI. Improve the Management Process Before Discontinuing Performance Appraisal[J]. Compensation and Benefits Review,1994(5)~(7).

[41]HALL. Protean Career in 21st Century[J]. Academy of Management Executive,1996,10(4):8~16.

[42]J. GHORPADE,T. J. ATCHISON. The Concept of Job Analysis: A Review and Some Suggestion[J]. Public Personnel Management,1980,9(3).

[43]J. PEARCE,L. PORTER. Employee Response to Formal Performance Apprais-

al Feedback[J]. Journal of Applied Psychology, 1986, 174(2).

[44] D. KATZ, R. L. KAHN. The Social Psychology of Organizations [M]. New York: Wiley, 1978.

[45] M. N. MARTINEZ. Rewards Given the Right Way[J]. Human Resource Magazine, 1997(5).

[46] A. NEAL, M. A. GRIFFIN. Developing a Model of Individual Performance for Human Resource Management[J]. Asia Pacific Journal of Human Resource, 1999, 37(2).

[47] L. E. ATWATER, D. A. WALDMAN, J. F. BRETT. Understanding and Optimizing Multisource Feedback[J]. Human Resource Management, 2002, 41(2).

[48] R. L. DESIMONE, J. M. WERNER, D. M. HARRIS. Human Resource Development[M]. Harcourt College Publishers, 2002.

[49] R. L. MATHIS, J. H. JACKSON. Human Resource Management[M]. 10th ed. Thomson, South-Western, 2003.

[50] T. B. WILSON. Innovative Reward Systems for the Changing Workplace[M]. Thomson, South-Western, 2004.